明清小品丛刊

[清] 李渔 著
江巨荣 卢寿荣 校注

閑情偶寄

上海古籍出版社

图书在版编目(CIP)数据

闲情偶寄 / (清)李渔著；江巨荣，卢寿荣校注.
上海：上海古籍出版社，2000.5(2023.6重印)
(明清小品丛刊)
ISBN 978-7-5325-2725-0

Ⅰ.闲… Ⅱ.①李… ②江… ③卢… Ⅲ.杂著—中国—清代—选集 Ⅳ.Z429.49

中国版本图书馆CIP数据核字(2000)第18350号

明清小品丛刊
闲 情 偶 寄
[清]李 渔 著
江巨荣 卢寿荣 校注
上海古籍出版社出版发行
(上海市闵行区号景路159弄1-5号A座5F 邮政编码201101)
(1)网址：www.guji.com.cn
(2)E-mail: guji1@guji.com.cn
(3)易文网网址：www.ewen.co
苏州市越洋印刷有限公司印刷
开本850×1168 1/32 印张13 插页4 字数280,000
2000年5月第1版 2023年6月第17次印刷
印数：78,201—81,300
ISBN 978-7-5325-2725-0

I·1395 定价：39.00元

出 版 说 明

中国古典散文,自先秦发源,中经汉魏六朝、唐宋,发展到明清,已经进入了其终结期。这一时期,尤其是晚明阶段,伴随着时代社会的发展,文坛也出现了新的变化。这一时期的散文园地,虽然没有再出现过像先秦诸子、唐宋八家那样的天才巨子,但也是作者众多、名家辈出;虽然没有再出现过《庄子》、《韩非子》一类以思理见胜的议论文,《左传》、《史记》一类以叙述见长的史传文,以及韩柳欧苏散文一类文质兼胜的作品,但也有新的开拓和发展,散文的题材更加丰富,形式更加自由,从对政治、历史和社会现实的关注,更多地转向对人生处世、生活情趣的关注,从而形成了又一个以文体为特征命名的发展时期,这就是文学史上习称的明清小品文。

小品的名称并不自明清始。“小品”一词,来自佛学,本指佛经的节本。《世说新语·文学》:“殷中军(浩)读小品,下二百签,皆是精微。”刘孝标注云:“释氏《辨空》,经有详者焉,有略者焉;详者为大品,略者为小品。”可见,“小品”本来是就“大品”相对而言,是篇幅上的区分,而不是题材或体裁的区分。小品一词,后来运用到文学领域,同样也没有严格的明确的定义，凡是短篇杂记一类文章，均可称之为小品。题材的包容和体裁的自由，可以说是小品文的主要特点。准确地说，“小品”是一种“文类”，可以包括许多具体的文体。事实上，在明人的小品文集中，许多文体，如尺牍、游记、日记、序跋，乃至骈文、辞赋、小说等几乎所有的文体，都可以成为“小品”。明人王思任的《谑庵文饭小品》，就包括了几乎所有的散文、韵文的文体。尽管如此，从阅读和研究的习惯来说，小品文还是有比较宽泛的界定，通常所称的小品文，主要还是就文体而言，指篇幅短小、文辞简约、情趣盎然、韵味隽永的散文作品。

小品文作为一种文体的兴盛，在明清时期，主要在晚明阶段。而小品文的渊源，则仍可追溯到先秦时期。《论语》、《孟子》、《庄子》等书中一些精采的短章片断，可以看作是后世小品文的滥觞。六朝文人的一些书信、笔记之类，如《世说新语》中所记的人物言行，“简约玄淡，真致不穷”(胡应麟《少室山房类稿·读〈世说新语〉》)，更是绝佳的小品之作。唐代小品文又有长足发展。柳宗元的“永州八记”，堪称山水小品中的精品。晚唐时期，陆龟蒙、皮日休、罗隐等人的小品文，刺时讽世，尖锐深刻，在衰世的文坛上独树一帜，“正是一塌糊涂的泥塘里的光彩和锋芒”(鲁迅《小品文的危机》)。宋代文化得到空前的发展，出现了不少百科全书式的文化巨人，而其中代表宋代文化最高成就的苏轼，就是一位小品文的巨匠。苏轼自由不羁的性格，多方面的文化素养，使小品文这种文体在他手中运用自如，创作出大量清新俊逸之作，书画题跋这一体裁更是达到了极致。以致明人把他推为小品文的正宗，编有《苏长公小品》。宋代兴起的大量笔记，不少具有很高的文学价值，也为小品文的兴盛起了推波助澜的作用。

把小品文作为一种文体加以定名,并有大量作家以主要精力创作小品文,从而使小品文创作趋于繁荣,还得到晚明阶段。这一阶段,不仅有不少作家把自己的著作径以“小品”命名,如朱国祯的《涌幢小品》、陈继儒的《晚香堂小品》、王思任的《谑庵文饭小品》等;还出现了不少以“小品”为名的选本,如王纳谏编《苏长公小品》、华淑编《闲情小品》、陈天定编《古今小品》、陆云龙编《皇明十六家小品》等。而作为小品文达到鼎盛阶段标志的,还得推当时出现的许多具有很高文学成就的小品文作家,如以袁宗道、袁宏道、袁中道“三袁”和江盈科为代表的“公安派”作家,钟惺、谭元春为代表的“竟陵派”作家,以及同时或稍后的屠隆、汤显祖、张大复、陈继儒、李日华、吴从先、刘侗、张岱等,均有小品文著述传世。晚明小品文的主要特点在于独抒性灵,不拘格套,在艺术上极富创造性。晚明小品虽然在思想内涵和历史深度方面,无法与先秦两汉散文、唐宋散文等相比;但在反映时代思潮、探寻人生真谛方面,同样达到了时代的高度。

晚明小品文的兴盛,是与当时的社会现实、社会风尚和思潮的影响分不开的。晚明个性解放的思潮、市民意识的增强,是晚明小品文兴盛的重要原因。明亡之后,天翻地覆的巨变使社会思潮产生了新的变化,晚明的社会思潮和文学风尚得到了新的审视;同时,随着清王朝专制统治的加强和正统文学思潮的冲击,小品文的创作也趋于衰微。但仍有一部分作家仍然继承了晚明文学的传统,创作出既有晚明文学精神又具时代特色的小品文,如李渔的《闲情偶寄》、张潮的《幽梦影》、余怀的《板桥杂记》、冒襄的《影梅庵忆语》、沈复的《浮生六记》等,或以其潇洒的情趣,或以其真挚的情怀,为后人所激赏。

明清小品文不仅是中国古典散文终结期时的遗响，而且也是古典散文向现代散文转换中的重要一环，对后世产生了重要影响。"五四"新文学运动的不少散文作家都喜爱晚明小品，周作人在《中国新文学的源流》一书中甚至认为晚明文学运动与"五四"新文学运动有些相似之处。20世纪三十年代的中国文坛上，更曾掀起过一阵晚明小品的热潮。以林语堂为代表的作家大力提倡小品与幽默，强调自我，主张闲适，甚至认为"中国现代文学唯一之成功，小品文之成功也"（林语堂《人间世》发刊词）。在当时内忧外患的形势下，林语堂等人的观点无疑是不合时宜的，因而理所当然地受到了鲁迅先生的批评。但鲁迅先生对小品文本身以及晚明文学的代表袁宏道等并不持否定态度，而是认为"小品文大约在将来也可以存在于文坛，只是以'闲适'为主，却稍不够"（《一思而得》）。鲁迅先生是把战斗的小品比作"匕首"与"投枪"，他晚年以主要精力创作杂文，正是重视小品文作用的表现。进入九十年代以后，随着思想的解放和物质生活的改善，文坛上又出现了一阵小品随笔热，明清小品的价值在尘封半个世纪之后重又为人们所发现，并开始得到实事求是的评估。为了使广大读者对明清小品有比较全面的认识，给广大读者提供较好的阅读文本，我们特出版了这套《明清小品丛刊》。

本丛刊精选明清具有较大影响和具有较高欣赏价值的小品文集。入选本丛刊者，系历史上曾单独成集者，不收今人选本。入选的小品文集一般根据通行本加以校勘，所据版本均在前言 中予以注明。一般不出校记，重要异文则在注中注明。由于明清小品文作者多率性而作，又多引用前人诗文及典故，所论又多切合当时社会风尚，为给读者阅读提供参考和帮助，特对入选的小品文予以简注，对文中出现的人名、地名、典故、术语加以简明的注释，语词一般不注。明清小品文集的校注工作是一项尝试，疏误之处当在所不免，殷切地期待着读者的批评与指正。

上海古籍出版社

前　言

中国封建时代的散文,到晚明发展到一个新的阶段,即所谓的小品文时代。一时之间,清新短隽的文艺性散文大行其道,其作家之多,流派之繁,风格之异,空前绝后。它背离传统以"载道"、"注经"为依归的正宗古文的创作原则,强调言为心声,随兴而发,充分体现个人人格和社会风情。徐渭首先发其端绪,李贽、屠隆、汤显祖等扬鞭于后,"公安三袁"则更是高扬"性灵"大旗,在社会上掀起声势浩大的小品文运动。迨至明清易代之际,张岱之作大放异彩,而与其同时的李渔也不甘寂寞,以《闲情偶寄》一书加入了争奇斗艳的行列。

李渔(1611—1680),原名仙侣,字笠鸿,一字谪凡,号笠翁、湖上笠翁等。他出生于富裕的药商家庭,自幼与市民阶层接触密切,这对以后他的人生观有很大影响。他祖籍浙江兰溪,生于江苏如皋,自称年及髫龄即能作诗。早年尚存入仕之心,但几次乡试均告落第,遂不复作此念。明末兵荒马乱,父亲病故后,他的家道日衰,逐渐走上了卖文为生的道路。清军入关后的一段时间他曾避居山中,蓬衣蔬食,不以为苦。顺治八年(1651)移居杭州,与当时名流过往密切,其戏曲小说多作于此时。由于其文名渐大,后来又自组戏班,专事演出,在社会上产生了颇大的影响,一些达官贵人纷纷请他演戏。他也乐此不疲,经常出外打抽丰,足迹遍及大江南北,饱览九州风光之余,也使自己成为广有资财的戏班主。康熙元年(1662),他从杭州迁居金陵(今南京市)。芥子园是他在金陵的别业,命名取“芥子纳须弥”之义。与此寓所一起,还设有书铺,著名的如《芥子园画谱》,以及不少戏曲小说,即在这里刊行。晚年他又举家迁回杭州,“买山而隐”,但经济状况已大不如前,不时向友人求助,最终在穷困中死去。

李渔在中国古代的文人中具有十分特殊的地位,他兼具文人和商人两种身分,而且他能将这两种身分较好地结合起来,成为那个时代最为有名的畅销书作者。他显然非常在意取悦于各个层次的读者,不管穷人富人、男人女人,他希望能将他们统统吸引到自己精心构造的“闲情大厦”中来。他的作品内容十分贴近生活,语言也简明有趣,这使他颇受市民百姓的欢迎,但他又十分注意依靠自己的才智和富有新意的思想去吸引那些文人雅士,以保证作品的文学品位。

前人对于李渔的品行颇多垢评,如董含《三冈识略》卷四抨击“其行甚秽,为士林所不齿者”。这主要指他携带女乐,四处出游打抽丰的“俳优”、“食客”生涯。从今人的眼光看,李渔生逢科举盛行之“仕途经济”时代,却能弃举业而不顾,将毕生精力投入到为一般仕人所不齿的戏曲小说中去,这本身是具有一定的反封建精神的。他虽时时托钵穷途,流连于缙绅之门,但毕竟没有做过腼事新朝、失节败德之事;至于他的养姬蓄婢,雅好声色,当然很不可取,但毕竟属于个人道德范畴的问题,这种情况在封建文人中亦比比皆是,我们自然也不必苛求李渔一人。

李渔学识渊博，一生著述甚丰，给后人留下了数百万字的作品，包括戏曲、小说、诗文、随笔等，在清初文坛上堪称是一位雅俗共赏、家喻户晓的名士。他以曲家著称于世，所创作戏曲据载有“内外八种”、“前后八种”①，共计十六种。但现在可以肯定的唯有十种，即《怜香伴》、《风筝误》、《意中缘》、《蜃中楼》、《奈何天》、《比目鱼》、《玉搔头》、《凰求凤》、《慎鸾交》、《巧团圆》，合称《笠翁十种曲》。这些戏曲结构精巧，关目灵动，适合舞台搬演，历来备受推崇。吴梅《中国戏曲概论》曾云：“清人戏曲，大抵顺、康之间，以骏公、画堂、又陵、红友为能，而最著者厥惟笠翁。翁所撰述，虽涉俳谐，而排场生动，实为一朝之冠，继之者独有云亭、昉思而已。”将其与孔尚任、洪昇并列为清代戏曲的代表人物。李渔的小说成就亦不容忽视，其《无声戏》、《十二楼》构思精巧，语言诙谐，反映社会生活面也较广，孙楷第先生称之“差不多都是戛戛独造，不拾他人牙慧之作”；“篇篇有篇篇的境界风趣，绝无重复相似的毛病”；“说到清朝的短篇小说，除笠翁外，真是没有第二人了”②。此外，李渔的读史随笔亦堪称一绝，每每自出机杼，时有令人眼前一亮的新见。

在李渔的著作中，《闲情偶寄》无疑是他自己最为满意的一种。他在与朋友的通信中曾提到：“弟以前拙刻，车载斗量，近以购纸无钱，每束高阁而未印。独《闲情偶寄》一书，其新人耳目，较他刻为尤甚。”③此书写于康熙十年，从某种程度上说，堪称是其一生艺术和生活经验的总结和结晶，对后世也产生了不小的影响。“五四”时期，周作人、林语堂等人对此书均十分推崇，称其文字清新，思想超然，议论独到，具有较高的审美价值。

《闲情偶寄》共分词曲、演习、声容、居室、器玩、饮馔、种植、颐养等八部,论及戏曲理论,妆饰打扮、园林建筑、器玩古董、饮食烹调、竹木花卉、养生医疗等诸多方面的问题,内容相当丰富,触及到中国古代生活的许多领域,具有极强的娱乐性和实用价值。诚如余怀在序中所言:“其言近,其旨远,其取情多而用物闳,漻漻乎,缅缅乎,汶者读之旷,僿者读之通,悲者读之愉,拙者读之巧,愁者读之忭且舞,病者读之霍然兴。”

中国古代知识分子的自我意识觉醒,在晚明以后达到一个新的阶段。千百年来,文人一直深受封建传统道德的束缚,不敢随便发表自己对生活的观感。因为对于他们而言,立身齐家不是为了个人的幸福,而是为了治国平天下,自我的需求首先必须服从于封建正统秩序。与此相对应的是,在中国士大夫中普遍存在着重理轻情的倾向,他们无不把个人的休闲生活视为消磨意志的洪水猛兽,即使偶尔在词曲中提及,也往往被视为不能登大雅之堂。他们重视的是“养气”“明道”、刺时讽世之作,而不是灵动飞跃、清新隽永的抒情文字。这种情况在明末有了很大改变,随着商品经济的发展,市民阶层的壮大,以及李贽、袁宏道等人的大力推动,社会上掀起了一股追求心灵自由和个性解放的民主思潮。再加上时局动荡、前途莫测,这就使得士人们逐渐摆脱传统思想的禁锢,变得恋世乐生起来。他们大多厌谈仕途举业,对黑暗的政治满怀戒心,深怕一时不虞即有杀身之祸。同时,他们热爱自然,对自己悠闲自得的生活状态十分满意,也特别珍惜和享受生活给他们的馈赠。他们蓄声伎,好歌舞;游山水,筑园林;嗜茶酒,谙美食;着蓑衣,披僧袍;读闲书,作雅事。总而言之,他们追求的是一种高度精致的艺术化生活。这种生活既区别于一般迂腐的封建士大夫,又与真正的世俗百姓保持一定的距离。正因如此,明末清初涌现出大批描写士大夫"性灵"、"雅趣"的小品文,这虽然不无脱离社会现实之嫌,却也是一代士风的真实写照。李渔的《闲情偶寄》,正是这样一部"寄情"之作。

《闲情偶寄》中价值最高者,首推其中论及戏曲理论的文字,包括《词曲部》、《演习部》及《声容部》的某些章节。在这些部分中,李渔联系元明以来的戏曲创作实践,结合个人的创作体会,并吸取了前代理论批评家的真知灼见,对中国古代戏曲理论作了较系统的总结,提出了一些艺术规律方面的问题。《词曲部》主要论及戏曲创作的立意、构思、语言、音律程式,乃至剧本的通俗化问题。《演习部》总结了昆曲艺术的教学和舞台演出的经验,论述了戏曲演出中应注意的一些问题,如如何选择和改造剧本,如何教授演员唱曲道白,及演员服饰妆扮和音乐伴奏等,并提出演戏不能落于俗套,要推陈出新等。此外,在《声容部》中,李渔还对如何挑选、训练演员提出了自己的看法。总体而言,李渔的戏曲理论集中国古代曲论之大成,有些见解在今天仍不失其重要的参考价值。

李渔对于园林建筑也颇有卓见,其《居室部》中对房舍、窗栏、墙壁、联匾、山石的构造、布局论述甚详,并且都结合个人生活体验,使人信服。对于窗户、板壁,还亲自制作,并加以图画,他人只须依样画葫芦即可仿制。《器玩部》中的许多器具,也是一样。由此可见李渔绝非一空头理论家,他的发明是有其实践意义的。在其他部中李渔的论述亦多有可取之处,如在《声容部·选姿》中,他提出了凡事要顺从"物性"的主张。所谓物性,即事物的本性。他指出:"食色,性也。不知子都之姣者,无目者也。古之大贤择言而发,其所以不拂人情,而数为是论者,以性所原有,不能强之使无耳。”这无疑是给那些假道学、伪君子的一记响亮耳光。而在《声容部》的其余几节中,他分别谈及了女性的美容、服饰、习技等内容,也提出了许多精辟的见解。如《治服》一节中说:“妇人之衣,不贵精而贵洁,不贵丽而贵雅,不贵与家相称,而贵与貌相宜。”这一道理即使在今天也很有可供借鉴之处。

值得注意的是,李渔在《闲情偶寄》中虽大谈特谈闲情,但与一般教人玩物丧志、崇尚奢华之书还是有所区别的。通览全书,作者紧紧地扣住了一个“俭”字为中心,在《凡例》中即提出“崇尚俭朴”的方针。虽然其主观目的在于“扶持名教”、“无伤大道”,但就实际效果而言,李渔确实做到了“因人而异”、“因地制宜”,他所倡导的生活技法并不专为富人而设。

仔细阅读整部《闲情偶寄》,给人印象深刻的不仅在于李渔对于每一件细小琐碎的物品都有新颖的议论,还在于他那至情至性的生活态度。他是个热情而又喜欢炫耀自己的人,对于生活中的种种事物,总喜欢独自研究一番,作一些独特而又有趣的发明。而一旦发明成功,他又忍不住要公之于世,让别人也来分享他的成就。我们看他在每节结尾处总要跳出来自吹自擂一番,表明自己是有功之臣,未免会觉得有些可笑,但这也正是李渔的可爱之处。毫不掩饰,想到什么就说什么,这种真性情不是人人都有的。

不过我们也须看到,李渔评价事物多从个人经验出发,又力求新鲜有趣,所以他的很多观点,作为休闲观赏、开心怡情之说则无不可,但若句句当作金科玉律,也是要不得的。如他在《颐养部·疗病》中所举的医疗之药,就没有多少科学依据,而一味以个人好恶为准绳。医生告诉他生病不能多吃杨梅，他却偏要吃，以为生性酷爱的东西可以当药，还大骂医生为庸医。读者若照着李渔的法子治病，说不定还会闹出人命来呢。

《闲情偶寄》的语言也值得一提。李渔除一贯主张浅显通俗、多用本色语言外，还根据论证的需要，在语言的运用上力求生动有趣。所以我们欣赏本书时，不会有听人板着面孔教训的感觉，而是觉得妙语如珠，趣味盎然。如《种植部·海棠》中论及王禹偁关于杜甫由于避讳而诗中未及海棠的说法，反驳道："一诗偶遗，即使后人议及父母，甚矣，才子之难为也！"还特地写了一首诗来为杜甫解嘲："此花不比别花来，题破东君着意培。不怪少陵无赠句，多情偏向杜家开。"读者哑然失笑之余，自然也接受了作者的观点。

当然本书的不足之处也是很明显的。笠翁是个很聪明的人，但聪明过了头，往往行文就显得有些油滑。就连一向推崇他的周作人，也说他的书读多了容易患消化不良的毛病。从艺术角度而言，他的文笔兴味有余，深邃不足；过分追求情趣，而欠缺科学的分析。此外，李渔的思想也有其腐朽的一面，所以本书也散发出不少封建文人的恶俗趣味，如推崇一夫多妻、养姬蓄婢、男尊女卑等。他虽然表面上很尊重女性，但他对女性的爱护完全出于更好地为男性服务这一目的，在《声容部》中，他还振振有辞地为自己辩护："人处得为之地，不买一二姬妾自娱，是素富贵而行乎贫贱矣。"以上种种，由于作者论述生动，往往很具迷惑性，这是需要广大读者认真加以鉴别的。

《闲情偶寄》的版本主要有：

（一）1617年（清康熙十年）翼圣堂刻本，题曰"笠翁秘书第一种"。

（二）1730年（清雍正八年）芥子园刻《笠翁一家言全集》本。此本合并原来十六卷为六卷，书名改题为《笠翁偶集》。

（三）1936年《中国文学珍本丛书》本。

（四）《文艺丛书》本。此本仅摘录《词曲》、《演习》二部，名为《李笠翁曲话》。

（五）《新曲苑》本，摘录同上。书名题作《笠翁剧论》。

我们这次印行，是以芥子园本为底本，校以翼圣堂本（简称"翼本"）和《中国文学珍本丛书》本（简称"珍本"）。三者择善而从，一般不出校记，有必要向读者说明的地方，则插入注释条文内。遇有明显错字，则予径改，恕不一一注明。另外原来诸本中都有李渔朋友的一些眉批、夹注，现在一律予以删除。

本书主要对人名、地名、典故、术语予以简注，李渔的语言较通俗易懂，故语词一般不注，个别语词具有特殊含义或双关意味的，则尽量予以阐明。《词曲》、《演习》二部，参考了时贤的相关研究成果，谨致谢意。

由于水平所限，标注错误之处在所难免，敬请读者批评指正。

江巨荣　卢寿荣

一九九九年三月

① 见郭传芳《慎鸾交序》及《闲情偶寄·词曲部》。

② 孙楷第《李笠翁与十二楼》，《李渔全集》第二十卷，浙江古籍出版社1992年10月出版。

③《笠翁一家言文集·与刘使君》。

目　录

词　曲　部

演 习 部

声　容　部

居　室　部

器玩部

饮　馔　部

种　植　部

颐　养　部

余怀序[1]

《周礼》一书[2]，本言王道，乃上自井田军国之大，下至酒浆屝屦之细，无不纤悉具备，位置得宜，故曰："王道本乎人情。"然王莽一用之于汉而败[3]，王安石再用之于宋而又败者[4]，其故何哉？盖以莽与安石皆不近人情之人，用《周礼》固败，不用《周礼》亦败。《周礼》不幸为两人所用，用《周礼》之过，而非《周礼》之过也。苏明允曰："凡事之不近人情者，鲜不为大奸慝[5]。"古今来大勋业、真文章，总不出人情之外，其在人情之外者，非鬼神荒忽虚诞之事，则诪张伪幻狯獝之辞，其切于男女饮食日用平常者，盖已希矣。余读李子笠翁《闲情偶寄》而深有感也。昔陶元亮作《闲情赋》[6]，其间为领、为带、为席、为履、为黛、为泽、为影、为烛、为扇、为桐，缠绵婉娈，聊一寄其闲情，而万虑之存，八表之憩，即于此可类推焉。今李子《偶寄》之书，事在耳目之内，思出风云之表，前人所欲发而未竟发者，李子尽发之；今人所欲言而不能言者，李子尽言之。其言近，其旨远，其取情多而用物闳，漻漻乎，缅缅乎，汶者读之旷，僿者读之通，悲者读之愉，拙者读之巧，愁者读之忭且舞，病者读之霍然兴[7]。此非李子《偶寄》之书，而天下雅人韵士家弦户诵之书也[8]。吾知此书出，将不胫而走[9]。百济之使维舟而求[10]，鸡林之贾辇金而购矣[11]。而世之腐儒，犹谓李子不为经国之大业，而为破道之小言者。余应之曰：唯唯否否。昔谢文靖高卧东山，系天下苍生之望[12]，而游必携妓，墅则围棋。谢玄破贼，桓冲初忧之，郗超曰：玄必能破贼。"吾尝共事桓公府，履屐间皆得其用，是以知之[13]。"白香山道风雅量[14]，为世所钦，而谢好、陈结、紫绡、菱角[15]，惊破《霓裳羽衣》之曲[16]，罢刑部侍郎时，得臧获之习管磬弦歌者[17]，指百以归。苏文忠秉心刚正[18]，不立异，不诡随，而琴操、朝云、螭头、鹊尾[19]，有每闻清歌，辄唤奈何之致。韩昌黎开云驱鳄[20]，师表朝廷，而每当宾客之会，辄出二侍女合弹琵琶、筝。故古今来能建大勋业、作真文章者，必有超世绝俗之情，磊落嵚崎之韵，如文靖诸公是也。今李子以雅淡之才，巧妙之思，经营惨淡缔造周详，即经国之大业，何遽不在？是而岂破道之小言也哉？往余年少驰骋，自命江左风流，选妓填词，吹箫跕屣，曾以一曲之狂歌，回两行之红粉。而今老矣，不复为矣！独是冥心高寄，千载相关，深恶王莽、王安石之不近人情，而独爱陶元亮之闲情作赋，读李子之书，又未免见猎心喜也。王右军云[21]："年在桑榆，正赖丝竹陶写。"余虽颓然自放，倘遇洞房绮疏，交鼓絙瑟，宫商迭奏，竹肉竞陈，犹当支颐障袖，倾耳而听之。

时康熙辛亥立秋日建邺弟余怀无怀氏撰。

① 余怀(1616—?)：清初文学家。字澹心，莆田(今属福建)人，寓居南京。有《味外轩文稿》、《研山堂集》及笔记《板桥杂记》等。

② 《周礼》：亦称《周官》或《周官经》。儒家经典之一。

③ 王莽(前45—23)：字巨君，魏郡元城(今河北大名东)人，汉元

帝皇后侄。西汉末以外戚掌权,公元8年称帝,改国号新,实行复古改制,最终导致农民大起义。

④　王安石(1021—1086):字介甫,号半山,北宋抚州临川(今属江西)人。神宗时推行新法,由于保守派强烈反对及用人不当等因素,新政最终失败。

⑤　苏明允(1009—1066):即苏洵(字明允),眉山(今属四川)人。苏轼父。本文所引语句出自《辨奸论》,有人认为该文系后人伪托。

⑥　陶元亮(约376—427):即陶渊明(一名潜,字元亮),东晋浔阳柴桑(今江西九江)人。著有《陶渊明集》。

⑦　“漻漻乎”八句:漻漻,清澈貌。缅缅,有编次,形容文章、议论连续不穷。汶,昏暗不明。旷,开朗。僿:不诚恳。忭,喜乐。　霍然兴,言病愈之速。

⑧　家弦户诵:语本《礼记·文王世子》:“春诵,夏弦。”

⑨　不胫而走:喻不待推行,迅速传播。刘昼《刘子·荐贤》:“珠无胫而行。”胫,小腿。

⑩　百济:古国名,在朝鲜半岛西南部。

⑪　鸡林:古国新罗,与百济相邻。此两句说文章受到外国人赏识。《唐书·白居易传》记鸡林人求购白集。

⑫　“昔谢文靖”二句:谢文靖,即谢安(320—385),东晋名相。《晋书·谢安传》载:“安始有仕进志,时年已四十余矣……中丞高崧戏之曰:‘卿累违朝旨,高卧东山,诸人每相与言:安石不肯出,将如苍生何?苍生今亦将如卿何?’”其携妓游东山、下棋赌别墅事,均见《世说新语》。

⑬　“谢玄破贼”七句:谢玄(343—388),东晋名将,谢安侄。383年曾率军获得“淝水之战”的胜利。文中所引郗超语见《晋书·谢玄传》。桓公,指桓温。

⑭　白香山(772—846):即白居易,字乐天,晚年号香山居士。其先太原人,后迁下邽(今陕西渭南东北)。唐代大诗人。有《白氏长庆集》。

⑮　谢好、陈结、紫绡、菱角:皆为歌妓。陈结,白居易《感石上旧

字》诗作“陈结之”。

⑯ 《霓裳羽衣》之曲:唐时舞曲名,西凉杨敬述等造作,唐玄宗加工润色。相传杨贵妃善舞之。

⑰ 臧获:古时对奴婢的贱称。

⑱ 苏文忠(1037—1101):即苏轼,字子瞻,号东坡居士,卒后谥文忠,眉山(今属四川)人。北宋大文学家。诗文有《东坡七集》等。

⑲ 琴操、朝云:苏轼侍妾。 螭头、鹊尾:苏轼词《瑞鹧鸪》:“映山黄帽螭头舫,夹岸青烟鹊尾炉。”螭头舫,船头画有蛟螭的大型游艇。鹊尾炉,有柄香炉。《清苑珠林》:香炉有柄,曰鹊尾炉。

⑳ 韩昌黎:即韩愈(768—824),唐代著名文学家。 驱鳄:《新唐书·韩愈传》载韩愈为潮州刺史,境内恶溪中有鳄鱼为害,因作《祭鳄鱼文》,驱鳄远走。

㉑ 王右军:即王羲之,东晋大书法家。字逸少,琅邪临沂(今属山东)人。官至右军将军,人称王右军。所引文见《世说新语·言语》。原句作:“年在桑榆,自然至此,正赖丝竹陶写。”桑榆,喻垂老之年。

尤侗序[1]

声色者,才人之寄旅;文章者,造物之工师。我思古人,如子胥吹箫[2],正平挝鼓[3],叔夜弹琴[4],季长弄笛[5],王维为"琵琶弟子"[6],和凝称"曲子相公"[7],以至京兆画眉[8],幼舆折齿[9],子建傅粉[10],相如挂冠[11],子京之半臂忍寒[12],熙载之衲衣乞食[13]:此皆绝世才人,落魄无聊,有所托而逃焉。犹之行百里者,车殆马烦,寄宿旅舍已尔,其视宜春院里画鼓三千[14],梓泽园中金钗十二[15],雅俗之别,奚翅径庭哉[16]!然是物也,虽自然之妙丽,借文章而始传。前人如《琴》、《笛》、《洞箫》诸赋,固已分刌节度,穷极幼眇[17];乃至"巫山"陈兰若之芳[18],"洛浦"写瑶碧之饰[19],东家之子比其赤白[20],上宫之女状其艳光[21]。数行之内,若拂馨香;尺幅之中,如亲巧笑。岂非笔精墨妙,为选声之金管,练色之宝镜乎?抑有进焉,江淹有云:"蓝朱成彩,错杂之变无穷;宫商为音,靡曼之态不极。"蛾眉岂同貌而俱动于魄?芳草宁共气而皆悦于魂?故相其体裁,既家妍而户媚;考其程式,亦日异而月新。假使飞燕、太真生在今时[22],则必不奏《归风》之歌,播《羽衣》之舞[23];文君、孙寿来于此地[24],则必不扫远山之黛,施堕马之妆。何也?数见不鲜也。客有歌于郢中者,《阳春》、《白雪》,和者不过数人。非曲高而和寡也,和者日多,则歌者日卑,《阳春》、《白雪》,何异于《巴人》、《下里》乎[25]? 西子捧心而颦,丑妇效之,见者却走[26]。其妇未必丑也,使西子效颦,亦同嫫姆矣[27]。由此观之,声色之道千变万化。造物者有时而穷,物不可以终穷也。故受之以才,天地炉锤,铸之不尽;吾心橐籥,动而愈出。三寸不律[28],能凿混沌之窍[29];五色赫蹄[30],可炼女娲之石[31]。则斯人者,诚宫闺之刀尺而帷薄之班输[32]。天下文章,莫大乎是矣。读笠翁先生之书,吾惊焉。所著《闲情偶寄》若干卷,用狡狯伎俩,作游戏神通。入公子行以当场,现美人身而说法。洎乎平章土木[33],勾当烟花,哺啜之事亦复可观,屐履之间皆得其任。虽才人三昧,笔补天工,而镂空绘影,索隐钓奇,窃恐犯造物之忌矣。乃笠翁不徒托诸空言,遂已演为本事。家居长干[34],山楼水阁,药栏花砌,辄引人著胜地。薄游吴市[35],集名优数辈,度其梨园法曲,红弦翠袖,烛影参差,望者疑为神仙中人。若是乎笠翁之才,造物不惟不忌,而且惜其劳、美其报焉。人生百年,为乐苦不足也,笠翁何以得此于天哉! 仆本恨人,幸逢良宴,正如秦穆睹钧天之乐[36],赵武听孟姚之歌[37],非不醉心,仿佛梦中而已矣。

吴门同学弟尤侗拜撰

① 此序据翼圣堂《闲情偶寄》补。尤侗(1618—1704),清文学家、戏曲家。字同人、展成,号西堂老人,长洲人。

② 子胥:即伍员(字子胥),春秋时吴国大夫,楚大夫伍奢次子,伍奢被杀,逃至吴,助吴王阖闾破楚,后因忤吴王夫差,被迫自尽。相传其

曾吹箫乞食，事见《左传》、《国语》、《吴越春秋》等书。元杂剧有《伍员吹箫》。

③　正平：即祢衡（173—198），字正平，汉末文学家。性刚傲物，曹操颇忌之，乃召为鼓吏，大会宾客，欲当众辱衡，孰料反为衡所辱。后被杀。

④　叔夜：即嵇康（225—264），字叔夜，三国时魏文学家，思想家、音乐家。善弹琴，以弹《广陵散》著名。因声言"非汤武而薄周孔"，为司马昭所杀。

⑤　季长：指马融（79—166），字季长，东汉扶风茂陵（今属陕西）人。为东汉大儒，博通经籍，为人放任不拘礼法。喜吹笛，常坐高堂，前授生徒，后列女乐，以此为娱。曾作《长笛赋》。

⑥　王维（701？—761）：字摩诘，河东人。唐代著名诗人、画家。亦精通音乐。相传其善弹琵琶，并藉此得太平公主赏识，一举登第，事见薛用弱《集异记》。明清戏曲有《郁轮袍》，即据此改编。《郁轮袍》，琵琶曲名。

⑦　和凝（898—955）：字成绩，五代词人。长于短歌艳曲，自号"曲子相公"。

⑧　京兆画眉：汉代京兆尹张敞常为其妻画眉，所画眉式样秀美。事见《汉书·张敞传》。

⑨　幼舆折齿：事见《晋书·谢鲲传》："邻家高氏女有美色，鲲尝挑之，女投梭，折其两齿。时人为之语曰：'任达不已，幼舆折齿。'"幼舆，谢鲲字。

⑩　子建：三国时魏国文学家曹植（192—232）的字。　傅粉：《三国志·魏书·王粲传》注引《魏略》叙邯郸淳拜会曹植事："植初得淳甚喜，延入坐，不先与谈。时天暑热，植因呼常从（侍从，随员）取水自澡讫，傅粉。"

⑪　相如：司马相如（？—前118），字长卿，西汉辞赋家。《史记》本传称其"未尝肯与公卿国家之事，称病闲居，不慕官爵"。　挂冠：辞官。

⑫ “子京”句:宋祁(998—1061)字子京,北宋文学家。《东轩笔记》十五载其博学能文,多内宠,曾宴于锦江,偶感微寒,诸婢送半臂达十余枚,子京恐有厚薄之嫌,竟不敢服,忍冷而归。半臂,即背心。

⑬ “熙载”句:韩熙载(902—970),五代人,字叔言。后唐同光进士,善为文,工书画,喜声伎之乐。郑文宝《南唐近事》载其曾“著衲衣”,“于诸姬院乞食,以为笑乐”。

⑭ 宜春院:唐时歌妓入宫居此院。

⑮ 梓泽园:亦称“金谷园”,晋石崇位于河阳金谷的别墅,故址在今河南省洛阳县西北。 金钗十二:南朝梁武帝《河中之水歌》:“头上金钗十二行。”原指头饰多,后喻姬妾众。

⑯ 奚翅径庭:言相去甚远。奚翅,亦作“奚啻”,犹何止,岂止。

⑰ 分刌节度,穷极幼眇:语出《汉书·元帝纪赞》。原指度曲精微幽妙,此借指文章。

⑱ 巫山:此借指宋玉《神女赋》。 兰若:兰草与杜若,皆为香草。

⑲ 洛浦:洛水水边,相传为洛神出没处。此借指曹植《洛神赋》。 瑶碧:美玉。

⑳ 东家之子:典出宋玉《登徒子好色赋》:“玉曰:天下之佳人,莫若楚国;楚国之丽者,莫若臣里;臣里之美者,莫若臣东家之子……著粉则太白,施朱则太赤。”

㉑ 上宫之女:《诗·鄘风·桑中》:“云谁之思,美孟姜兮。期我乎桑中,要我乎上宫。”后代称美女。上宫,陈国地名。

㉒ 飞燕:指赵飞燕,汉成帝皇后。善歌舞,因体轻而称“飞燕”。 太真:即杨玉环,为唐玄宗贵妃前,曾出家为道士,号曰太真。

㉓ “则必不”二句:《归风》,乐曲名。《飞燕外传》:“后(指赵飞燕)歌舞《归风送远》之曲,帝(成帝)以文犀簪击玉瓯,令冯无方吹笙。” 《羽衣》,即《霓裳羽衣舞》,相传为杨贵妃所善舞之曲。

㉔ 文君:指卓文君。西汉司马相如妻。《西京杂记》称其“眉色如望远山”。 孙寿:东汉梁冀妻,貌美善化妆,当时风行之愁眉、啼妆、堕

马髻、折腰步等妆饰，皆其所创。见《后汉书·梁冀传》。

㉕ “客有”八句：事见宋玉《对楚王问》。《阳春》、《白雪》，乐曲名，比喻高雅的文艺作品。“下里”、“巴人”，乐曲名，比喻通俗的文艺作品。

㉖ “西子”三句：典出《庄子·天运》：“故西施病心而矉其里，其里之丑人，见而美之，归亦捧心而矉其里。其里之富人见之，坚闭门而不出；贫人见之，挈妻子而去之走。”矉，即蹙额。后喻不自量力，拙劣模仿。

㉗ 嫫姆：古代丑妇。

㉘ 不律：笔的别名。《尔雅·释器》：“不律谓之笔。”

㉙ “能凿”句：《庄子·应帝王》：“南海之帝为儵，北海之帝为忽，中央之帝为浑沌。儵与忽时相与遇于混沌之地，浑沌待之甚善。儵与忽谋报浑沌之德，曰：‘人皆有七窍，以视听食息，此独无有。尝试凿之。’日凿一窍，七日而浑沌死。”此指文笔超妙，能给人以启蒙。混沌，喻愚昧无知。

㉚ 赫蹄：西汉末流行的一种小幅薄纸。《汉书·外戚传下》颜师古注引应劭云：“赫蹄，薄小纸也。”

㉛ “可炼”句：《淮南子·览冥训》载上古之时，四极废，九州裂，天不兼覆，地不周载。于是女娲炼五色石以补苍天。

㉜ 帷薄：指幔帘。　班输：鲁班和公输般，都是古代巧匠。一说为一人，即公输般（亦作公输班）。

㉝ 平章土木：指营造园室。平章，处理，此引申为建造。

㉞ 长干：即“长干巷”，亦称“长干里”。故址在今南京。

㉟ 吴市：指苏州。

㊱ “正如”句：张衡《西京赋》：“昔者大帝说秦缪（穆）公而觐之，飨以钧天广乐，帝有醉焉。”钧天之乐，神话传说中的天上音乐。钧天，上帝所居之地。

㊲ “赵武”句：《史记·赵世家》载赵武灵王梦见处女鼓琴而歌，醒后数言其梦，想见其状。吴广闻之，因夫人而内（纳）其女孟姚。孟姚甚有宠于王，是为惠后。

凡例七则 四期三戒

一期点缀太平

圣主当阳，力崇文教。庙堂既陈诗赋，草野合奏风谣，所谓上行而下效也。武士之戈矛，文人之笔墨，乃治乱均需之物：乱则以之削平反侧，治则以之点缀太平。方今海甸澄清，太平有象，正文人点缀之秋也，故于暇日抽毫，以代康衢鼓腹[①]。所言八事，无一事不新；所著万言，无一言稍故者，以鼎新之盛世，应有一二未睹之事、未闻之言以扩耳目，犹之美厦告成，非残朱剩碧所能涂饰榱楹者也。草莽微臣，敢辞粉藻之力！

一期崇尚俭朴

创立新制，最忌导人以奢。奢则贫者难行，而使富贵之家日流于侈，是败坏风俗之书，非扶持名教之书也。是集惟《演习》、《声容》二种，为显者陶情之事，欲俭不能，然亦节去靡费之半；其余如《居室》、《器玩》、《饮馔》、《种植》、《颐养》诸部，皆寓节俭于制度之中，黜奢靡于绳墨之外。富有天下者可行，贫无卓锥者亦可行[②]。盖缘身处极贫之地，知物力之最艰，谬谓天下之贫皆同于我，我所不欲，勿施于人[③]，故不觉其言之似吝也。然靡荡世风，或反因之有裨。

一期规正风俗

风俗之靡，日甚一日。究其日甚之故，则以喜新而尚异也。新异不诡于法，但须新之有道，异之有方。有道有方，总期不失情理之正。以索隐行怪之俗，而责其全返中庸，必不得之数也。不若以有道之新，易无道之新，以有方之异，变无方之异，庶彼乐于从事，而吾点缀太平之念为不虚矣。是集所载，皆极新极异之谈，然无一不轨于正道，其可告无罪于世者此耳。

一期警惕人心

风俗之靡，犹于人心之坏，正俗必先正心。然近日人情喜读闲书，畏听庄论。有心劝世者，正告则不足，旁引曲譬则有余。是集也，纯以劝惩为心，而又不标劝惩之目。名曰《闲情偶寄》者，虑人目为庄论而避之也。劝惩之语，下半居多，前数帙俱谈风雅。正论不载于始而丽于终者，冀人由雅及庄，渐入渐深，而不觉其可畏也。劝惩之意，绝不明言，或假草木昆虫之微，或借活命养生之大以寓之者，即所谓正告不足，旁引曲譬则有余也。实具婆心，非同客语，正人奇士，当共谅之。

一戒剽窃陈言

不佞半世操觚，不攘他人一字。空疏自愧者有之，诞妄贻讥者有之，至于剿窠袭臼，嚼前人唾余，而谬谓舌花新发者，则不特自信其无，而海内名贤亦尽知其不屑有也。然从前杂刻，新则新矣，犹是一岁一生之草，非百年一伐之木。草之青也可爱，枯则可焚；木即不堪为栋为梁，然欲刈而薪之，则人有不忍于心者矣。故知是集也者，其初出则为乍生之草，即其既陈既腐，犹可比于不忍为薪之木，以其可斫可雕而适于用也。以较邺架名编则不足[④]，以角奚囊旧著则有余[⑤]。阅是编者，请由始迄终，验其是新是旧。如觅得一语为他书所现载，人口所既言者，则作者非他，即武库之穿窬[⑥]，词场之大盗也。

一戒网罗旧集

数十年来，述作名家皆有著书捷径，以只字片言之少，可酿为连篇累牍之繁；如有连篇累牍之繁，即可变为汗牛充栋之富。何也？以其制作新言，缀于简首，随集古今名论，附而益之。如说天文，即纂天文所有诸往事及前人所作诸词赋以实之。地理亦然，人物、鸟兽、草木诸类尽然。作而兼之以述，有事半功倍之能，真良法也。鄙见则谓著则成著，述则成述，不应首鼠二端[⑦]。宁捉襟肘以露贫[⑧]，不借丧马以彰富。有则还吾故有，无则安其本无。不载旧本之一言，以补新书之偶缺；不借前人之只字，以证后事之不经。观者于诸项之中，幸勿事事求全，言言责备。此新耳目之书，非备考核之书也。

一戒支离补凑

有怪此书立法未备者，谓既有心作古，当使物物尽有成规，胡一类之中，止言数事？予应之曰：医贵专门，忌其杂也，杂则有验有不验矣。史贵能缺，“夏五”、“郭公”之不增一字[⑨]，不正其讹者，以示能缺；缺斯可信，备则开天下后世之疑矣。使如子言而求诸事皆备，一物不遗，则支离补凑之病见，人将疑其可疑，而并疑其可信。是故良法不行于世，皆求全一念误之也。予以一人而僭陈八事，由词曲演习以及种植颐养，虽曰多能鄙事，贱者之常，然犹自病其太杂，终不得比于专门之医，奈何欲举星相、医卜、堪舆、日者之事，而并责之一人乎？其人否否而退。八事之中，事事立法者止有六种，至《饮馔》《种植》二部之所言者，不尽是法，多以评论间之，宁以支离二字立论，不敢以之立法者，恐误天下之人也。然自谓立论之长，犹胜于立法。请质之海内名公，果能免于支离之诮否？

湖上笠翁李渔识

① 康衢鼓腹：指歌颂德政。《列子·汤问》载尧微服游于康衢，闻儿童为谣以歌盛世。康衢，四通八达的大路。

② 贫无卓锥：形容极端贫困。《吕氏春秋·为欲》：“无立锥之地，至贫也。”卓锥，犹言立锥。

③ 我所不欲，勿施于人：语出《论语·卫灵公》：“己所不欲，勿施于人。”

④ 邺架：指富有的书架。《邺侯家传》载唐邺侯李泌父承休藏书

两万余册,别架置之。

⑤ 角:比试。 奚囊:李商隐《李贺小传》谓贺每旦日出,恒从小奚奴,骑距驴,背一古破锦囊,凡有所得即书投囊中。后因称诗囊为奚囊。

⑥ 穿窬:指盗窃行为。《论语·阳货》:“譬诸小人,其犹穿窬之道与!”穿,穿壁。窬,逾墙。

⑦ 首鼠二端:意谓瞻前顾后,犹疑不决。典出《史记·魏其武安侯列传》:“武安已罢朝,出止车门,召韩御史大夫载。怒曰:与长孺共一老秃翁,何为首鼠两端!”

⑧ 捉襟肘以露贫:谓衣不蔽体,穷困潦倒。典出《庄子·让王》:“曾子居卫……三月不举火,十年不制衣,正冠而缨绝,捉衿而肘见,纳履而踵决。”

⑨ “夏五”、“郭公”:分指《春秋》桓公十四年书“夏五”,下缺“月”字;庄公二十四年书“郭公”,下漏记事。后即以此喻指文字有残缺。

词曲部

结构第一

填词一道，文人之末技也。然能抑而为此，犹觉愈于驰马试剑，纵酒呼卢。孔子有言："不有博弈者乎？为之犹贤乎已[①]。"博弈虽戏具，犹贤于"饱食终日，无所用心"；填词虽小道，不又贤于博弈乎？吾谓技无大小，贵在能精；才乏纤洪，利于善用。能精善用，虽寸长尺短，亦可成名。否则才夸八斗[②]，胸号五车[③]，为文仅称点鬼之谈[④]，著书惟供覆瓿之用[⑤]，虽多亦奚以为？填词一道，非特文人工此者足以成名，即前代帝王，亦有以本朝词曲擅长，遂能不泯其国事者。请历言之：高则诚、王实甫诸人[⑥]，元之名士也，舍填词一无表见。使两人不撰《琵琶》、《西厢》，则沿至今日，谁复知其姓字？是则诚实甫之传，《琵琶》、《西厢》传之也。汤若士[⑦]，明之才人也，诗文尺牍，尽有可观，而其脍炙人口者，不在尺牍诗文，而在《还魂》一剧。使若士不草《还魂》，则当日之若士已虽有而若无，况后代乎？是若士之传，《还魂》传之也。此人以填词而得名者也。历朝文字之盛，其名各有所归，"汉史"、"唐诗"、"宋文”、“元曲”，此世人口头语也。《汉书》、《史记》，千古不磨，尚矣；唐则诗人济济，宋有文士跄跄，宜其鼎足文坛，为三代后之三代也。元有天下，非特政刑礼乐一无可宗，即语言文学之末，图书翰墨之微，亦少概见。使非崇尚词曲，得《琵琶》、《西厢》以及《元人百种》诸书传于后代[8]，则当日之元亦与五代、金、辽同其泯灭，焉能附三朝骥尾，而挂学士文人之齿颊哉？此帝王国事，以填词而得名者也。由是观之，填词非末技，乃与史传诗文同源而异派者也。近日雅慕此道，刻欲追踪元人、配飨若士者尽多，而究竟作者寥寥，未闻绝唱。其故维何？止因词曲一道，但有前书堪读，并无成法可宗。暗室无灯，有眼皆同瞽目。无怪乎觅途不得，问津无人，半途而废者居多，差毫厘而谬千里者，亦复不少也。尝怪天地之间有一种文字，即有一种文字之法脉准绳，载之于书者，不异耳提面命。独于填词制曲之事，非但略而未详，亦且置之不道。揣摩其故，殆有三焉：一则为此理甚难，非可言传，止堪意会。想入云霄之际，作者神魂飞越，如在梦中，不至终篇，不能返魂收魄。谈真则易，说梦为难，非不欲传，不能传也。若是，则诚异诚难，诚为不可道矣。吾谓此等至理，皆言最上一乘，非填词之学节节皆如是也，岂可为精者难言，而粗者亦置弗道乎？一则为填词之理变幻不常，言当如是，又有不当如是者。如填生旦之词，贵于庄雅；制净丑之曲，务带诙谐：此理之常也。乃忽遇风流放佚之生旦，反觉庄雅为非；作迂腐不情之净丑，转以诙谐为忌。诸如此类者，悉难胶柱[9]。恐以一定之陈言，误泥古拘方之作者，是以宁为阙疑，不生蛇足。若是，则此种变幻之理，不独词曲为然，帖括诗文皆若是也。岂有执死法为文，而能见赏于人，相传于后者乎？一则为从来名士以诗赋见重者十之九，以词曲相传者犹不及什一，盖千百人一见者也。凡有能此者，悉皆剖腹藏珠，务求自秘，谓此法无人授我，我岂独肯传人。使家家制曲，户户填词，则无论《白雪》盈车，《阳春》遍世，淘金选玉者未必不使后来居上，而觉糠秕在前[10]；且使周郎渐出[11]，顾曲者多，攻出瑕疵，令前人无可藏拙，是自为后羿而教出无数逢蒙，环执干戈而害我也[12]，不如仍仿前人，缄口不提之为是。吾揣摩不传之故，虽三者并列，窃恐此意居多。以我论之：文章者，天下之公器，非我之所能私；是非者，千古之定评，岂人之所能倒？不若出我所有，公之于人，收天下后世之名贤悉为同调，胜我者我师之，仍不失为起予之高足；类我者我友之，亦不愧为攻玉之他山。持此为心，遂不觉以生平底里，和盘托出。并前人已传之书，亦为取长弃短，别出瑕瑜，使人知所从违，而不为诵读所误。知我，罪我，怜我，杀我，悉听世人，不复能顾其后矣。但恐我所言者，自以为是而未必果是；人所趋者，我以为非而未必尽非。但矢一字之公，可谢千秋之罚。噫，元人可作，当必贳予。

填词首重音律，而予独先结构者，以音律有书可考，其理彰明较著。自《中原音韵》一出[13]，则阴阳平仄画有塍区，如舟行水中，车推岸上，稍知率由者，虽欲故犯而不能矣。《啸余》、《九宫》二谱一出[14]，则葫芦有样，粉本昭然。前人呼制曲为填词，填者布也，犹棋枰之中画有定格，见一格，布一子，止有黑白之分，从无出入之弊，彼用韵而我叶之，彼不用韵而我纵横流荡之。至于引商刻羽[15]，戛玉敲金，虽曰神而明之，匪可言喻，亦由勉强而臻自然，盖遵守成法之化境也。至于结构二字，则在引商刻羽之先，拈韵抽毫之始。如造物之赋形，当其精血初凝，胞胎未就，先为制定全形，使点血而具五官百骸之势。倘先无成局，而由顶及踵，逐段滋生，则人之一身，当有无数断续之痕，而血气为之中阻矣。工师之建宅亦然，基址初平，间架未立，先筹何处建厅，何方开户，栋需何木，梁用何材，必俟成局了然，始可挥斤运斧。倘造成一架而后再筹一架，则便于前者不便于后，势必改而就之，未成先毁，犹之筑舍道旁⑯，兼数宅之匠资，不足供一厅一堂之用矣。故作传奇者，不宜卒急拈毫；袖手于前，始能疾书于后。有奇事，方有奇文，未有命题不佳，而能出其锦心，扬为绣口者也。尝读时髦所撰，惜其惨淡经营，用心良苦，而不得被管弦、副优孟者，非审音协律之难，而结构全部规模之未善也。

词采似属可缓，而亦置音律之前者，以有才技之分也。文词稍胜者，即号才人；音律极精者，终为艺士。师旷止能审乐⑰，不能作乐；龟年但能度词，不能制词⑱。使与作乐制词者同堂，吾知必居末席矣。事有极细而亦不可不严者，此类是也。

① “孔子”三句：语出《论语·阳货》：“子曰：饱食终日，无所用心，难矣哉！不有博弈者乎？为之犹贤乎已。”

② 才夸八斗：宋无名氏《释常谈·八斗之才》：“文章多谓之八斗之才，谢灵运尝曰：‘天下才有一石，曹子建独占八斗，我得一斗，天下共分一斗。’”

③ 胸号五车：形容人知识渊博。典出《庄子·天下》：“惠施多方，其书五车。”

④ “为文”句：唐初杨炯作文喜堆砌古人姓名，人戏称之“点鬼簿”。

⑤ “著书”句：《汉书·扬雄传》载刘歆闻扬雄作《太玄》、《法言》等，叹曰“吾恐后人用覆酱瓿也”。

⑥ 高则诚:即高明,字则诚,元末温州瑞安人。有南戏《琵琶记》。 王实甫:名信德,大都人,元代著名杂剧作家,以《西厢记》驰名。

⑦ 汤若士:即汤显祖(1550—1616),字义仍,号若士,江西临川人。戏曲创作以《牡丹亭》(一作《还魂记》)为代表,又工诗文尺牍,有《汤若士全集》。

⑧ 《元人百种》:即《元曲选》,明臧懋循所编元代杂剧集(间亦阑入明人之作),共收一百个剧本。

⑨ 胶柱:即胶柱鼓瑟,典出《史记·赵奢传》,谓拘泥不知变通。

⑩ 糠秕在前:《世说新语·排调》言王坦之与范启同行,王坦之走在前面,对范启说:"簸之扬之,糠秕在前。"范启回答道:"洮之汰之,沙砾在后。"

⑪ 周郎:即三国时的周瑜。《三国志·吴书·周瑜传》载其"少精意于音乐,虽三爵之后,其有阙误,瑜必知之,知之必顾,故时人谣曰:'曲有误,周郎顾。'"

⑫ "是自为"二句:传说夏代的后羿精于射术,其学生逢蒙学成后,以为天下只有后羿胜过自己,就把老师杀了。

⑬ 《中原音韵》:元周德清编纂的戏曲韵书,首创"入派三声",并将传统的二百个左右的韵部简化为十九部。后为明清文人戏曲创作用韵所本。

⑭ 《啸余》:指《啸余谱》,明程明善所编的音律丛书。收录著作十二种,与曲学有关者四种。 《九宫》:指《九宫正始》和南、北《九宫谱》之类的曲谱。

⑮ 引商刻羽:语出宋玉《对楚王问》。后指仔细推敲音律。

⑯ 筑舍道旁:语本《诗经·小雅·小旻》,意谓在路边盖房,因己无主见、路人意见不一而盖不成。

⑰ 师旷:春秋时晋国乐师,字子野。相传生而目盲,但能辨声乐以知吉凶。

⑱ 龟年:即李龟年,唐玄宗时宫廷乐师,以善歌著称。

也[16];所少在贵,贵岂人人可幸致乎?是造物之悯予,亦云至矣。非悯其才,非悯其德,悯其方寸之无他也。生平所著之书,虽无裨于人心世道,若止论等身,几与曹交食粟之躯等其高下[17]。使其间稍伏机心,略藏匕首,造物且诛之夺之不暇,肯容自作孽者老而不死,犹得徉狂自肆于笔墨之林哉?吾于发端之始,即以讽刺戒人,且若嚣嚣自鸣得意者,非敢故作夜郎,窃恐词人不究立言初意,谬信"琵琶王四"之说,因谬成真。谁无恩怨?谁乏牢骚?悉以填词泄愤,是此一书者,非阐明词学之书,乃教人行险播恶之书也。上帝讨无礼,予其首诛乎?现身说法,盖为此耳。

① 传奇:唐裴铏作短篇小说《传奇》,后人即用以称唐宋文人所作的文言短篇小说。以后宋元戏文、诸宫调、元人杂剧等也有称"传奇"的。明代又专称以唱南曲为主的戏曲。

② 木铎:古代一种木舌铃铛。用于朝廷施行政教、传布命令,故后来也作为宣传教化的代称。

③ 梨园:唐玄宗时教练宫廷歌舞艺人的机构。后人因以代称戏班。

④ "苍颉"句:语本《淮南子·本经训》:"苍颉作书而天雨粟,鬼夜哭。"苍颉,传说中黄帝时的造字人。

⑤ 齐东野人之语:语出《孟子·万章上》:"此非君子之言,齐东野人之语也。"喻指道听途说,荒唐无稽之语。齐东,齐国东部。野人,乡野之人。

⑥ 生花之笔:比喻文思富丽俊逸。五代后周王仁裕《开元天宝遗事·梦笔头生花》:"李太白少时,梦所用之笔头上生花,后天才赡逸,名闻天下。"

⑦ 倒峡之词:语本杜甫诗《醉歌行》:"词源倒倾三峡水,笔阵横扫

千人军。”比喻文思富赡。

⑧ 《五经》:儒家五部经书:《诗》、《书》、《礼》、《易》、《春秋》。

⑨ 《四书》:儒家经典《大学》、《中庸》、《论语》、《孟子》的合称。由南宋朱熹注《论语》,从《礼记》中释出《大学》、《中庸》,合以《孟子》,一并加注,题为《四书章句集注》而来。

⑩ 蔡邕(132—192):东汉文学家、书法家。字伯喈,陈留圉(今河南杞县南)人。《琵琶记》以其为主要人物,但剧中情节全为虚构。

⑪ 李代桃僵:语本《宋书·乐志》:“桃生露井上,李树生桃旁。虫来啮桃根,李树代桃僵。树木身相代,兄弟还相忘。”后转指以此代彼或代人受过。

⑫ 上帝有赫,实式临之:语本《诗经·大雅·皇矣》:“皇矣上帝,临下有赫。”赫,威严貌。

⑬ 伯道之忧:《晋书·邓攸传》载,晋代邓攸(字伯道)在逃难时为保全侄子,舍弃儿子,后终无子。后常以代称无子。

⑭ 景升豚犬:东汉末人刘表,字景升,为荆州牧。死后儿子刘琮碌碌无为,投降曹操。《三国志》注引《吴历》载曹操语:“生子当如孙仲谋,刘景升儿子若豚犬耳!”后喻指不成器的后辈。

⑮ 穷民之无告:语出《孟子·梁惠王》:“老而无妻曰鳏,老而无夫曰寡,老而无子曰独,幼而无父曰孤。此四者,天下之穷民而无告者。”

⑯ 贫也,非病也:子贡过原宪家,宪摄破衣冠见之,子贡曰:“子病乎?”宪答曰:“宪,贫也,非病也。”见《孔子家语》。

⑰ “几与”句:即“著作等身”的形象说法。曹交,战国时曹人,《孟子·告子下》载:“今交九尺四寸以长,食粟而已”。

立 主 脑

古人作文一篇,定有一篇之主脑。主脑非他,即作者立言之本意也。传奇亦然。一本戏中,有无数人名,究竟俱属陪宾,原其初心,止为一人而设;即此一人之身,自始至终,离合悲欢,中具无限情由,无穷关目,究竟俱属衍文,原其初心,又止为一事而设:此一人一事,即作传奇之主脑也。然必此一人一事果然奇特,实在可传而后传之,则不愧传奇之目,而其人其事与作者姓名皆千古矣。如一部《琵琶》止为蔡伯喈一人,而蔡伯喈一人又止为"重婚牛府"一事,其余枝节皆从此一事而生。二亲之遭凶,五娘之尽孝,拐儿之骗财匿书,张大公之疏财仗义,皆由于此。是"重婚牛府"四字,即作《琵琶记》之主脑也。一部《西厢》,止为张君瑞一人,而张君瑞一人,又止为"白马解围"一事,其余枝节皆从此一事而生。夫人之许婚,张生之望配,红娘之勇于作合,莺莺之敢于失身,与郑恒之力争原配而不得,皆由于此。是"白马解围"四字,即作《西厢记》之主脑也。余剧皆然,不能悉指。后人作传奇,但知为一人而作,不知为一事而作。尽此一人所行之事,逐节铺陈,有如散金碎玉,以作零出则可,谓之全本,则为断线之珠,无梁之屋。作者茫然无绪,观者寂然无声,无怪乎有识梨园,望之而却走也。此语未经提破,故犯者孔多,而今而后,吾知鲜矣。

脱　窠　臼

"人惟求旧,物惟求新①。"新也者,天下事物之美称也。而文章一道,较之他物,尤加倍焉。戛戛乎陈言务去②,求新之谓也。至于填词一道,较之诗赋古文,又加倍焉。非特前人所作，于今为旧，即出我一人之手，今之视昨，亦有间焉。昨已见而今未见也，知未见之为新，即知已见之为旧矣。古人呼剧本为“传奇”者，因其事甚奇特，未经人见而传之，是以得名，可见非奇不传。新即奇之别名也。若此等情节业已见之戏场，则千人共见，万人共见，绝无奇矣，焉用传之？是以填词之家，务解“传奇”二字。欲为此剧，先问古今院本中③，曾有此等情节与否，如其未有，则急急传之，否则枉费辛勤，徒作效颦之妇④。东施之貌未必丑于西施，止为效颦于人，遂蒙千古之诮。使当日逆料至此，即劝之捧心，知不屑矣。吾谓填词之难，莫难于洗涤窠臼，而填词之陋，亦莫陋于盗袭窠臼。吾观近日之新剧，非新剧也，皆老僧碎补之衲衣⑤，医士合成之汤药。取众剧之所有，彼割一段，此割一段，合而成之，即是一种“传奇”。但有耳所未闻之姓名，从无目不经见之事实。语云“千金之裘，非一狐之腋”⑥，以此赞时人新剧，可谓定评。但不知前人所作，又从何处集来？岂《西厢》以前，别有跳墙之张珙？《琵琶》以上，另有剪发之赵五娘乎？若是，则何以原本不传，而传其抄本也？窠臼不脱，难语填词，凡我同心，急宜参酌。

① “人惟”二句：语出《尚书·盘庚上》：“人惟求旧，器非求旧，惟新。”

② “戛戛乎”句：语出韩愈《答李翊书》：“惟陈言之务去，戛戛乎其难哉。”

③ 院本：金元时行院演剧的脚本。

④ 效颦之妇：见《尤侗序》注。

⑤ 衲衣：多有补缀的僧衣，亦称百衲衣。

⑥ “千金”二句：谓价值昂贵的皮袍，不是一只狐狸腋下的毛皮能制成的。语出《史记·刘敬叔孙通列传赞》。

密 针 线

编戏有如缝衣，其初则以完全者剪碎，其后又以剪碎者凑成。剪碎易，凑成难，凑成之工，全在针线紧密。一节偶疏，全篇之破绽出矣。每编一折，必须前顾数折，后顾数折。顾前者欲其照映，顾后者便于埋伏。照映埋伏，不止照映一人，埋伏一事，凡是此剧中有名之人，关涉之事，与前此后此所说之话，节节俱要想到。宁使想到而不用，勿使有用而忽之。吾观今日之传奇，事事皆逊元人，独于埋伏照映处，胜彼一筹。非今人之太工，以元人所长全不在此也。若以针线论，元曲之最疏者，莫过于《琵琶》。无论大关节目背谬甚多，如子中状元三载，而家人不知；身赘相府，享尽荣华，不能自遣一仆，而附家报于路人；赵五娘千里寻夫，只身无伴，未审果能全节与否，其谁证之？诸如此类，皆背理妨伦之甚者。再取小节论之，如五娘之剪发，乃作者自为之，当日必无其事。以有疏财仗义之张大公在，受人之托，必能终人之事，未有坐视不顾，而致其剪发者也。然不剪发不足以见五娘之孝，以我作《琵琶》，《剪发》一折亦必不能少，但须回护张大公，使之自留地步。吾读《剪发》之曲，并无一字照管大公，且若有心讥刺者。据五娘云：“前日婆婆没了，亏大公周济。如今公公又死，无钱资送，不好再去求他，只得剪发”云云①。若是，则剪发一事乃自愿为之，非时势迫之使然也，奈何曲中云："非奴苦要孝名传，只为上山擒虎易，开口告人难。"此二语虽属恒言，人人可道，独不宜出五娘之口。彼自不肯告人，何以言其难也？观此二语，不似怼怨大公之词乎？然此犹属背后私言，或可免于照顾。迨其哭倒在地，大公见之，许送钱米相资，以备衣衾棺椁，则感之颂之，当有不啻口出者矣，奈何曲中又云："只恐奴身死也，兀自没人埋，谁还你恩债？"试问公死而埋者何人？姑死而埋者何人？对埋殓公姑之人而自言暴露，将置大公于何地乎？且大公之相资，尚义也，非图利也，"谁还恩债"一语，不几抹倒大公，将一片热肠付之冷水乎？此等词曲，幸而出自元人，若出我辈，则群口讪之，不识置身何地矣！予非敢于仇古，既为词曲立言，必使人知取法。若扭于世俗之见，谓事事当法元人，吾恐未得其瑜，先有其瑕。人或非之，即举元人借口。乌知圣人千虑，必有一失；圣人之事，犹有不可尽法者，况其他乎？《琵琶》之可法者原多，请举所长以盖短：如《中秋赏月》一折[2]，同一月也，出于牛氏之口者，言言欢悦；出于伯喈之口者，字字凄凉。一座两情，两情一事，此其针线之最密者。瑕不掩瑜，何妨并举其略。然传奇一事也，其中义理分为三项：曲也，白也，穿插联络之关目也[3]。元人所长者止居其一，曲是也，白与关目皆其所短。吾于元人，但守其词中绳墨而已矣。

① "据五娘"七句：此处引文与《六十种曲》之《琵琶记》等均有出入，其他引文亦偶有出入，疑作者记忆有误。

② 《中秋赏月》：《琵琶记》中的一出戏，描写蔡邕和牛丞相之女成亲后，中秋之夜共同赏月。面对可人月色，牛氏赞叹"人生几见此佳景"，蔡邕却觉"月中都是断肠声"。

③ 关目:元明戏曲、曲艺术语。指剧本的结构、关键情节的安排和构思。

减头绪

头绪繁多,传奇之大病也。《荆》、《刘》、《拜》、《杀》(《荆钗记》、《刘知远》、《拜月亭》、《杀狗记》)之得传于后[①],止为一线到底,并无旁见侧出之情。三尺童子观演此剧,皆能了了于心,便便于口,以其始终无二事,贯串只一人也。后来作者不讲根源,单筹枝节,谓多一人可增一人之事。事多则关目亦多,令观场者如入山阴道中[②],人人应接不暇。殊不知戏场脚色,止此数人,便换千百个姓名,也只此数人装扮,止在上场之勤不勤,不在姓名之换不换。与其忽张忽李,令人莫识从来,何如只扮数人,使之频上频下,易其事而不易其人,使观者各畅怀来[③],如逢故物之为愈乎?作传奇者,能以"头绪忌繁"四字刻刻关心,则思路不分,文情专一,其为词也,如孤桐劲竹,直上无枝,虽难保其必传,然已有《荆》、《刘》、《拜》、《杀》之势矣。

① 《荆》:即《荆钗记》,相传宋元时学究柯丹丘作。 《刘》:即《刘知远》,又名《白兔记》,作者不详。 《拜》:即《拜月亭》,又名《幽闺记》,相传元代施惠所作。 《杀》:即《杀狗记》,相传元末明初徐畛所作。四剧合称"四大南戏"。

② 山阴道:指今浙江省绍兴市城西南郊外一带,古时以风景优美著称。《世说新语·言语》载王献之语:"从山阴道上行,山川自相映发,使人应接不暇。"

③ 各畅怀来:语出《史记·司马相如列传》:“于是诸大夫茫然丧其所怀来,而失厥所以进。”此谓能满足各自所怀的来意。

戒荒唐

昔人云:“画鬼魅易,画狗马难[①]。”以鬼魅无形,画之不似,难于稽考;狗马为人所习见,一笔稍乖,是人得以指摘。可见事涉荒唐,即文人藏拙之具也,而近日传奇独工于为此。噫!活人见鬼,其兆不祥,矧有吉事之家,动出魑魅魍魉为寿乎?移风易俗,当自此始。吾谓剧本非他,即三代以后之《韶》、《濩》也[②]。殷俗尚鬼[③],犹不闻以怪诞不经之事被诸声乐,奏于庙堂,矧辟谬崇真之盛世乎?王道本乎人情,凡作传奇,只当求于耳目之前,不当索诸闻见之外。无论词曲,古今文字皆然。凡说人情物理者,千古相传;凡涉荒唐怪异者,当日即朽。《五经》、《四书》、《左》、《国》、《史》、《汉》,以及唐宋诸大家,何一不说人情?何一不关物理?及今家传户颂,有怪其平易而废之者乎?《齐谐》[④],志怪之书也,当日仅存其名,后世未见其实。此非平易可久、怪诞不传之明验欤?人谓家常日用之事,已被前人做尽,穷微极隐,纤芥无遗,非好奇也,求为平而不可得也。予曰:不然。世间奇事无多,常事为多;物理易尽,人情难尽。有一日之君臣父子,即有一日之忠孝节义。性之所发,愈出愈奇,尽有前人未作之事,留之以待后人,后人猛发之心,较之胜于先辈者。即就妇人女子言之,女德莫过于贞,妇愆无甚于妒。古来贞女守节之事,自剪发、断臂、刺面、毁身,以至刎颈而止矣;近日矢贞之妇[5],竟有刲肠剖腹,自涂肝脑于贵人之庭以鸣不屈者;又有不持利器,谈笑而终其身,若老衲高僧之坐化者。岂非五伦以内,自有变化不穷之事乎?古来妒妇制夫之条,自罚跪、戒眠、捧灯、戴水,以至扑臀而止矣;近日妒悍之流,竟有锁门绝食,迁怒于人,使族党避祸难前,坐视其死而莫之救者;又有鞭扑不加,囹圄不设,宽仁大度,若有刑措之风,而其夫慑于不怒之威,自遣其妾而归化者。岂非闺阃以内,便有日异月新之事乎?此类繁多,不能枚举。此言前人未见之事,后人见之,可备填词制曲之用者也。即前人已见之事,尽有摹写未尽之情,描画不全之态,若能设身处地,伐隐攻微,彼泉下之人,自能效灵于我。授以生花之笔,假以蕴绣之肠,制为杂剧,使人但赏极新极艳之词,而竟忘其为极腐极陈之事者。此为最上一乘。予有志焉,而未之逮也。

① “画鬼魅”二句:语出《韩非子·外储说·左上》。

② 《韶》、《濩》:相传为虞舜,商汤时的乐舞,古代把它们尊崇为礼乐经典。

③ 殷俗尚鬼:商代崇尚鬼神,祭祀、占卜名目繁多,故称。

④ 《齐谐》:传说中的书名。《庄子·逍遥游》:“齐谐者,志怪者也。”

⑤ 矢贞:原作“失贞”,从翼本改。

审　虚　实

传奇所用之事,或古或今,有虚有实,随人拈取。古者,书籍所载,古人现成之事也;今者,耳目传闻,当时仅见之事也;实者,就事敷陈,不假造作,有根有据之谓也;虚者,空中楼阁,随意构成,无影无形之谓也。人谓古事多实,近事多虚。予曰:不然。传奇无实,大半皆寓言耳。欲劝人为孝,则举一孝子出名,但有一行可纪,则不必尽有其事,凡属孝亲所应有者,悉取而加之。亦犹纣之不善,不如是之甚也,一居下流,天下之恶皆归焉[①]。其余表忠表节,与种种劝人为善之剧,率同于此。若谓古事皆实,则《西厢》、《琵琶》推为曲中之祖,莺莺果嫁君瑞乎?蔡邕之饿莩其亲,五娘之干蛊其夫[②],见于何书?果有实据乎?孟子云:"尽信书,不如无书。"盖指《武成》而言也[③]。经史且然,矧杂剧乎?凡阅传奇而必考其事从何来、人居何地者,皆说梦之痴人,可以不答者也。然作者秉笔,又不宜尽作是观。若纪目前之事,无所考究,则非特事迹可以幻生,并其人之姓名亦可以凭空捏造,是谓虚则虚到底也。若用往事为题,以一古人出名,则满场脚色皆用古人,捏一姓名不得;其人所行之事,又必本于载籍,班班可考,创一事实不得。非用古人姓字为难,使与满场脚色同时共事之为难也;非查古人事实为难,使与本等情由贯串合一之为难也。予既谓传奇无实,大半寓言,何以又云姓名事实必须有本?要知古人填古事易,今人填古事难。古人填古事,犹之今人填今事,非其不虑人考,无可考也。传至于今,则其人其事,观者烂熟于胸中,欺之不得,罔之不能,所以必求可据,是谓实则实到底也。若用一二古人作主,因无陪客,幻设姓名以代之,则虚不似虚,实不成实,词家之丑态也,切忌犯之。

① "亦犹"四句:语出《论语·子张》:"子贡曰:纣之不善,不如是

之甚也。是以君子恶居下流,天下之恶皆归焉。"

② 干蛊:《易·蛊》:"干父之蛊。"王弼注:"干父之事,能承先轨,堪其任者也。"蛊,事。后称儿子能担任父亲所不能担任的事业,此指赵五娘代丈夫承担了赡养父母的责任。

③ "尽信书"三句:语出《孟子·尽心》:"孟子曰:尽信书,则不如无书。吾于《武成》,取二三策而已矣。"《武成》,《尚书》中的一篇。其载武王伐纣,流血漂杵,孟子以为不实。

词采第二

曲与诗余,同是一种文字。古今刻本中,诗余能佳而曲不能尽佳者,诗余可选而曲不可选也。诗余最短,每篇不过数十字,作者虽多,入选者不多,弃短取长,是以但见其美。曲文最长,每折必须数曲,每部必须数十折,非八斗长才,不能始终如一。微疵偶见者有之,瑕瑜并陈者有之,尚有踊跃于前,懈弛于后,不得已而为狗尾貂续者亦有之[①]。演者观者既存此曲,只得取其所长,恕其所短,首尾并录,无一部而删去数折,止存数折,一出而抹去数曲,止存数曲之理。此戏曲不能尽佳,有为数折可取而挈带全篇,一曲可取而挈带全折,使瓦缶与金石齐鸣者[②],职是故也。予谓既工此道,当如画士之传真,闺女之刺绣,一笔稍差,便虑神情不似;一针偶缺,即防花鸟变形。

使全部传奇之曲，得似诗余选本如《花间》、《草堂》诸集[3]，首首有可珍之句，句句有可宝之字，则不愧填词之名，无论必传，即传之千万年，亦非侥幸而得者矣。吾于古曲之中，取其全本不懈、多瑜鲜瑕者，惟《西厢》能之。《琵琶》则如汉高用兵，胜败不一，其得一胜而王者，命也，非战之力也[4]。《荆》、《刘》、《拜》、《杀》之传，则全赖音律。文章一道，置之不论可矣。

① 狗尾貂续：典出《晋书·赵王伦传》："张林等诸党皆登卿将，并列大封，其余同谋者咸超阶越次，不可胜纪，至于奴卒厮役亦加以爵位。每朝会，貂蝉盈坐，时人为之谚曰：貂不足，狗尾续。"后喻用次品续于珍品后。

② "瓦缶"句：《楚辞·卜居》："黄钟毁弃，瓦釜雷鸣。"黄庭坚《再次韵兼简履中南玉》："经术貂蝉续狗尾，文章瓦釜作雷鸣。"瓦缶，小口大腹的瓦器，喻贱物；金石，乐器。

③ 《花间》：即《花间集》，五代后蜀赵崇祚所编词集，录晚唐、五代温庭筠、韦庄等十八家的词作五百首。《草堂》：即《草堂诗余》，南宋何士信所编词集，选词以北宋和南宋初期词为主，兼有唐五代作品。明清间词人常将两书奉为倚声规范。

④ "《琵琶》"五句：汉高祖刘邦与项羽争天下，屡次战败，直至垓下一战，大获全胜，项羽被迫自刎，乃得统一天下。项羽战败时曾言："此天之亡我也，非战之力也。"这里是说《琵琶记》不具长才，偶然获得成功。

贵显浅

曲文之词采，与诗文之词采非但不同，且要判然相反。何也？诗文之词采，贵典雅而贱粗俗，宜蕴藉而忌分明。词曲不然，话则本之街谈巷议，事则取其直说明言。凡读传奇而有令人费解，或初阅不见其佳，深思而后得其意之所在者，便非绝妙好词；不问而知为今曲，非元曲也。元人非不读书，而所制之曲绝无一毫书本气，以其有书而不用，非当用而无书也，后人之曲则满纸皆书矣。元人非不深心，而所填之词皆觉过于浅近，以其深而出之以浅，非借浅以文其不深也，后人之词则心口皆深矣。无论其他，即汤若士《还魂》一剧，世以配飨元人，宜也。问其精华所在，则以《惊梦》、《寻梦》二折对。予谓二折虽佳，犹是今曲，非元曲也。《惊梦》首句云："袅晴丝，吹来闲庭院，摇漾春如线。"以游丝一缕，逗起情丝，发端一语，即费如许深心，可谓惨淡经营矣。然听歌《牡丹亭》者，百人之中有一二人解出此意否？若谓制曲初心并不在此，不过因所见以起兴，则瞥见游丝，不妨直说，何须曲而又曲，由晴丝而说及春，由春与晴丝而悟其如线也？若云作此原有深心，则恐索解人不易得矣。索解人既不易得，又何必奏之歌筵，俾雅人俗子同闻而共见乎？其余"停半晌，整花钿，没揣菱花，偷人半面"及"良辰美景奈何天，赏心乐事谁家院"，"遍青山，啼红了杜鹃"等语，字字俱费经营，字字皆欠明爽。此等妙语，止可作文字观，不得作传奇观。至如末幅"似虫儿般蠢动，把风情搧"，与"恨不得肉儿般团成片也，逗的个日下胭脂雨上鲜"，《寻梦》曲云："明放着白日青天，猛教人抓不到梦魂前"，"是这答儿压黄金钏匾"，此等曲，则去元人不远矣。而予最赏心者，不专在《惊梦》、《寻梦》二折，谓其心花笔蕊，散见于前后各折之中。《诊祟》曲云："看你春归何处归，春睡何曾睡，气丝儿怎度的长天日？""梦去知他实实谁，病来只送得个虚虚的你。做行云先渴倒在巫阳会[①]。”“又不是困人天气，中酒心期，魆魆的常如醉。”“承尊觑，何时何日来看这女颜回[②]？”《忆女》曲云：“地老天昏，没处把老娘安顿。”“你怎撇得下万里无儿白发亲。”“赏春香还是你旧罗裙。”《玩真》曲云：“如愁欲语，只少口气儿呵！”“叫的你喷嚏似天花唾。动凌波，盈盈欲下，不见影儿那。”此等曲，则纯乎元人，置之“百种”前后，几不能辨，以其意深词浅，全无一毫书本气也。若论填词家宜用之书，则无论经传子史以及诗赋古文，无一不当熟读，即道家佛氏、九流百工之书，下至孩童所习《千字文》、《百家姓》[③]，无一不在所用之中。至于形之笔端，落于纸上，则宜洗濯殆尽。亦偶有用着成语之处，点出旧事之时，妙在信手拈来，无心巧合，竟似古人寻我，并非我觅古人。此等造诣，非可言传，只宜多购元曲，寝食其中，自能为其所化。而元曲之最佳者，不单在《西厢》、《琵琶》二剧，而在《元人百种》之中。“百种”亦不能尽佳，十有一二可列高、王之上。其不致家弦户诵，出与二剧争雄者，以其是杂剧而非全本，多北曲而少南音，又止可被诸管弦，不便奏之场上。今时所重，皆在彼而不在此，即欲不为纨扇之捐[④]，其可得乎？

① “做行云”句：用宋玉《高唐赋》记楚怀王昼梦巫山神女自称“妾在巫山之阳，高丘之阻，旦为朝云，暮为行雨。朝朝暮暮，阳台之下”事。

② 颜回：春秋末鲁国人。字子渊，孔子学生。孔子称“其心三月不违仁”。早卒。剧中杜丽娘自觉不久于人世，故取颜回早死而自称“女颜回”。

③ 《千字文》：中国旧时启蒙课本，梁周兴嗣撰，拓取王羲之遗书不同的字一千个，编为四言韵语，隋代开始流行。 《百家姓》：启蒙课

本,北宋时编,作者佚名,集姓氏为四字韵语,以当时国姓"赵"居首。

④ 纨扇之捐:纨扇,细绢制成的团扇。捐,舍弃。汉班婕妤曾作《纨扇诗》哀怨夏用秋藏,后世常喻指妇女始宠终弃。此借指那些舞台性较差的戏曲不受欢迎,被人抛弃。

重 机 趣

"机趣"二字,填词家必不可少。机者,传奇之精神;趣者,传奇之风致。少此二物,则如泥人土马,有生形而无生气。因作者逐句凑成,遂使观场者逐段记忆,稍不留心,则看到第二曲,不记头一曲是何等情形,看到第二折,不知第三折要作何勾当。是心口徒劳,耳目俱涩,何必以此自苦,而复苦百千万亿之人哉?故填词之中,勿使有断续痕,勿使有道学气。所谓无断续痕者,非止一出接一出,一人顶一人,务使承上接下,血脉相连。即于情事截然绝不相关之处,亦有连环细笋伏于其中,看到后来方知其妙。如藕于未切之时,先长暗丝以待,丝于络成之后,才知作茧之精,此言机之不可少也。所谓无道学气者,非但风流跌宕之曲,花前月下之情,当以板腐为戒;即谈忠孝节义与说悲苦哀怨之情,亦当抑圣为狂,寓哭于笑,如王阳明之讲道学[①],则得词中三昧矣。阳明登坛讲学,反复辨说"良知"二字,一愚人讯之曰:"请问'良知'这件东西,还是白的?还是黑的?"阳明曰:"也不白,也不黑,只是一点带赤的,便是良知了。"照此法填词,则离合悲欢,嘻笑怒骂,无一语一字不带机趣而行矣[②]。予又谓填词种子,要在性中带来,性中无此，做杀不佳。人问：性之有无，何从辨识[3]？予曰：不难，观其说话行文，即知之矣。说话不迂腐，十句之中，定有一二句超脱；行文不板实，一篇之内，但有一二段空灵，此即可以填词之人也。不则另寻别计，不当以有用精神，费之无益之地。噫，"性中带来"一语，事事皆然，不独填词一节。凡作诗文书画、饮酒斗棋与百工技艺之事，无一不具夙根，无一不本天授。强而后能者，毕竟是半路出家，止可冒斋饭吃，不能成佛作祖也。

① 王阳明：原名王守仁(1472—1528)，字伯安，明代浙江余姚人，官至兵部尚书，为古代著名哲学家。他反对朱熹的"外心以求理"，提倡以心为本体，"格物致知，自求于心"。因其曾筑室故乡阳明洞，故世称"阳明先生"。

② 行：原作"止"，从翼本改。

③ 何从：原作"何处"，从翼本改。

戒浮泛

词贵显浅之说，前已道之详矣。然一味显浅而不知分别，则将日流粗俗，求为文人之笔而不可得矣。元曲多犯此病，乃矫艰深隐晦之弊而过焉者也。极粗极俗之语，未尝不入填词，但宜从脚色起见。如在花面口中，则惟恐不粗不俗，一涉生旦之曲，便宜斟酌其词。无论生为衣冠仕宦，旦为小姐夫人，出言吐词当有隽雅舂容之度[1]；即使生为仆从，旦作梅香，亦须择言而发,不与净丑同声。以生旦有生旦之体,净丑有净丑之腔故也。元人不察,多混用之。观《幽闺记》之陀满兴福,乃小生脚色,初屈后伸之人也。其《避兵》曲云:“遥观巡捕卒,都是棒和枪。”此花面口吻,非小生曲也。均是常谈俗语,有当用于此者,有当用于彼者。又有极粗极俗之语,止更一二字,或增减一二字,便成绝新绝雅之文者。神而明之,只在一熟。当存其说,以俟其人。

填词义理无穷,说何人肖何人,议某事切某事,文章头绪之最繁者,莫填词若矣。予谓总其大纲,则不出“情景”二字。景书所睹,情发欲言,情自中生,景由外得,二者难易之分,判如霄壤。以情乃一人之情,说张三要像张三,难通融于李四;景乃众人之景,写春夏尽是春夏,止分别于秋冬。善填词者,当为所难,勿趋其易。批点传奇者,每遇游山玩水、赏月观花等曲,见其止书所见,不及中情者,有十分佳处,只好算得五分,以风云月露之词,工者尽多,不从此剧始也。善咏物者,妙在即景生情。如前所云《琵琶·赏月》四曲,同一月也,牛氏有牛氏之月,伯喈有伯喈之月。所言者月,所寓者心。牛氏所说之月,可移一句于伯喈?伯喈所说之月,可挪一字于牛氏乎?夫妻二人之语,犹不可挪移混用,况他人乎?人谓此等妙曲,工者有几,强人以所不能,是塞填词之路也。予曰:不然。作文之事,贵于专一。专则生巧,散乃入愚;专则易于奏工,散者难于责效。百工居肆[②],欲其专也;众楚群咻[③],喻其散也。舍情言景,不过图其省力,殊不知眼前景物繁多,当从何处说起。咏花既愁遗鸟,赋月又想兼风。若使逐件铺张,则虑事多曲少;欲以数言包括,又防事短情长。展转推敲,已费心思几许。何如只就本人生发,自有欲为之事,自有待说之情,念不旁分,妙理自出。如发科发甲之人，窗下作文，每日止能一篇二篇，场中遂至七篇。窗下之一篇二篇未必尽好，而场中之七篇，反能尽发所长，而夺千人之帜者，以其念不旁分，舍本题之外，并无别题可做，只得走此一条路也。吾欲填词家舍景言情，非责人以难，正欲其舍难就易耳。

① 舂容：语本《礼记·学记》，本谓钟声回荡，后指雍容畅达。

② 百工居肆：语出《论语·子张》。百工，各种工匠；肆，住处。

③ 众楚群咻：用《孟子·滕文公下》，记楚大夫请齐人教他儿子学齐语，“一齐人傅之，众楚人咻之，虽日挞而求其齐也，不可得矣”事。咻，喧扰。

忌 填 塞

填塞之病有三：多引古事，迭用人名，直书成句。其所以致病之由亦有三：借典核以明博雅，假脂粉以见风姿，取现成以免思索。而总此三病与致病之由之故，则在一语。一语维何？曰：从未经人道破。一经道破，则俗语云“说破不值半文钱”，再犯此病者鲜矣。古来填词之家，未尝不引古事，未尝不用人名，未尝不书现成之句，而所引所用与所书者，则有别焉：其事不取幽深，其人不搜隐僻，其句则采街谈巷议；即有时偶涉诗书，亦系耳根听熟之语，舌端调惯之文，虽出诗书，实与街谈巷议无别者。总而言之，传奇不比文章，文章做与读书人看，故不怪其深；戏文做与读书人与不读书人同看，又与不读书之妇人小儿同看，故贵浅不贵深。使文章之设，亦为与读书人、不读书人及妇人小儿同看，则古来圣贤所作之经传，亦只浅而不深，如今世之为小说矣。人曰：文人之作传奇与著书无别，假此以见其才也，浅则才于何见？予曰：能于浅处见才，方是文章高手。施耐庵之《水浒》，王实甫之《西厢》，世人尽作戏文小说看，金圣叹特标其名曰"五才子书"、"六才子书"者[①]，其意何居？盖愤天下之小视其道，不知为古今来绝大文章，故作此等惊人语以标其目。噫，知言哉！

① 金圣叹(1608—1661)：清初文学批评家，名人瑞。他将《水浒》、《西厢》和被尊为文学正宗的《离骚》、《庄子》、《史记》，杜甫诗并称为"六才子书"。

音律第三

作文之最乐者，莫如填词，其最苦者，亦莫如填词。填词之乐，详后《宾白》之第二幅。上天入地，作佛成仙，无一不随意到，较之南面百城，洵有过焉者矣。至说其苦，亦有千态万状，拟之悲伤疾痛、桎梏幽囚诸逆境，殆有甚焉者。请详言之。他种文字，随人长短，听我张弛，总无限定之资格。今置散体弗论，而论其分股、限字与调声叶律者。分股则帖括时文是已[①]。先破后承，始开终结，内分八股，股股相对，绳墨不为不严矣；然其股法、句法、长短由人，未尝限之以数，虽严而不谓之严也。限字则四六排偶之文是已[②]。语有一定之字，字有一定之声，对必同心，意难合掌[③]，矩度不为不肃矣；然止限以数，未定以位，止限以声，未拘以格，上四下六可，上六下四亦未尝不可，仄平平仄可，平仄仄平亦未尝不可，虽肃而实未尝肃也。调声叶律，又兼分股限字之文，则诗中之近体是已。起句五言，则句句五言，起句七言，则句句七言，起句用某韵，则以下俱用某韵；起句第二字用平声，则下句第二字定用仄声，第三、第四又复颠倒用之，前人立法亦云苛且密矣。然起句五言，句句五言，起句七言，句句七言，便有成法可守。想入五言一路，则七言之句不来矣；起句用某韵，以下俱用某韵，起句第二字用平声，下句第二字定用仄声，则拈得平声之韵，上去入三声之韵，皆可置之不问矣；守定平仄、仄平二语，再无变更，自一首以至千百首皆出一辙，保无朝更夕改之令，阻人适从矣。是其苛犹未甚，密犹未至也。至于填词一道，则句之长短，字之多寡，声之平上去入，韵之清浊阴阳[④]，皆有一定不移之格。长者短一线不能，少者增一字不得，又复忽长忽短，时少时多，令人把握不定。当平者平，用一仄字不得；当阴者阴，换一阳字不能。调得平仄成文，又虑阴阳反复；分得阴阳清楚，又与声韵乖张。令人搅断肺肠，烦苦欲绝。此等苛法，尽勾磨人。作者处此，但能布置得宜，安顿极妥，便是千幸万幸之事，尚能计其词品之低昂，文情之工拙乎？予襁褓识字，总角成篇，于诗书六艺之文[⑤]，虽未精穷其义，然皆浅涉一过。总诸体百家而论之，觉文字之难，未有过于填词者。予童而习之，于今老矣，尚未窥见一斑。只以管窥蛙见之识，谬语同心；

虚赤帜于词坛[6]，以待将来。作者能于此种艰难文字显出奇能，字字在声音律法之中，言言无资格拘挛之苦，如莲花生在火上[7]，仙叟弈于橘中[8]，始为盘根错节之才，八面玲珑之笔，寿名千古，衾影何惭[9]！而千古上下之题品文艺者，看到传奇一种，当易心换眼，别置典刑。要知此种文字作之可怜，出之不易，其楮墨笔砚非同己物，有如假自他人，耳目心思效用不能，到处为人掣肘，非若诗赋古文，容其得意疾书，不受神牵鬼制者。七分佳处，便可许作十分，若到十分，即可敌他种文字之二十分矣。予非左袒词家，实欲主持公道，如其不信，但请作者同拈一题，先作文一篇或诗一首，再作填词一曲，试其孰难孰易，谁拙谁工，即知予言之不谬矣。然难易自知，工拙必须人辨。

词曲中音律之坏，坏于《南西厢》[10]，凡有作者，当以之为戒，不当取之为法。非止音律，文艺亦然。请详言之。填词除杂剧不论，止论全本，其文字之佳，音律之妙，未有过于《北西厢》者。自南本一出，遂变极佳者为极不佳，极妙者为极不妙。推其初意，亦有可原，不过因北本为词曲之豪，人人赞羡，但可被之管弦，不便奏诸场上，但宜于弋阳、四平等俗优[11]，不便强施于昆调，以系北曲而非南曲也。兹请先言其故。北曲一折，止隶一人，虽有数人在场，其曲止出一口，从无互歌迭咏之事。弋阳、四平等腔，字多音少，一泄而尽，又有一人启口，数人接腔者，名为一人，实出众口，故演《北西厢》甚易。昆调悠长，一字可抵数字，每唱一曲，又必一人始之，一人终之，无可助一臂者，以长江大河之全曲而专责一人，即有铜喉铁齿，其能胜此重任乎？此北本虽佳，吴音不能奏也。作《南西厢》者，意在补此缺陷，遂割裂其词，增添其白，易北为南，撰成此剧，亦可谓善用古人,喜传佳事者矣。然自予论之,此人之于作者,可谓功之首而罪之魁矣。所谓功之首者,非得此人,则俗优竞演,雅调无闻,作者苦心,虽传实没;所谓罪之魁者,千金狐腋,剪作鸿毛,一片精金,点成顽铁。若是者何?以其有用古之心而无其具也。今之观演此剧者,但知关目动人,词曲悦耳,亦曾细尝其味、深绎其词乎?使读书作古之人,取《西厢》南本一阅,句栉字比,未有不废卷掩鼻,而怪秽气熏人者也。若曰:词曲情文不浃,以其就北本增删,割彼凑此,自难贴合,虽有才力无所施也。然则宾白之文,皆由已作,并未依傍原本,何以有才不用,有力不施,而为俗口鄙恶之谈,以秽听者之耳乎?且曲文之中,尽有不就原本增删,或自填一折以补原本之缺略,自撰一曲以作诸曲之过文者,此则束缚无人,操纵由我,何以有才不用,有力不施,亦作勉强支吾之句,以混观者之目乎?使王实甫复生,看演此剧,非狂叫怒骂,索改本而付之祝融[12],即痛哭流涕,对原本而悲其不幸矣。嘻!续《西厢》者之才[13],去作《西厢》者,止争一间,观者群加非议,谓《惊梦》以后诸曲,有如狗尾续貂。以彼之才,较之作《南西厢》者,岂特奴婢之于郎主,直帝王之视乞丐!乃今之观者,彼施责备,而此独包容,已不可解;且令家尸户祝,居然配飨《琵琶》,非特实甫呼冤,且使则诚号屈矣!予生平最恶弋阳、四平等剧,见则趋而避之,但闻其搬演《西厢》,则乐观恐后。何也?以其腔调虽恶而曲文未改,仍是完全不破之《西厢》,非改头换面、折手跛足之《西厢》也。南本则聋瞽、喑哑、驮背、折腰诸恶状,无一不备于身矣。此但责其文词,未究音律。从来词曲之旨,首严宫调,次及声音,次及字格。九宫十三调,南曲之门户也。小出可以不拘,其成套大曲,则分门别户,各有依归,非但彼此不可通融,次第亦难紊乱。此剧只因改北成南，遂变尽词场格局。或因前曲与前曲字句相同，后曲与后曲体段不合，遂向别宫别调随取一曲以联络之，此宫调之不能尽合也；或彼曲与此曲牌名巧凑，其中但有一二句字数不符，如其可增可减，即增减就之，否则任其多寡，以解补凑不来之厄，此字格之不能尽符也；至于平仄阴阳与逐句所叶之韵，较此二者其难十倍，诛之将不胜诛，此声音之不能尽叶也。词家所重在此三者，而三者之弊，未尝缺一，能使天下相传，久而不废，岂非咄咄怪事乎？更可异者，近日词人因其熟于梨园之口，习于观者之目，谓此曲第一当行，可以取法，用作曲谱；所填之词，凡有不合成律者，他人执而讯之，则曰："我用《南西厢》某折作对子，如何得错！"噫，玷《西厢》名目者此人，坏词场矩度者此人，误天下后世之苍生者，亦此人也。此等情弊，予不急为拈出，则《南西厢》之流毒，当至何年何代而已乎！

向在都门，魏贞庵相国取崔郑合葬墓志铭示予[14]，命予作《北西厢》翻本，以正从前之谬。予谢不敏，谓天下已传之书，无论是非可否，悉宜听之，不当奋其死力与较短长。较之而非，举世起而非我；即较之而是，举世亦起而非我。何也？贵远贱近，慕古薄今，天下之通情也。谁肯以千古不朽之名人，抑之使出时流下？彼文足以传世，业有明征；我力足以降人，尚无实据。以无据敌有征，其败可立见也。时龚芝麓先生亦在座[15]，与贞庵相国均以予言为然。向有一人欲改《北西厢》，又有一人欲续《水浒传》，同商于予。予曰："《西厢》非不可改，《水浒》非不可续，然无奈二书已传，万口交赞，其高踞词坛之座位，业如泰山之稳，磐石之固，欲遽叱之使起而让席于予，此万不可得之数也。无论所改之《西厢》，所续之《水浒》，未必可继后尘,即使高出前人数倍,吾知举世之人不约而同,皆以'续貂蛇足'四字,为新作之定评矣。"二人唯唯而去。此予由衷之言,向以诫人,而今不以之绳己,动数前人之过者,其意何居?曰:存其是也。放郑声者[16],非仇郑声,存雅乐也;辟异端者,非仇异端,存正道也;予之力斥《南西厢》,非仇《南西厢》,欲存《北西厢》之本来面目也。若谓前人尽不可议,前书尽不可毁,则杨朱、墨翟亦是前人[17],郑声未必无底本,有之亦是前书,何以古圣贤放之辟之,不遗余力哉?予又谓《北西厢》不可改,《南西厢》则不可不翻。何也?世人喜观此剧,非故嗜痂[18],因此剧之外别无善本,欲睹崔张旧事,舍此无由。地乏朱砂,赤土为佳,《南西厢》之得以浪传,职是故也。使得一人焉,起而痛反其失,别出新裁,创为南本,师实甫之意而不必更袭其词,祖汉卿之心而不独仅续其后,若与《北西厢》角胜争雄,则可谓难之又难。若止与《南西厢》赌长较短,则犹恐屑而不屑。予虽乏才,请当斯任,救饥有暇,当即拈毫。

《南西厢》翻本既不可无,予又因此及彼,而有志于《北琵琶》一剧。蔡中郎夫妇之传,既以《琵琶》得名,则"琵琶"二字乃一篇之主,而当年作者何以仅标其名,不见拈弄其实?使赵五娘描容之后,果然身背琵琶,往别张大公,弹出北曲哀声一大套,使观者听者涕泗横流,岂非《琵琶记》中一大畅事?而当年见不及此者,岂元人各有所长,工南词者不善制北曲耶?使王实甫作《琵琶》,吾知与千载后之李笠翁必有同心矣。予虽乏才,亦不敢不当斯任。向填一折付优人,补则诚原本之不逮,兹已附入四卷之末[19],尚思扩为全本,以备词人采择,如其可用,谱为弦索新声。若是,则《南西厢》、《北琵琶》二书可以并行。虽不敢望追踪前哲,并辔时贤,但能保与自手所填诸曲

(如已经行世之前后八种,及已填未刻之内外八种)合而较之,必有浅深疏密之分矣。然著此二书,必须杜门累月,窃恐饥来驱人,势不由我。安得雨珠雨粟之天,为数十口家人筹生计乎?伤哉!贫也。

① "分股"句:指明清科举考试所采用的八股文。这种文章,每篇由破题、承题、起讲、入手、虚比、中比、后比、大结八个部分组成;由虚比到大结四段中,每段要求必须是两股排比对偶的文字,合成八股。

② 四六排偶之文:即骈文。因以四字、六字句为对偶,故名。起于汉代,盛于魏晋南北朝。

③ 合掌:文学术语,指声律、联意重复。

④ 清浊阴阳:音韵学名词。清浊,清音与浊音的合称。清音纯由气流受阻构成,不振动声带,不带乐音;浊音发音时除气流受阻外,同时振动声带而发出乐音。阴阳,阴调和阳调的合称,清声母的字为阴调,浊声母的字为阳调。实际曲家之所谓阴声,即等韵家之所谓清音;曲家之所谓阳声,即等韵家之所谓浊音。

⑤ 六艺:古以《诗》、《书》、《礼》、《易》、《乐》、《春秋》合称"六艺"。或以"礼"、"乐"、"射"、"御"、"书"、"数"称"六艺"。

⑥ 赤帜:《史记・淮阴侯列传》载:韩信督军与赵军大战井陉口。当时韩信背水设阵,并派人驰入赵军壁垒,拔赵帜,立汉帜,以奇计打败赵军。赤帜,即汉军所用的赤色旗帜。后比喻自成一家。

⑦ 莲花生在火上:佛教故事中有许多莲花生于火上的记载,如《佛说随即求得大自在陀罗尼神咒经》:"罗喉罗在母胎中忆念此咒,其大火坑寻即变为莲花之池。"

⑧ 仙叟弈于橘中:唐牛僧孺《幽怪录》载"巴邛橘园中,霜后见橘如缶,剖开,中有二老叟象戏。"

⑨ 衾影何惭:语出《宋史・蔡元定传》:"独行不愧影,独寝不愧衾。"意谓生命无愧。

⑩ 《南西厢》:明代李日华所改编之传奇《西厢记》。该剧保留了原著不少原文,但在曲牌上却易北为南,更多的是"增损字句以就腔"。此剧问世后毁多誉少,除李渔外,陆采《南西厢序》、祁彪佳《曲品》、凌濛初《谭曲杂札》、李书云《西厢记演剧序》对其亦多有讥评。但其较适合舞台演出,故风靡一时。有《六十种曲》本。

⑪ 弋阳、四平:指弋阳腔、四平腔,皆为明清地方戏曲声腔,四平腔由弋阳腔衍变而成。二腔风格清越、粗犷,不为文人所重视。

⑫ 祝融:传说中的火神、火官。

⑬ 续《西厢》者:有人认为王实甫的《西厢记》只写了四本,第五本为关汉卿所续。

⑭ 魏贞庵相国:魏裔介(1616—1686),字石生,号贞庵。清直隶柏乡(今属河北)人。顺治年间进士,官至保和殿大学士。 崔郑合葬墓志铭:明代以来有人谬称发现郑恒与崔莺莺合葬之墓志铭,借以指责《西厢记》所述不合事实。

⑮ 龚芝麓(1615—1673):龚鼎孳,字考升,号芝麓,清代合肥人。历任刑、兵、礼部尚书,以诗文著称。

⑯ 放郑声:《论语·卫灵公》:"乐则韶舞,放郑声,远佞人;郑声淫,佞人殆。"郑声,指郑国的民间音乐,孔子认为其与雅乐相违背,应予以排斥。

⑰ 杨朱、墨翟:两人皆为战国思想家。杨朱主张"贵生"、"重己",墨翟主张"兼爱"、"非攻",两人的思想均与儒家有明显区别。孟子曾力主"拒杨、墨"。

⑱ 嗜痂:《南史·刘穆之传》载刘邕嗜食疮痂,以为味似鳆鱼,后借称不良嗜好。

⑲ 四卷之末:指十二卷本而言,六卷本在卷二《变旧成新》后。

恪守词韵

一出用一韵到底，半字不容出入，此为定格。旧曲韵杂出入无常者，因其法制未备，原无成格可守，不足怪也。既有《中原音韵》一书，则犹畛域画定，寸步不容越矣。常见文人制曲，一折之中，定有一二出韵之字，非曰明知故犯，以偶得好句不在韵中，而又不肯割爱，故勉强入之，以快一时之目者也。杭有才人沈孚中者[①]，所制《绾春园》、《息宰河》二剧[②]，不施浮采，纯用白描，大是元人后劲。予初阅时，不忍释卷，及考其声韵，则一无定轨，不惟偶犯数字，竟以寒山、桓欢二韵，合为一处用之，又有以支思、齐微、鱼模三韵并用者，甚至以真文、庚青、侵寻三韵，不论开口闭口，同作一韵用者。长于用才而短于择术，致使佳调不传，殊可痛惜！夫作诗填词同一理也。未有沈休文诗韵以前[③]，大同小异之韵，或可叶入诗中；既有此书，即《三百篇》之风人复作，亦当俯就范围。李白诗仙，杜甫诗圣，其才岂出沈约下，未闻以才思纵横而跃出韵外，况其他乎？设有一诗于此，言言中的，字字惊人，而以一东、二冬并叶，或三江、七阳互施，吾知司选政者必加摈黜，岂有以才高句美而破格收之者乎？词家绳墨，只在《谱》《韵》二书，合谱合韵，方可言才，不则八斗难克升合，五车不敌片纸[④]，虽多虽富，亦奚以为？

① 沈孚中：即沈嵊（？—1645），字孚中，一字唵庵，钱塘人。不修

小节，好纵酒，作传奇三种。除李渔所列者外，尚有《宰戍记》，今佚。

② 《绾春园》：传奇名，四十四出，演元末嘉兴杨钰与崔倩云，阮倩筠罗帕题诗，错合因缘事，今有《古本戏曲丛刊》本。 《息宰河》：传奇名，三十出，叙明末扶风苌公孟上书言事，激怒权奸，贬守云南，后单骑招降普酋，平息边乱事。今存明万历间且居刊本。《旷园杂志》称其"直逼元人，为明曲第一"。

③ 沈休文：即沈约(441—513)，字休文，南朝宋武康人，官至尚书令。与周颙等创四声、八病之说，诗风浮靡，著有《宋书》、《四声韵谱》等。

④ "不则"二句：八斗指才之富，五车言书之多。

凛遵曲谱

曲谱者，填词之粉本，犹妇人刺绣之花样也。描一朵，刺一朵，画一叶，绣一叶，拙者不可稍减，巧者亦不能略增。然花样无定式，尽可日异月新，曲谱则愈旧愈佳，稍稍趋新，则以毫厘之差而成千里之谬。情事新奇百出，文章变化无穷，总不出谱内刊成之定格。是束缚文人而使有才不得自展者，曲谱是也；私厚词人而使有才得以独展者，亦曲谱是也。使曲无定谱，亦可日异月新，则凡属淹通文艺者皆可填词，何元人、我辈之足重哉？"依样画葫芦"一语，竟似为填词而发。妙在依样之中，别出好歹，稍有一线之出入，则葫芦体样不圆，非近于方，则类乎扁矣。葫芦岂易画者哉！明朝三百年，善画葫芦者止有汤临川一人，而犹有病其声韵偶乖，字句多寡之不合者。甚矣，画葫芦之难，而一定之成样不可擅改也。

曲谱无新，曲牌名有新。盖词人好奇嗜巧，而又不得展其伎俩，无可奈何，故以二曲三曲合为一曲，熔铸成名，如【金索挂梧桐】[①]、【倾杯赏芙蓉】、【倚马待风云】之类是也。此皆老于词学、文人善歌者能之，不则上调不接下调，徒受歌者揶揄。然音调虽协，亦须文理贯通，始可串离使合。如【金络索】、【梧桐树】是两曲，串为一曲，而名曰【金索挂梧桐】，以金索挂树，是情理所有之事也。【倾杯序】、【玉芙蓉】是两曲，串为一曲，而名曰【倾杯赏芙蓉】，倾杯酒而赏芙蓉，虽系捏成，犹口头语也。【驻马听】、【一江风】、【驻云飞】是三曲，串为一曲，而名曰【倚马待风云】，倚马而待风云之会，此语即入诗文中，亦自成句。凡此皆系有伦有脊之言[②]，虽巧而不厌其巧。竟有只顾串合，不询文义之通塞，事理之有无，生扭数字作曲名者，殊失顾名思义之体，反不若前人不列名目，只以“犯”字加之。如本曲【江儿水】而串入二别曲，则曰【二犯江儿水】[③]；本曲【集贤宾】而串入三别曲，则曰【三犯集贤宾】[④]。又有以“摊破”二字概之者，如本曲【簇御林】、本曲【地锦花】而串入别曲，则曰【摊破簇御林】、【摊破地锦花】之类，何等浑然，何等藏拙。更有以十数曲串为一曲而标以总名，如【六犯清音】、【七贤过关】、【九回肠】、【十二峰】之类，更觉浑雅。予谓串旧作新，终是填词末着。只求文字好，音律正，即牌名旧杀，终觉新奇可喜。如以极新极美之名，而填以庸腐乖张之曲，谁其好之？善恶在实，不在名也。

① 【金索挂梧桐】：明蒋孝《九宫谱》以为单曲，属南吕。

② 有伦有脊之言：指言语有条理、不走样。语出《诗经·小雅·正月》：“维号斯言，有伦有脊。”

③ 【二犯江儿水】:据曲谱,该调由【五马江儿水】串入【金字令】【朝天歌】而成,属仙吕入双调。

④ 【三犯集贤宾】:商调集曲,由南曲【簇御林】【啄木儿】【四时花】与【集贤宾】组成。

鱼模当分

词曲韵书,止靠《中原音韵》一种,此系北韵,非南韵也。十年之前,武林陈次升先生欲补此缺陷[1],作《南词音韵》一书,工垂成而复辍,殊为可惜。予谓南韵深渺,卒难成书。填词之家即将《中原音韵》一书,就平上去三音之中,抽出入声字,另为一声,私置案头,亦可暂备南词之用。然此犹可缓。更有急于此者,则鱼模一韵,断宜分别为二。鱼之与模,相去甚远,不知周德清当日何故比而同之,岂仿沈休文诗韵之例,以元、繁、孙三韵,合为十三元之一韵,必欲于纯中示杂,以存"大音希声"之一线耶[2]?无论一曲数音,听到歇脚处,觉其散漫无归。即我辈置之案头,自作文字读,亦觉字句聱牙,声韵逆耳。倘有词学专家,欲其文字与声音媲美者,当令鱼自鱼而模自模,两不相混,斯为极妥。即不能全出皆分,或每曲各为一韵,如前曲用鱼,则用鱼韵到底,后曲用模,则用模韵到底。犹之一诗一韵,后不同前,亦简便可行之法也。自愚见推之,作诗用韵,亦当仿此。另钞元字一韵,区别为三。拈得十三元者,首句用元,则用元韵到底,凡涉繁、孙二韵者勿用。拈得繁、孙者亦然。出韵则犯诗家之忌,未有以用韵太严而反来指谪者也。

① 陈次升：李渔友人，《一家言》卷三有《陈次升封翁》书信一通。梁廷枏《曲话》称："顺治末，武林陈次升作《南曲词韵》，欲与周韵并行，缘事中辍。"武林，即今浙江杭州。

② 大音希声：语出《老子》，意为宏大之音很少或不能听到其声。

廉监宜避

侵寻、监咸、廉纤三韵，同属闭口之音[①]，而侵寻一韵，较之监咸、廉纤，独觉稍异。每至收音处，侵寻闭口，而其音犹带清亮，至监咸、廉纤二韵，则微有不同。此二韵者，以作急板小曲则可，若填悠扬大套之词，则宜避之。《西厢》"不念《法华经》，不理《梁王忏》"一折用之者[②]，以出惠明口中，声口恰相合耳。此二韵宜避者，不止单为声音，以其一韵之中，可用者不过数字，余皆险僻艰生，备而不用者也。若惠明曲中之"揝"字、"搀"字、"燂"字、"臜"字、"馅"字、"醮"字、"彪"字，惟惠明可用，亦惟才大如天之王实甫能用，以第二人作《西厢》，即不敢用此险韵矣。初学填词者不知，每于一折开手处误用此韵，致累全篇无好句；又有作不终篇，弃去此韵而另作者，失计妨时。故用韵不可不择。

① 闭口之音：曲韵中一部分字音韵部收音部分为 m 音，发音时闭口，气从鼻出，称闭口字音。周德清《中原音韵》将这些字音归入"侵

寻”、“监咸”、“廉纤”三韵，称闭口韵。

② “《西厢》”句：引文为《西厢记》中普救寺和尚惠明的一段唱词。《法华经》，全称《妙法莲华经》，因用莲花比喻佛所说教法的清净微妙，故名。《梁王忏》，佛教礼祷经名。相传梁武帝因忏悔郗后往业而作，全称为《慈悲道场忏法传》。

拗句难好[①]

音律之难，不难于铿锵顺口之文，而难于倔强聱牙之句。铿锵顺口者，如此字声韵不合，随取一字换之，纵横顺逆，皆可成文，何难一时数曲。至于倔强聱牙之句，即不拘音律，任意挥写，尚难见才，况有清浊阴阳，及明用韵，暗用韵[②]，又断断不宜用韵之成格，死死限在其中乎？词名之最易填者，如【皂罗袍】、【醉扶归】、【解三酲】、【步步娇】、【园林好】、【江儿水】等曲，韵脚虽多，字句虽有长短，然读者顺口，作者自能随笔。即有一二句宜作拗体，亦如诗内之古风，无才者处此，亦能勉力见才。至如【小桃红】、【下山虎】等曲，则有最难下笔之句矣。《幽闺记》【小桃红】之中段云[③]：“轻轻将袖儿掀，露春纤，盏儿拈，低娇面也。”每句只三字，末字叶韵[④]。而每句之第二字，又断该用平，不可犯仄。此等处，似难而尚未尽难。其【下山虎】云：“大人家体面，委实多般，有眼何曾见！懒能向前，弄盏传杯，恁般腼腆。这里新人忒杀虔，待推怎地展？主婚人。不见怜，配合夫妻，事事非偶然。好恶姻缘总在天。”只须“懒能向前”、“待推怎地展”、“事非偶然”之三句，便能搅断词肠。

"懒能向前"、"事非偶然"二句，每句四字，两平两仄，末字叶韵。"待推怎地展"一句五字，末字叶韵，五字之中，平居其一，仄居其四[5]。此等拗句，如何措手？南曲中此类极多，其难有十倍于此者，若逐个牌名援引，则不胜其繁，而观者厌矣；不引一二处定其难易，人又未必尽晓，兹只随拈旧诗一句，颠倒声韵以喻之。如"云淡风轻近午天"[6]，此等句法，自然容易见好，若变为"风轻云淡近午天"，则虽有好句，不夺目矣。况"风轻云淡近午天"七字之中，未必言言合律，或是阴阳相左，或是平仄尚乖，必须再易数字，始能合拍。或改为"风轻云淡午近天"，或又改为"风轻午近云淡天"，此等句法，揆之音律则或谐矣，若以文理绳之，尚得名为词曲乎？海内观者，肯曰此句为音律所限，自难求工，姑为体贴人情之善念而恕之乎？曰：不能也。既曰不能，则作者将删去此句而不作乎？抑自创一格而畅我所欲言乎？曰：亦不能也。然则攻此道者，亦甚难矣！变难成易，其道何居？曰：有一方便法门，词人或有行之者，未必尽有知之者。行之者偶然合拍，如路逢故人，出之不意，非我知其在路而往投之也。凡作倔强聱牙之句，不合自造新言，只当引用成语[7]。成语在人口头，即稍更数字，略变声音，念来亦觉顺口。新造之句，一字聱牙，非止念不顺口，且令人不解其意。今亦随拈一二句试之。如"柴米油盐酱醋茶"，口头语也，试变为"油盐柴米酱醋茶"，或再变为"酱醋油盐柴米茶"，未有不明其义，不辨其声者。"东边日出西边雨，道是无情却有情"[8]，口头语也，试将上句变为"日出东边西边雨"，下句变为"道是有情却无情"，亦未有不明其义，不辨其声者。若使新造之言而作此等拗句，则几与海外方言无别，必经重译而后知之矣。即取前引《幽闺》之二句，定其工拙："懒能向前"、

"事非偶然"二句，皆拗体也。"懒能向前"一句，系作者新构，此句便觉生涩，读不顺口；"事非偶然"一句，系家常俗语，此句便觉自然，读之溜亮，岂非用成语易工，作新句难好之验乎？予作传奇数十种，所谓"三折肱为良医"，此折肱语也⑨。因觅知音，尽倾肝膈。孔子云："益者三友：友直，友谅，友多闻⑩。"多闻，吾不敢居，谨自呼为直谅。

① 拗句：又称"拗体"，即不合平仄格律的句子。在曲中偶有为字格所拘而平仄不谐者，称拗句格。

② 暗用韵：曲韵术语。指曲中某句末可押可不押韵的字，亦指藏于句中的押韵字。因其不显，故称"暗韵"或"暗用韵"。

③ 《幽闺记》【小桃红】：今汲古阁本无此曲。

④ 末字：原作"未句"，从文义改。

⑤ "待推"五句："推"为平声，其余四字为仄声。

⑥ "云淡风轻近午天"：出自北宋程颢《春日偶成》诗。

⑦ "凡作"三句：杨恩寿《续词余丛话》谓"此说虽浅，实此中三折肱语"；梁廷枏《曲话》则云："是固一说，但强押亦难巧合。"

⑧ "东边"二句：出自唐人刘禹锡《竹枝词》。

⑨ 三折肱为良医：语本《左传·定公十三年》："三折肱，知为良医。"喻对某事阅历既多，就能摸索出经验。肱，手臂。

⑩ "益者"四句：语出《论语·季氏》。直，正派。谅，诚实。

合 韵 易 重

句末一字之当叶者，名为韵脚。一曲之中，有几韵脚，前后各别，不可犯重。此理谁不知之？谁其犯之？所不尽知而易犯者，惟有“合前”数句。兹请先言“合前”之故。同一牌名而为数曲者，止于首只列名其后，在南曲则曰“前腔”，在北曲则曰“么篇”，犹诗题之有其二、其三、其四也。末后数语，有前后各别者，有前后相同，不复另作，名为“合前”者。此虽词人躲懒法，然付之优人，实有二便：初学之时，少读数句新词，省费几番记忆，一便也；登场之际，前曲各人分唱，“合前”之曲必通场合唱，既省精神，又不寂寞，二便也。然“合前”之韵脚最易犯重。何也？大凡作首曲，则知查韵，用过之字不肯复用，迨做到第二、三曲，则止图省力，但做前词，不顾后语，置“合前”数句于度外，谓前曲已有，不必费心，而乌知此数句之韵脚在前曲则语语各别，凑入此曲，焉知不有偶合者乎？故作“前腔”之曲，而有“合前”之句者，必将末后数句之韵脚紧记在心，不可复用；作完之后，又必再查，始能不犯此病。此就韵脚而言也。韵脚犯重，犹是小病，更有大于此者，则在词意与人不相合。何也？“合前”之曲既使同唱[①]，则此数句之词意必有同情。如生旦净丑四人在场，生旦之意如是，净丑之意亦如是，即可谓之同情，即可使之同唱；若生旦如是，净丑未尽如是，则两情不一，已无同唱之理；况有生旦如是，净丑必不如是，则岂有相反之曲而同唱者乎？此等关窍，若不经人道破，则填词之家既顾阴阳平仄，又调角徵宫商[②]，心绪万端，岂能复筹及此？予作是编，其于词学之精微，则万不得一，如此等粗浅之论，则可谓知无不言，言无不尽者矣。后来作者，当锡予一字，命曰“词奴”，以其为千古词人，尝效纪纲奔走之力也[③]。

① “合前”句:曲中的帮合唱。南曲末后二三句,每署“合”或“合前”,由登台演员与后场同唱,以加强演出效果。《琵琶记》第十八出,生、旦、外、末、净、丑在【女冠子】曲后,同唱“金榜题名,洞房花烛”,各人身份,心情不同,却同声合唱,故李渔提出异议。

② 角徵宫商:一般指调式音阶,又指发音部位。

③ 纪纲:仆人。

慎用上声

平上去入四声,惟上声一音最别。用之词曲,较他音独低,用之宾白,又较他音独高。填词者每用此声,最宜斟酌。此声利于幽静之词,不利于发扬之曲;即幽静之词,亦宜偶用、间用,切忌一句之中连用二三四字。盖曲到上声字,不求低而自低,不低则此字唱不出口。如十数字高而忽有一字之低,亦觉抑扬有致:若重复数字皆低,则不特无音,且无曲矣。至于发扬之曲,每到吃紧关头,即当用阴字[①],而易以阳字尚不发调[②],况为上声之极细者乎?予尝谓物有雌雄,字亦有雌雄。平去入三声以及阴字,乃字与声之雄飞者也;上声及阳字,乃字与声之雌伏者也。此理不明,难于制曲。初学填词者,每犯抑扬倒置之病,其故何居?正为上声之字入曲低,而入白反高耳。词人之能度曲者,世间颇少。其握管捻髭之际,大约口内吟哦,皆同说话,每逢此字,即作高声;且上声之字出口最亮,入耳极清,因其高而且清,清而且亮,自然得意疾书。孰知唱曲之道与此相反,念来高者,唱出反低,此文人妙曲利于案头,而不利于场上之通病也。非笠翁为千古痴人,不分一毫人我,不留一点渣滓者,孰肯尽出家私底蕴,以博慷慨好义之虚名乎?

① 阴字:阴声字。凡韵尾为元音或无韵尾的字,为阴声字。

② 阳字:阳声字。凡韵尾为鼻音【m】、【n】、【ŋ】的字,为阳声字。

少填入韵

入声韵脚,宜于北而不宜于南。以韵脚一字之音,较他字更须明亮,北曲止有三声,有平上去而无入,用入声字作韵脚,与用他声无异也。南曲四声俱备,遇入声之字,定宜唱作入声。稍类三音,即同北调矣。以北音唱南曲可乎?予每以入韵作南词,随口念来,皆似北调,是以知之。若填北曲,则莫妙于此。一用入声,即是天然北调。然入声韵脚,最易见才,而又最难藏拙。工于入韵,即是词坛祭酒[①]。以入韵之字,雅驯自然者少,粗俗倔强者多。填词老手,用惯此等字样,始能点铁成金。浅乎此者,运用不来,熔铸不出,非失之太生,则失之太鄙。但以《西厢》、《琵琶》二剧较其短长:作《西厢》者,工于北调,用入韵是其所长。如《闹会》曲中"二月春雷响殿角"[②],"早成就了幽期密约","内性儿聪明,冠世才学。扭捏着身子,百般做作。""角"字,"约"字,"学"字,"作"字,何等雅驯!何等自然!《琵琶》工于南曲,用入韵是其所短。如《描容》曲中"两处堪悲,万愁怎摸?"愁是何物,而可摸乎?入声韵脚宜北不宜南之论，盖为初学者设，久于此道而得三昧者[3]，则左之右之，无不宜之矣。

① 祭酒：原指祭祀或宴席上举酒祭神者，通常由德高望重的长者充任。后转化为学官名。汉平帝置六经祭酒，后置博士祭酒，居五经博士之首。晋初，改国子祭酒。隋唐后称国子监祭酒，为主持国子监的学官。此指填词作曲的高手。

② 《闹会》：即《西厢记》第四折，通称《闹斋》，又称《斋坛闹会》。

③ 三昧：指事物的要诀或精义。

别解务头[1]

填词者必讲“务头”，然“务头”二字，千古难明。《啸余谱》中载《务头》一卷，前后胪列，岂止万言，究竟“务头”二字，未经说明，不知何物。止于卷尾开列诸旧曲，以为体样，言某曲中第几句是务头，其间阴阳不可混用，去上、上去等字不可混施。若迹此求之，则除却此句之外，其平仄阴阳，皆可混用混施而不论矣。又云某句是务头，可施俊语于其上。若是，则一曲之中，止该用一俊语，其余字句皆可潦草涂鸦，而不必计其工拙矣。予谓立言之人，与当权秉轴者无异。政令之出，关乎从违，断断可从，而后使民从之。稍背于此者，即在当违之列。凿凿能信，始可发令，措词又须言之极明，论之极畅，使人一目了然。今单提某句为务头，谓阴阳平仄，断宜加严，俊语可施于上。此言未尝不是，其如举一废百，当从者寡，当违者众，是我欲加严，而天下之法律反从此而宽矣。况又嗫嚅其词，吞多吐少，何所取义而称为务头，绝无一字之诠释。然则“葫芦提”三字[2]，何以服天下？吾恐狐疑者读之，愈重其狐疑，明了者观之，顿丧其明了，非立言之善策也。予谓“务头”二字，既然不得其解，只当以不解解之。曲中有务头，犹棋中有眼，有此则活，无此则死。进不可战，退不可守者，无眼之棋，死棋也；看不动情，唱不发调者，无务头之曲，死曲也。一曲有一曲之务头，一句有一句之务头。字不聱牙，音不泛调，一曲中得此一句，即使全曲皆灵，一句中得此一二字，即使全句皆健者，务头也。由此推之，则不特曲有务头，诗词歌赋以及举子业，无一不有务头矣。人亦照谱按格，发舒性灵，求为一代之传书而已矣，岂得为谜语欺人者所惑，而阻塞词源，使不得顺流而下乎？

① 务头：戏曲术语，大约指音调、词采兼美之词。参见《中原音韵·正语作词起例》、《曲律·论务头》、《啸余谱》及近人吴梅《顾曲麈谈》、王季烈《螾庐曲谈》。

② 葫芦提：宋元口语，意谓糊涂。元曲常用。

宾白第四[1]

自来作传奇者，止重填词，视宾白为末着，常有“白雪阳春"其调,而"巴人下里"其言者,予窃怪之。原其所以轻此之故,殆有说焉。元以填词擅长,名人所作,北曲多而南曲少。北曲之介白者,每折不过数言,即抹去宾白而止阅填词,亦皆一气呵成,无有断续,似并此数言亦可略而不备者。由是观之,则初时止有填词,其介白之文,未必不系后来添设②。在元人,则以当时所重不在于此,是以轻之。后来之人,又谓元人尚在不重,我辈工此何为?遂不觉日轻一日,而竟置此道于不讲也。予则不然。尝谓曲之有白,就文字论之,则犹经文之于传注③;就物理论之,则如栋梁之于榱桷④;就人身论之,则如肢体之于血脉,非但不可相轻,且觉稍有不称,即因此贱彼,竟作无用观者。故知宾白一道,当与曲文等视,有最得意之曲文,即当有最得意之宾白,但使笔酣墨饱,其势自能相生。常有因得一句好白,而引起无限曲情,又有因填一首好词,而生出无穷话柄者。是文与文自相触发,我止乐观厥成,无所容其思议。此系作文恒情,不得幽渺其说,而作化境观也。

① 宾白:戏曲术语,即近代戏曲之"说白"、"道白"。明徐渭《南词叙录》:"唱为主,白为宾,故曰宾白。"一说"两人对说曰宾,一人自说曰白",见明姜南《抱璞简记》。宾白按大类,可分为韵律化的"韵白"和接近生活语言的"散白"。

② "由是"四句:元曲宾白,或谓出自"演剧时伶人自为之",见臧晋叔《元曲选序》。王国维则说:"至说宾白为伶人自为,其说亦颇难通。元剧之词,大致曲白相生,苟不兼作白,则曲亦无从作,此最易明之理。"

③ 传注:阐释经义的文字。《尔雅》"郭璞注"邢昺疏:"注者,著也,解释经指,使义理著明也……传,传也,博识经意,传示后人也。"

④ 榱桷:椽子。

声务铿锵

宾白之学，首务铿锵。一句聱牙，俾听者耳中生棘；数言清亮，使观者倦处生神。世人但以音韵二字用之曲中，不知宾白之文，更宜调声协律。世人但知四六之句平间仄，仄间平，非可混施迭用，不知散体之文亦复如是。“平仄仄平平仄仄，仄平平仄仄平平”二语，乃千古作文之通诀，无一语一字可废声音者也。如上句末一字用平，则下句末一字定宜用仄，连用二平则声带喑哑，不能耸听；下句末一字用仄，则接此一句之上句，其末一字定宜用平，连用二仄则音类咆哮，不能悦耳。此言通篇之大较，非逐句逐字皆然也。能以作四六平仄之法，用于宾白之中，则字字铿锵，人人乐听，有“金声掷地”之评矣①。

声务铿锵之法，不出平仄、仄平二语是已。然有时连用数平，或连用数仄，明知声欠铿锵，而限于情事，欲改平为仄，改仄为平，而决无平声仄声之字可代者。此则千古词人未穷其秘，予以探骊觅珠之苦②，入万丈深潭者既久而后得之，以告同心。虽示无私，然未免可惜。字有四声，平上去入是也。平居其一，仄居其三，是上去入三声皆丽于仄。而不知上之为声，虽与去入无异，而实可介于平仄之间，以其别有一种声音，较之于平则略高，比之去入则又略低。古人造字审音，使居平仄之介，明明是一过文，由平至仄，从此始也。譬如四方声音，到处各别，吴有吴音，越有越语，相去不啻天渊，而一至接壤之处，则吴越之音相半，吴人听之觉其同，越人听之亦不觉其异。晋、楚、燕、秦以至黔、蜀，在在皆然。此即声音之过文，犹上声介于平去入之间也。作宾白者，欲求声韵铿锵，而限于情事，求一可代之字而不得者，即当用此法以济其穷。如两句三句皆平，或两句三句皆仄，求一可代之字而不得，即用一上声之字介乎其间，以之代平可，以之代去入亦可。如两句三句皆平，间一上声之字，则其声是仄，不必言矣；即两句三句皆去声入声，而间一上声之字，则其字明明是仄而却似平，令人听之不知其为连用数仄者。此理可解而不可解，此法可传而实不当传，一传之后，则遍地金声，求一瓦缶之鸣而不可得矣。

① 金声掷地：语出《晋书·孙绰传》："尝作《天台山赋》，辞致甚工。初成，以示友人范荣期，云：'卿试掷地，当作金石声也。'"

② 探骊觅珠：《庄子·列御寇》："河上有家贫恃纬萧而食者，其子没于渊，得千金之珠。其父谓其子曰：'取石来锻之。夫千金之珠，必在九重之渊，而骊龙颔下，子能得珠者，必遭其睡也。使骊龙而寤，子尚奚微之有哉？'"后以此典喻作文能抓住命题蕴含的精旨要义。

语求肖似

文字之最豪宕，最风雅，作之最健人脾胃者，莫过填词一种。若无此种，几于闷杀才人，困死豪杰。予生忧患之中，处落魄之境，自幼至长，自长至老，总无一刻舒眉，惟于制曲填词之顷，非但郁藉以舒，愠为之解，且尝僭作两间最乐之人，觉富贵荣华,其受用不过如此,未有真境之为所欲为,能出幻境纵横之上者。我欲做官,则顷刻之间便臻荣贵;我欲致仕,则转盼之际又入山林;我欲作人间才子,即为杜甫、李白之后身;我欲娶绝代佳人,即作王嫱、西施之元配①;我欲成仙作佛,则西天蓬岛即在砚池笔架之前②;我欲尽孝输忠,则君治亲年,可跻尧、舜、彭篯之上③。非若他种文字,欲作寓言,必须远引曲譬,蕴藉包含。十分牢骚,还须留住六七分。八斗才学,止可使出二三升。稍欠和平,略施纵送,即谓失风人之旨④,犯佻达之嫌,求为家弦户诵者难矣。填词一家,则惟恐其蓄而不言,言之不尽。是则是矣,须知畅所欲言亦非易事。言者,心之声也⑤,欲代此一人立言,先宜代此一人立心⑥。若非梦往神游,何谓设身处地?无论立心端正者,我当设身处地,代生端正之想;即遇立心邪辟者,我亦当舍经从权,暂为邪辟之思。务使心曲隐微,随口唾出。说一人,肖一人,勿使雷同,弗使浮泛。若《水浒传》之叙事,吴道子之写生⑦,斯称此道中之绝技。果能若此,即欲不传,其可得乎?

① 王嫱:即王昭君,西汉美女,汉元帝时匈奴呼韩邪单于向汉朝求婚,出嫁匈奴。 西施:春秋时越国美女。

② 西天:我国佛教徒称佛祖所居之地。 蓬岛:指蓬莱岛,古代传说中仙人所居之处。

③ 尧、舜:传说中的古代贤君。 彭篯:传说中长寿之人。姓篯名铿,颛顼玄孙,生于夏代,尧封之彭城,世称“彭祖”。传说他活了八百余岁。事见《神仙传》、《列仙传》等书。

④ 风人:指上古的采诗官。因其采诗以观四方民风,故称。《诗经》以风诗为主,儒者以为其依违讽谏,温柔敦厚,为风人之要旨。

⑤ “言者”二句:《吕氏春秋·淫辞》:“凡言者以谕心也。”《礼记·乐

记》:“凡音之起,由人心生也。”扬雄《法言·问神》:“故言,心声也。”谓言语是表示心意的声音;闻其言,即知其用心之所在。

⑥ 宜:原作“以”,从翼本改。

⑦ 吴道子:唐代著名画家,阳翟人(今河南禹县),亦名道玄。玄宗时任内教博士。擅画佛道人物,亦工山水,曾写蜀中景色。有“画圣”之称。 写生:直接以实物为对象进行描绘的绘画方式;亦指中国画中描写草木、花果、禽兽等的绘画。

词别繁减

传奇中宾白之繁,实自予始[①]。海内知我者与罪我者半。知我者曰:从来宾白作说话观,随口出之即是,笠翁宾白当文章做,字字俱费推敲。从来宾白只要纸上分明,不顾口中顺逆,常有观刻本极其透彻,奏之场上便觉糊涂者,岂一人之耳目,有聪明聋聩之分乎?因作者只顾挥毫,并未设身处地,既以口代优人,复以耳当听者,心口相维,询其好说不好说,中听不中听,此其所以判然之故也。笠翁手则握笔,口却登场,全以身代梨园,复以神魂四绕,考其关目,试其声音,好则直书,否则搁笔,此其所以观听咸宜也。罪我者曰:填词既曰“填词”,即当以词为主;宾白既名“宾白”,明言白乃其宾。奈何反主作客,而犯树大于根之弊乎?笠翁曰:始作俑者[②],实实为予,责之诚是也。但其敢于若是,与其不得不若是者,则均有说焉。请先白其不得不若是者。前人宾白之少,非有一定当少之成格。盖彼只以填词自任,留余地以待优人,谓引商刻羽我为政[③],饰听美观彼为政,我以约略数言,示之以意,彼自能增益成文。如今世之演《琵琶》、《西厢》、《荆》、《刘》、《拜》、《杀》等曲,曲则仍之,其间宾白、科诨等事,有几处合于原本,以寥寥数言塞责者乎?且作新与演旧有别。《琵琶》、《西厢》、《荆》、《刘》、《拜》、《杀》等曲,家弦户诵已久,童叟男妇皆能备悉情由,即使一句宾白不道,止唱曲文,观者亦能默会,是其宾白繁减可不问也。至于新演一剧,其间情事,观者茫然;词曲一道,止能传声,不能传情。欲观者悉其颠末,洞其幽微,单靠宾白一着。予非不图省力,亦留余地以待优人。但优人之中,智愚不等,能保其增益成文者悉如作者之意,毫无赘疣蛇足于其间乎?与其留余地以待增,不若留余地以待减。减之不当,犹存作者深心之半,犹病不服药之得中医也[④]。此予不得不若是之故也。至其敢于若是者,则谓千古文章,总无定格,有创始之人,即有守成不变之人;有守成不变之人,即有大仍其意,小变其形,自成一家而不顾天下非笑之人。古来文字之正变为奇,奇翻为正者,不知凡几,吾不具论,止以多寡增益之数论之。《左传》、《国语》,纪事之书也,每一事不过数行,每一语不过数字,初时未病其少;迨班固之作《汉书》,司马迁之为《史记》,亦纪事之书也,遂益数行为数十百行,数字为数十百字,岂有病其过多,而废《史记》、《汉书》于不读者乎?此言少之可变为多也。诗之为道,当日但有古风,古风之体,多则数十百句,少亦十数句[⑤],初时亦未病其多;迨近体一出,则约数十百句为八句;绝句一出,又敛八句为四句,岂有病其渐少,而选诗之家止载古风,删近体绝句于不录者乎?此言多之可变为少也。总之,文字短长,视其人之笔性。笔性遒劲者,不能强之使长;笔性纵肆者,不能缩之使短。文患不能长,又患其可以不长而必欲使之长。如其能长而又使人不可删逸，则虽为宾白中之古风《史》《汉》，亦何患哉？予则乌能当此，但为糠秕之导，以俟后来居上之人。

予之宾白，虽有微长，然初作之时，竿头未进⑥，常有当俭不俭，因留余幅以俟剪裁，遂不觉流为散漫者。自今观之，皆吴下阿蒙手笔也⑦。如其天假以年，得于所传十种之外⑧，别有新词，则能保为犬夜鸡晨，鸣乎其所当鸣，默乎其所不得不默者矣。

① “传奇”二句：李渔之前，屠隆、汤显祖作剧已重宾白，并倾全力为之，然各剧各曲不甚平衡；而李渔则剧剧如此，故有此说。

② 始作俑者：原意为最早用俑殉葬的人，后喻指某事首创人。俑，古代用以代替活人殉葬的木偶或陶偶。《孟子·梁惠王上》引仲尼曰：“始作俑者，其无后乎！”

③ 为政：原指处理政务，主持事项，此指负责填词作曲。

④ 中医：指医术中等的医生。生病求医服药，因医生水平不一，效果也不一样，有治得快的，也有反而误事的；而不求医，不服药，等于找到了中等的医生。《汉书·艺文志》：“有病不治，常德中医。”

⑤ 十数：原作“数十”，据翼本改。

⑥ 竿头未进：指道行造诣尚未达到很高的境界。《景德传灯录》载招贤大师偈语：“百尺竿头须进步，十方世界是全身。”

⑦ 吴下阿蒙：三国时吴人吕蒙，少不读书，受孙权劝方笃志力学，鲁肃惊叹道：“吾谓大弟但有武略耳，至于今昔，学识英博，非复吴下阿蒙。”事见《三国志·吴书·吕蒙传》裴松之注引《江表传》。后因以“吴下阿蒙”喻学养未足之人。

⑧ 所传十种：指传世的十种李渔戏曲，见《前言》。

字分南北

北曲有北音之字，南曲有南音之字。如南音自呼为“我”，呼人为“你”，北音呼人为“您”，自呼为“俺”为“咱”之类是也。世人但知曲内宜分，乌知白随曲转，不应两截。此一折之曲为南，则此一折之白悉用南音之字；此一折之曲为北，则此一折之白悉用北音之字。时人传奇多有混用者。即能间施于净丑，不知加严于生旦；止能分用于男子，不知区别于妇人。以北字近于粗豪，易入刚劲之口，南音悉多娇媚，便施窈窕之人。殊不知声音驳杂，俗语呼为“两头蛮”，说话且然，况登场演剧乎？此论为全套南曲、全套北曲者言之。南北相间，如【新水令】、【步步娇】之类，则在所不拘。

文贵洁净

白不厌多之说，前论极详，而此复言洁净。洁净者，简省之别名也。洁则忌多，减始能净，二说不无相悖乎？曰：不然。多而不觉其多者，多即是洁；少而尚病其多者，少亦近芜。予所谓多，谓不可删逸之多，非唱沙作米①、强凫变鹤之多也②。作宾白者，意则期多，字惟求少，爱虽难割，嗜亦宜专。每作一段，即自删一段，万不可删者始存，稍有可削者即去。此言逐龆初填之际,全稿未脱之先,所谓慎之于始也。然我辈作文,常有人以为非,而自认作是者;又有初信为是,而后悔其非者。文章出自己手,无一非佳。诗赋论其初成,无语不妙。迨易日经时之后,取而观之,则妍媸好丑之间,非特人能辨别,我亦自解雌黄矣③。此论虽说填词,实各种诗文之通病,古今才士之恒情也。凡作传奇,当于开笔之初,以至脱稿之后,隔日一删,逾月一改,始能淘沙得金,无瑕瑜互见之失矣。此说予能言之不能行之者,则人与我中分其咎。予终岁饥驱,杜门日少,每有所作,率多草草成篇,章名急就④。非不欲删,非不欲改,无可删可改之时也。每成一剧,才落毫端,即为坊人攫去。下半犹未脱稿,上半业已灾梨⑤,非止灾梨,彼伶工之捷足者,又复灾其肺肠,灾其唇舌,遂使一成不改,终为痼疾难医。予非不务洁净,天实使之,谓之何哉!

① 唱沙作米:南朝宋檀道济和北魏作战时,军粮供应不足,士卒恐慌,道济乃以沙充粮,秤量时高呼数字,以示存粮尚足。事见《南史·檀道济传》。后比喻制造假象,迷惑对方。

② 强凫变鹤:强使短腿的野鸭变成长腿的鹤鸟,喻指故意拖长文字。典出《庄子·骈拇》:“长者不为有余,短者不为不足,是故凫胫虽短,续之则忧;鹤胫虽长,断之则悲。”

③ 雌黄:矿物名,古人校书间有误时,用雌黄涂抹错误之处。引申为纠正之义。

④ 章名急就:指草草成篇。汉元帝时黄门令史游作的启蒙识字课本,首句有“急就”二字,因以为名,称《急就篇》或《急就章》。全书本三十二章,后增至三十四章。

⑤ 灾梨:谓刻印无用的书,灾及作版的梨木。古时刻书印板多用梨木,故有此说。后常用作刻印的自谦语。

意 取 尖 新

“纤巧”二字,行文之大忌也,处处皆然,而独不戒于传奇一种。传奇之为道也,愈纤愈密,愈巧愈精。词人忌在老实,“老实”二字,即纤巧之仇家敌国也。然“纤巧”二字,为文人鄙贱已久,言之似不中听,易以“尖新”二字,则似变瑕成瑜。其实尖新即是纤巧,犹之暮四朝三①,未尝稍异。同一话也,以尖新出之,则令人眉扬目展,有如闻所未闻;以老实出之,则令人意懒心灰,有如听所不必听。白有尖新之文,文有尖新之句,句有尖新之字,则列之案头,不观则已,观则欲罢不能;奏之场上,不听则已,听则求归不得。尤物足以移人②,“尖新”二字,即文中之尤物也。

① 暮四朝三:语本《庄子·齐物论》:“狙公赋芧,曰:‘朝三而暮四。’众狙皆怒。”原意谓以诈术欺人,今谓反复无常。

② “尤物”句:语出《左传·昭公二十八年》:“夫有尤物,足以移人。”尤物,特出人物,多指美貌女子。移,打动。

少 用 方 言

填词中方言之多,莫过于《西厢》一种,其余今词古曲,在在有之。非止词曲，即《四书》之中，《孟子》一书亦有方言，天下不知而予独知之。予读《孟子》五十余年不知，而今知之，请先毕其说。儿时读“自反而缩，虽褐宽博，吾不惴焉”[1]，观朱注云[2]：“褐，贱者之服；宽博，宽大之衣。”心甚惑之。因生南方，南方衣褐者寡，间有服者，强半富贵之家，名虽褐而实则绒也。因讯蒙师，谓：褐乃贵人之衣，胡云贱者之服？既云贱矣，则当从约，短一尺，省一尺购办之资，少一寸，免一寸缝纫之力，胡不窄小其制而反宽大其形，是何以故？师默然不答。再询，则顾左右而言他[3]。具此狐疑，数十年未解。及近游秦塞，见其土著之民，人人衣褐，无论丝罗罕觏，即见一二衣布者，亦类空谷足音。因地寒不毛，止以牧养自活，织牛羊之毛以为衣，又皆粗而不密，其形似毯。诚哉其为贱者之服，非若南方贵人之衣也！又见其宽则倍身，长复扫地。即而讯之，则曰：“此衣之外，不复有他。衫裳襦裤，总以一物代之。日则披之当服，夜则拥以为衾，非宽不能周遭其身，非长不能尽覆其足。《鲁论》‘必有寝衣，长一身有半’[4]，即是类也。”予始幡然大悟曰：“太史公著书，必游名山大川，其斯之谓欤！”盖古来圣贤多生西北，所见皆然，故方言随口而出。朱文公南人也，彼乌知之？故但释字义，不求甚解，使千古疑团，至今未破。非予远游绝塞，亲觏其人，乌知斯言之不谬哉？由是观之，《四书》之文犹不可尽法，况《西厢》之为词曲乎？凡作传奇，不宜频用方言，令人不解。近日填词家，见花面登场，悉作姑苏口吻，遂以此为成律。每作净丑之白，即用方言。不知此等声音，止能通于吴越，过此以往，则听者茫然。传奇天下之书，岂仅为吴越而设？至于他处方言，虽云入曲者少，亦视填词者所生之地。如汤若士生于江右，即当规避江右之方言；粲花主人吴石渠生于阳羡[5]，即当规避阳羡之方言。盖生此一方，未免为一方所囿。有明是方言，而我不知其为方言，及入他境，对人言之而人不解，始知其为方言者。诸如此类，易地皆然。欲作传奇，不可不存桑弧蓬矢之志[6]。

① “儿时读”三句：引语出《孟子·公孙丑》，原文为：“自反而不缩，虽褐宽博，吾不惴焉。”意为自省而发现没有道理，则即使对方是卑贱之人，也不去欺负他。自反，自躬自问。缩，理直，有道理。此似作者记忆有误，或为其所见版本与今本不同。

② 朱注：指朱熹的《集注》。

③ 顾左右而言他：语出《孟子·梁惠王下》。指闪烁其辞，不正面回答问题。

④ 《鲁论》：即《论语》。汉代传授《论语》的经师有齐鲁两派，故有《齐论》、《鲁论》之称。此处引文见《论语·乡党》。

⑤ 吴石渠：即吴炳(1595—1645)，字石渠，号“粲花主人”。江苏宜兴人。明万历四十七年进士，弘光朝亡任南明朝兵部侍郎，督兵汀州，后为清军擒获缢死。作有传奇《画中人》、《西园记》、《情邮记》、《绿牡丹》、《疗妒羹》，合称《粲花五种》。阳羡，今江苏宜兴。

⑥ 桑弧蓬矢之志：古代诸侯生子后举行仪式，用桑木做弓，蓬杆做箭，射天地四方，象征儿子长大后能抵御四方之难。后引申为志在四方之意。

时防漏孔

一部传奇之宾白，自始至终，奚啻千言万语。多言多失，保无前是后非，有呼不应，自相矛盾之病乎？如《玉簪记》之陈妙常，道姑也，非尼僧也，其白云“姑娘在禅堂打坐”，其曲云“从今孽债染缁衣”，“禅堂”、“缁衣”皆尼僧字面，而用入道家，有是理乎？[①]诸如此类者，不能枚举。总之，文字短少者易为检点，长大者难于照顾。吾于古今文字中，取其最长最大，而寻不出纤毫渗漏者，惟《水浒传》一书。设以他人为此，几同笊篱贮水，珠箔遮风[②]，出者多而进者少，岂止三十六个漏孔而已哉！

① “如《玉簪记》”八句：按《玉簪记》事本《古今女史》，陈妙常本为尼。焦循辩曰：“陈为尼，而《玉簪》作道姑，盖以尼为剪发，于当场为不雅，本元人郑采作道姑耳。乃其曲‘从今孽债染缁衣’，又云‘姑娘在禅堂打坐’，则隐寓其为尼也。笠翁视之，非是。”见《剧说》卷二。今演出陈妙常皆作道姑打扮。

② 珠箔：珠帘。

科诨第五

插科打诨，填词之末技也，然欲雅俗同欢，智愚共赏，则当全在此处留神。文字佳，情节佳，而科诨不佳，非特俗人怕看，即雅人韵士，亦有瞌睡之时。作传奇者，全要善驱睡魔。睡魔一至，则后乎此者虽有“钧天”之乐，《霓裳羽衣》之舞，皆付之不见不闻，如对泥人作揖，土佛谈经矣。予尝以此告优人，谓戏文好处，全在下半本。只消三两个瞌睡，便隔断一部神情。瞌睡醒时，上文下文已不接续，即使抖起精神再看，只好断章取义，作零出观。若是，则科诨非科诨，乃看戏之人参汤也。养精益神，使人不倦，全在于此，可作小道观乎？

戒淫亵

戏文中花面插科，动及淫邪之事，有房中道不出口之话，公然道之戏场者。无论雅人塞耳，正士低头，惟恐恶声之污听，且防男女同观，共闻亵语，未必不开窥窃之门。郑声宜放，正为此也。不知科诨之设，止为发笑，人间戏语尽多，何必专谈欲事？即谈欲事，亦有“善戏谑兮，不为虐兮”之法[1]，何必以口代笔，画出一幅春意图，始为善谈欲事者哉？人问：善谈欲事，当用何法，请言一二以概之。予曰：如说口头俗语，人尽知之者，则说半句，留半句，或说一句，留一句，令人自思。则欲事不挂齿颊，而与说出相同，此一法也。如讲最亵之话虑人触耳者，则借他事喻之，言虽在此，意实在彼，人尽了然，则欲事未入耳中，实与听见无异，此又一法也。得此二法，则无处不可类推矣。

① “善戏谑兮”二句：语出《诗经·卫风·淇奥》。虐，过分。

忌俗恶

科诨之妙，在于近俗，而所忌者，又在于太俗。不俗则类腐儒之谈，太俗即非文人之笔。吾于近剧中，取其俗而不俗者，《还魂》而外，则有《粲花五种》，皆文人最妙之笔也。《粲花五种》之长，不仅在此，才锋笔藻，可继《还魂》，其稍逊一筹者，则在气与力之间耳。《还魂》气长，《粲花》稍促；《还魂》力足，《粲花》略亏。虽然，汤若士之《四梦》[1]，求其气长力足者，惟《还魂》一种，其余三剧则与《粲花》比肩。使粲花主人及今犹在，奋其全力，另制一种新词，则词坛赤帜，岂仅为若士一人所攫哉？所恨予生也晚，不及与二老同时。他日追及泉台[2]，定有一番倾倒，必不作妒而欲杀之状，向阎罗天子掉舌，排挤后来人也。

① 汤若士之《四梦》：即汤显祖所作《牡丹亭》、《邯郸记》、《南柯记》、《紫钗记》四剧，合称“临川四梦”或“玉茗堂四梦”。

② 泉台：坟墓。

重关系

科诨二字，不止为花面而设，通场脚色皆不可少。生旦有生旦之科诨,外末有外末之科诨,净丑之科诨则其分内事也。然为净丑之科诨易,为生旦外末之科诨难。雅中带俗,又于俗中见雅;活处寓板,即于板处证活。此等虽难,犹是词客优为之事。所难者,要有关系。关系维何?曰:于嘻笑诙谐之处,包含绝大文章;使忠孝节义之心,得此愈显。如老莱子之舞斑衣①,简雍之说淫具②,东方朔之笑彭祖面长③,此皆古人中之善于插科打诨者也。作传奇者,苟能取法于此,则科诨非科诨,乃引人入道之方便法门耳。

① 老莱子之舞斑衣:《列女传》:“老莱子孝养二亲,行年七十,婴儿自娱,著五色采衣。尝取浆上堂,跌仆,因卧地为小儿啼。”后被奉为孝养父母的典范。

② 简雍:三国时蜀涿郡人,字宪和,初为从事中郎,后拜昭德将军。性傲跌宕,滑稽善讽。所说事见下节。

③ 东方朔:汉武帝时弄臣,字曼倩,官至太中大夫,以诙谐滑稽著称。其笑彭祖事见下节。

贵 自 然

科诨虽不可少,然非有意为之。如必欲于某折之中,插入某科诨一段,或预设某科诨一段,插入某折之中,则是觅妓追欢,寻人卖笑,其为笑也不真,其为乐也亦甚苦矣。妙在水到渠成,天机自露。“我本无心说笑话,谁知笑话逼人来”,斯为科诨之妙境耳。如前所云简雍说淫具①,东方朔笑彭祖。即取二事论之：蜀先主时，天旱禁酒，有吏向一人家索出酿酒之具，论者欲置之法。雍与先主游，见男女各行道上，雍谓先主曰："彼欲行淫，请缚之。"先主曰："何以知其行淫？"雍曰："各有其具，与欲酿未酿者同，是以知之。"先主大笑，而释蓄酿具者。汉武帝时，有善相者，谓人中长一寸，寿当百岁。东方朔大笑，有司奏以不敬。帝责之，朔曰："臣非笑陛下，乃笑彭祖耳。人中一寸则百岁，彭祖岁八百，其人中不几八寸乎？人中八寸，则面几长一丈矣，是以笑之。"此二事，可谓绝妙之诙谐，戏场有此，岂非绝妙之科诨？然当时必亲见男女同行，因而说及淫具；必亲听人中一寸寿当百岁之说，始及彭祖面长，是以可笑，是以能悟人主。如其未见未闻，突然引此为喻，则怒之不暇，笑从何来？笑既不得，悟从何有？此即贵自然、不贵勉强之明证也。吾看演《南西厢》，见法聪口中所说科诨，迂奇诞妄，不知何处生来，真令人欲逃欲呕，而观者听者绝无厌倦之色，岂文章一道，俗则争取，雅则共弃乎？

① 简雍说淫具：事见《三国志·简雍传》，原文为："时天旱禁酒，酿者有刑。吏于人家索得酿具，论者欲令与作酒者同罚。雍与先主游观，见一男女行道，谓先主曰：'彼人欲行淫，何以不缚？'先主曰：'卿何以知之？'雍对曰：'彼有其具，与欲酿者同。'先主大笑，而原欲酿者。"意在讽刺仅据作案工具即主观定人以罪。

格局第六

传奇格局，有一定而不可移者，有可仍可改，听人自为政者。开场用末[①]，冲场用生[②]；开场数语，包括通篇，冲场一出，蕴酿全部，此一定不可移者。开手宜静不宜喧，终场忌冷不忌热。生旦合为夫妇，外与老旦非充父母即作翁姑，此常格也。然遇情事变更，势难仍旧，不得不通融兑换而用之，诸如此类，皆其可仍可改，听人为政者也。近日传奇，一味趋新，无论可变者变，即断断当仍者，亦加改窜，以示新奇。予谓文字之新奇，在中藏，不在外貌，在精液，不在渣滓，犹之诗赋古文以及时艺，其中人才辈出，一人胜似一人，一作奇于一作，然止别其词华[③]，未闻异其资格。有以古风之局而为近律者乎？有以时艺之体而作古文者乎？绳墨不改，斧斤自若，而工师之奇巧出焉。行文之道，亦若是焉。

① 开场用末：末，戏剧角色，有正末，副末之分。戏文与明清传奇首场角色一般以副末充任，称副末开场。《张协状元》、《琵琶记》用末，实亦副末。

② 冲场用生：传奇第二出，一般由生上场。上场时例有引子、诗词、骈语，说明人物、身份、环境，预示全剧关目。

③ 止别其词华:只在词采上有区别。李渔主创新,讲结构,此处却只言词采,自有其局限性。

家　　门[1]

开场数语,谓之“家门”。虽云为字不多,然非结构已完、胸有成竹者,不能措手。即使规模已定,犹虑做到其间,势有阻挠,不得顺流而下,未免小有更张,是以此折最难下笔。如机锋锐利,一往而前,所谓信手拈来,头头是道,则从此折做起,不则姑缺首篇,以俟终场补入。犹塑佛者不即开光[2],画龙者点睛有待[3],非故迟之,欲俟全像告成,其身向左则目宜左视,其身向右则目宜右观,俯仰低徊,皆从身转,非可预为计也。此是词家讨便宜法,开手即以告人,使后来作者未经捉笔,先省一番无益之劳,知笠翁为此道功臣,凡其所言,皆真切可行之事,非大言欺世者比也。

未说家门,先有一上场小曲,如【西江月】、【蝶恋花】之类,总无成格,听人拈取。此曲向来不切本题,止是劝人对酒忘忧、逢场作戏诸套语。予谓词曲中开场一折,即古文之冒头[4],时文之破题[5],务使开门见山,不当借帽覆顶。即将本传中立言大意,包括成文,与后所说家门一词相为表里。前是暗说,后是明说,暗说似破题,明说似承题[6],如此立格,始为有根有据之文。场中阅卷[7],看至第二三行而始觉其好者,即是可取可弃之文;开卷之初,能将试官眼睛一把拿住,不放转移,始为必售之技。吾愿才人举笔,尽作是观,不止填词而已也。

元词开场，止有冒头数语，谓之“正名”[8]，又曰“楔子”[9]，多则四句，少则二句，似为简捷。然不登场则已，既用副末上场，脚才点地，遂尔抽身，亦觉张皇失次。增出家门一段，甚为有理。然家门之前，另有一词，今之梨园皆略去前词，只就家门说起，止图省力，埋没作者一段深心。大凡说话作文，同是一理，入手之初，不宜太远，亦正不宜太近。文章所忌者，开口骂题。便说几句闲文，才归正传，亦未尝不可。胡遽惜字如金，而作此卤莽灭裂之状也？作者万勿因其不读而作省文。至于末后四句[10]，非止全该，又宜别俗。元人楔子，太近老实，不足法也。

① 家门：明清传奇第一出，由副末登场，念诵诗词一二首，说明创作缘起、人生感慨和剧情大意，称“家门”。其意为登场。各剧家门略有繁简，然皆须介绍剧情。

② 开光：僧人于佛像建成后，择日礼祭，画眼珠以开佛眼光明，谓之开光，又称开眼。

③ 画龙者点睛：唐张彦远《历代名画记》载南朝梁武帝时张僧繇在金陵安乐寺内画有四龙，其中两条被点睛后飞去，未点者仍留壁上。后喻作文或图画的最精采最关键处，有此一处，全篇皆活。

④ 冒头：指文章的开端、引子之类。

⑤ 破题：古代应科举试所作诗赋经义，起首数语须说破题目要义，称为破题。明清八股文规定起首两句破题。

⑥ 承题：八股文第二部分，承接破题的意义而阐明之。

⑦ 场：此指考场。

⑧ 正名：戏曲术语。也称“正目”或“题目正名”。元明杂剧用以总括全剧情节的对句，或一联或两联。对句中的末句为剧名全称，而此句中的末三字或四字则为该剧简称。如元刊本关汉卿《单刀会》题目正

名为:“乔国老谏吴帝,司马徽休官职,鲁子敬索荆州,关大王单刀会。”其中“关大王单刀会”为全剧总称,“单刀会”则为简称。正名在刊刻时放置地方不一,如《杂剧十段锦》本、《酹江集》本置于剧本开头,《元曲选》本等则置于剧本末尾,与李渔所说情形不尽相合。

⑨ 楔子:元杂剧结构的一部分,为四折之外的情节段落。有的在剧前,有的在折与折之间。每剧一般只用一个楔子,称四折一楔子,少数剧本也有突破。在演唱体制上不受“一人主唱”的格局限制,多数由次要角色演唱。

⑩ 末后四句:此指南戏和明清传奇第一出末尾的四句下场诗。其先系第一出前的题目。参见《张协状元》和元本《琵琶记》。

冲　　场

开场第二折,谓之“冲场”。冲场者,人未上而我先上也,必用一悠长引子①。引子唱完,继以诗词及四六排语,谓之“定场白”。言其未说之先,人不知所演何剧,耳目摇摇,得此数语,方知下落,始未定而今方定也。此折之一引一词,较之前折家门一曲,犹难措手。务以寥寥数言,道尽本人一腔心事,又且蕴酿全部精神,犹家门之括尽无遗也。同属包括之词,而分难易于其间者,以家门可以明说,而冲场引子及定场诗词全用暗射②,无一字可以明言故也。非特一本戏文之节目全于此处埋根,而作此一本戏文之好歹,亦即于此时定价。何也?开手笔机飞舞,墨势淋漓,有自由自得之妙,则把握在手,破竹之势已成,不忧此后不成完璧。如此时此际文情艰涩,勉强支吾,则朝气昏昏,到晚终无晴色,不如不作之为愈也。然则开手锐利者宁有几人？不几阻抑后辈，而塞填词之路乎？曰：不然。有养机使动之法在：如入手艰涩，姑置勿填，以避烦苦之势；自寻乐境，养动生机，俟襟怀略展之后，仍复拈毫，有兴即填，否则又置，如是者数四，未有不忽撞天机者。若因好句不来，遂以俚词塞责，则走入荒芜一路，求辟草昧而致文明，不可得矣。

① 引子：南曲中部分曲牌为人物上场所唱曲，皆为散板，称“引子”。各宫调引子名称可参见《九宫正始》等谱。此言“悠长引子”，当是指散板唱腔悠扬，而非指文句之多。

② 暗射：指只能暗中点破，而不能跳出戏外，另行概括。

出 脚 色

本传中有名脚色，不宜出之太迟。如生为一家，旦为一家，生之父母随生而出，旦之父母随旦而出，以其为一部之主，余皆客也。虽不定在一出二出，然不得出四、五折之后。太迟则先有他脚色上场，观者反认为主，及见后来人，势必反认为客矣。即净丑脚色之关乎全部者，亦不宜出之太迟。善观场者，止于前数出所见，记其人之姓名；十出以后，皆是枝外生枝，节中长节，如遇行路之人，非止不问姓字，并形体面目皆可不必认矣。

小 收 煞[1]

上半部之末出,暂摄情形,略收锣鼓,名为"小收煞"。宜紧忌宽,宜热忌冷,宜作郑五歇后[2],令人揣摩下文,不知此事如何结果。如做把戏者,暗藏一物于盆盎衣袖之中,做定而令人射覆[3],此正做定之际,众人射覆之时也。戏法无真假,戏文无工拙。只是使人想不到,猜不着,便是好戏法,好戏文。猜破而后出之,则观者索然,作者赧然,不如藏拙之为妙矣。

① 小收煞:戏曲术语。传奇剧本例分为上下两部,情节发展至上半部末出,暂告一段落,称小收煞。

② 郑五歇后:唐昭宗时人郑綮,字蕴武,荥阳人,善诗,语多诙谐,时称"郑五歇后体"。歇后,隐去后半句。此指剧情不能一览无余,应留有悬念。

③ 射覆:古时的一种猜物游戏。《汉书·东方朔传》颜师古注:"于覆器之下而置诸物,令暗射之,故云射覆。"

大 收 煞

全本收场,名为"大收煞"。此折之难,在无包括之痕,而有团圆之趣。如一部之内,要紧脚色共有五人,其先东西南北各自分开，到此必须会合。此理谁不知之？但其会合之故，须要自然而然，水到渠成，非由车戽。最忌无因而至，突如其来，与勉强生情，拉成一处，令观者识其有心如此，与恕其无可奈何者，皆非此道中绝技，因有包括之痕也。骨肉团聚，不过欢笑一场，以此收锣罢鼓，有何趣味？水穷山尽之处，偏宜突起波澜，或先惊而后喜，或始疑而终信，或喜极信极而反致惊疑。务使一折之中，七情俱备，始为到底不懈之笔，愈远愈大之才，所谓有团圆之趣者也。予训儿辈，尝云："场中作文，有倒骗主司入彀之法：开卷之初，当以奇句夺目，使之一见而惊，不敢弃去，此一法也；终篇之际，当以媚语摄魂，使之执卷留连，若难遽别，此一法也。"收场一出，即勾魂摄魄之具，使人看过数日，而犹觉声音在耳，情形在目者，全亏此出撒娇，作"临去秋波那一转"也①。

① 临去秋波那一转：王实甫《西厢记》第一本第一折中的曲文。剧中崔莺莺于游殿时邂逅张生，临别之际对张生回首一望，张生唱[赚煞]谓："怎当她临去秋波那一转！休道是小生，便是铁石人也意惹情牵。"这里形容作品终篇之际，犹令人回味无穷。

填 词 余 论

读金圣叹所评《西厢记》，能令千古才人心死。夫人作文传世，欲天下后代知之也，且欲天下后代称许而赞叹之也。殆其文成矣，其书传矣，天下后代既群然知之，复群然称许而赞叹之矣,作者之苦心,不几大慰乎哉?予曰:未甚慰也。誉人而不得其实,其去毁也几希。但云千古传奇当推《西厢》第一,而不明言其所以为第一之故,是西施之美,不特有目者赞之,盲人亦能赞之矣。自有《西厢》以迄于今,四百余载,推《西厢》为填词第一者,不知几千万人,而能历指其所以为第一之故者,独出一金圣叹。是作《西厢》者之心,四百余年未死,而今死矣。不特作《西厢》者心死,凡千古上下操觚立言者之心,无不死矣。人患不为王实甫耳,焉知数百年后,不复有金圣叹其人哉!

圣叹之评《西厢》,可谓晰毛辨发,穷幽极微[1],无复有遗议于其间矣。然以予论之,圣叹所评,乃文人把玩之《西厢》,非优人搬弄之《西厢》也。文字之三昧,圣叹已得之;优人搬弄之三昧,圣叹犹有待焉。如其至今不死,自撰新词几部,由浅及深,自生而熟,则又当自火其书,而别出一番诠解。甚矣,此道之难言也。

圣叹之评《西厢》,其长在密,其短在拘,拘即密之已甚者也。无一句一字,不逆溯其源,而求命意之所在,是则密矣。然亦知作者于此,有出于有心,有不必尽出于有心者乎?心之所至,笔亦至焉,是人之所能为也;若夫笔之所至,心亦至焉,则人不能尽主之矣。且有心不欲然,而笔使之然,若有鬼物主持其间者,此等文字,尚可谓之有意乎哉?文章一道,实实通神,非欺人语。千古奇文,非人为之,神为之、鬼为之也,人则鬼神所附者耳。

① 极:原作“晰”,据珍本改。

演习部[1]

选剧第一

填词之设，专为登场[2]；登场之道，盖亦难言之矣。词曲佳而搬演不得其人，歌童好而教率不得其法，皆是暴殄天物。此等罪过，与裂缯毁璧等也。方今贵戚通侯[3]，恶谈杂技[4]，单重声音，可谓雅人深致，崇尚得宜者矣。所可惜者，演剧之人美，而所演之剧难称尽美；崇雅之念真，而所崇之雅未必果真。尤可怪者：最有识见之客，亦作矮人观场[5]，人言此本最佳，而辄随声附和，见单即点[6]，不问情理之有无，以致牛鬼蛇神塞满氍毹之上[7]；极长词赋之人，偏与文章为难，明知此剧最好，但恐偶违时好，呼名即避，不顾才士之屈伸，遂使锦篇绣帙沉埋瓿瓮之间。汤若士之《牡丹亭》、《邯郸梦》得以盛传于世[8]，吴石渠之《绿牡丹》[9]、《画中人》得以偶登于场者[10]，皆才人侥幸之事，非文至必传之常理也。若据时优本念[11]，则愿秦皇复出，尽火文人已刻之书，止存优伶所撰诸抄本，以备家弦户诵而后已。伤哉，文字声音之厄，遂至此乎！吾谓《春秋》之法，责备贤者[12]，当今瓦缶雷鸣，金石绝响，非歌者投胎之误，优师指路之迷,皆顾曲周郎之过也。使要津之上,得一二主持风雅之人,凡见此等无情之剧,或弃而不点,或演不终篇而斥之使罢,上有憎者,下必有甚焉者矣。观者求精,则演者不敢浪习,黄绢色丝之曲,外孙齑臼之词⑬,不求而自至矣。吾论演习之工而首重选剧者,诚恐剧本不佳,则主人之心血,歌者之精神,皆施于无用之地。使观者口虽赞叹,心实咨嗟,何如择术务精,使人心口皆羡之为得也。

① 作者原注:"选脚色、正音韵等事,载在《歌舞》项下。男优女乐,事理相同,欲习声乐者,两类互观,始无缺略。"

② 登场:指搬演,舞台演出。

③ 通侯:爵位名。秦二十等爵的最高一级,汉沿用。此代指高官。

④ 杂技:指杂艺。

⑤ 矮人观场:喻人云亦云,缺乏主见。语出《朱子语类》:"如矮子看戏相似,见人道好,他亦道好。"

⑥ 单:指戏单。

⑦ 氍毹:毛织地毯。《广韵·十虞》"氍"下引《风俗通》:"织毛褥谓之氍毹。"后泛指演出场地、舞台。

⑧ 《邯郸梦》:原作《邯郸记》,汤显祖作。叙卢生黄粱一梦后得道成仙事。

⑨ 《绿牡丹》:传奇剧本,吴炳作。三十出。叙柳希潜、车本高、顾粲三人争娶翰林女沈婉娥,各自以绿牡丹为题作诗一首角优劣。柳请谢英代笔,车请妹静芳代笔,唯顾粲自作。后真相大白,谢英、顾粲分别与车静芳、沈婉娥成亲。有《古本戏曲丛刊》三集本。

⑩ 《画中人》:传奇剧本,吴炳作。写庾启与画中美人郑琼枝人鬼相恋事。有《古本戏曲丛刊》三集本。

⑪ 时优本：当今艺人演出本。以下几句表现了李渔对演出本的不满。将文人剧本与艺人演出本对立起来实际未必妥当，应作具体分析。

⑫ “吾谓”二句：语本《新唐书·太宗本纪赞》：“《春秋》之法，常责备于贤者。”谓《春秋》对贤者要求更加严格。后常用于对人提出批评意见时，表示爱重之意。

⑬ “黄绢”二句：事见《世说新语·捷悟》：“魏武尝过曹娥碑下，杨修从。碑背上见题作‘黄绢幼妇，外孙齑臼’八字。魏武谓修曰：‘解不？’答曰：‘解。’……令修别记所知。修曰：‘黄绢，色丝也，于字为绝；幼妇，少女也，于字为妙；外孙，女子也，于字为好；齑臼，受辛也，于字为辞；所谓绝妙好辞也。’”齑，捣碎；臼，石臼，捣物器，用以捣蒜。因此器承受辛辣之物，故曰“齑臼”为受辛。“辞”的异体字为“辤”。

别　古　今

选剧授歌童，当自古本始。古本既熟，然后间以新词，切勿先今而后古。何也？优师教曲，每加工于旧而草草于新，以旧本人人皆习，稍有谬误，即形出短长；新本偶尔一见，即有破绽，观者听者未必尽晓，其拙尽有可藏。且古本相传至今，历过几许名师，传有衣钵，未当而必归于当，已精而益求其精，犹时文中“大学之道”[1]、“学而时习之”诸篇[2]，名作如林，非敢草草动笔者也。新剧则如巧搭新题，偶有微长，则动主司之目矣。故开手学戏，必宗古本。而古本又必从《琵琶》、《荆钗》、《幽闺》、《寻亲》等曲唱起[3]，盖腔板之正，未有正于此者。此曲善唱，则以后所唱之曲，腔板皆不谬矣。旧曲既熟，必须间以新词。切勿听拘士腐儒之言,谓新剧不如旧剧,一概弃而不习。盖演古戏,如唱清曲④,只可悦知音数人之耳,不能娱满座宾朋之目。听古乐而思卧,听新乐而忘倦⑤。古乐不必《箫》、《韶》、《琵琶》、《幽闺》等曲,即今之古乐也。但选旧剧易,选新剧难。教歌习舞之家,主人必多冗事,且恐未必知音,势必委诸门客,询之优师。门客岂尽周郎,大半以优师之耳目为耳目。而优师之中,淹通文墨者少,每见才人所作,辄思避之,以凿枘不相入也⑥。故延优师者,必择文理稍通之人,使阅新词,方能定其美恶。又必藉文人墨客参酌其间,两议佥同,方可授之使习。此为主人多冗,不谙音乐者而言。若系风雅主盟,词坛领袖,则独断有余,何必知而故询。噫,欲使梨园风气丕变维新,必得一二缙绅长者主持公道,俾词之佳者必传,剧之陋者必黜,则千古才人心死,现在名流,有不以沉香刻木而祀之者乎?

① 大学之道:《四书》中《大学》的首句。

② 学而时习之:《论语》的首句。

③ 《寻亲》:宋元南戏有《教子寻亲》,明万历年间改为《寻亲记》,演周瑞隆寻父一家团圆事,今有王錂改本。吕天成《曲品》称"古本尽佳,今已两改,真情苦境,亦甚可观"。明末另有范受益改本。

④ 唱清曲:剧曲、散曲之清唱,不用锣鼓,仅用笙、笛、三弦和鼓板,场面安静,没有宾白也不表演,但讲究唱法。

⑤ "听古乐"二句:语出《乐记》:"魏文侯问于子夏曰:'吾端冕而听古乐则唯恐卧,听郑卫之乐则不知倦。'"

⑥ 凿枘不相入:语出《楚辞·九辩》:"圆凿而方枘兮,吾固知其鉏铻而难入。"比喻两不相合或两不相容。凿,圆形榫眼;枘,方形榫头。

剂冷热

今人之所尚，时优之所习，皆在“热闹”二字。冷静之词，文雅之曲，皆其深恶而痛绝者也。然戏文太冷，词曲太雅，原足令人生倦，此作者自取厌弃，非人有心置之也。然尽有外貌似冷而中藏极热，文章极雅而情事近俗者，何难稍加润色，播入管弦？乃不问短长，一概以冷落弃之，则难服才人之心矣。予谓传奇无冷热，只怕不合人情。如其离合悲欢，皆为人情所必至，能使人哭，能使人笑，能使人怒发冲冠，能使人惊魂欲绝，即使鼓板不动，场上寂然，而观者叫绝之声，反能震天动地。是以人口代鼓乐，赞叹为战争，较之满场杀伐，钲鼓雷鸣，而人心不动，反欲掩耳避喧者为何如？岂非冷中之热，胜于热中之冷；俗中之雅，逊于雅中之俗乎哉？

变调第二

变调者，变古调为新调也。此事甚难，非其人不行，存此说以俟作者。才人所撰诗赋古文，与佳人所制锦绣花样，无不随时更变。变则新,不变则腐;变则活,不变则板。至于传奇一道,尤是新人耳目之事,与玩花赏月同一致也。使今日看此花,明日复看此花,昨夜对此月,今夜复对此月,则不特我厌其旧,而花与月亦自愧其不新矣。故桃陈则李代,月满即哉生[①]。花月无知,亦能自变其调,矧词曲出生人之口,独不能稍变其音,而百岁登场,乃为三万六千日雷同合掌之事乎?吾每观旧剧,一则以喜,一则以惧。喜则喜其音节不乖,耳中免生芒刺;惧则惧其情事太熟,眼角如悬赘疣。学书学画者,贵在仿佛大都[②],而细微曲折之间,正不妨增减出入。若止为依样葫芦,则是以纸印纸,虽云一线不差,少天然生动之趣矣。因创二法,以告世之执郢斤者[③]。

① 哉生:语出《尚书·康诰》:"惟三月,哉生魄。"农历每月十六,开始月缺,称"哉生魄"。哉,才,始。

② 大都:大略近似。韩愈《画记》:"乃命工人存其大都焉。"

③ 执郢斤者:指手艺、技能高超的人。《庄子·徐无鬼》:"郢人垩漫其鼻端,若蝇翼,使匠石斫之。匠石运斤成风,所而斫之,尽垩而鼻不伤,郢人立不失容。"垩,白粉。

缩 长 为 短

观场之事,宜晦不宜明。其说有二:优孟衣冠[①],原非实事,妙在隐隐跃跃之间。若于日间搬弄,则太觉分明,演者难施幻巧,十分音容,止作得五分观听,以耳目声音散而不聚故也。且人无论富贵贫贱，日间尽有当行之事，阅之未免妨工。抵暮登场，则主客心安，无妨时失事之虑，古人秉烛夜游，正为此也。然戏之好者必长，又不宜草草完事，势必阐扬志趣，摹拟神情，非达旦不能告阕[②]。然求其可以达旦之人，十中不得一二，非迫于来朝之有事，即限于此际之欲眠，往往半部即行，使佳话截然而止。予尝谓好戏若逢贵客，必受腰斩之刑。虽属谑言，然实事也。与其长而不终，无宁短而有尾。故作传奇付优人，必先示以可长可短之法：取其情节可省之数折，另作暗号记之，遇清闲无事之人，则增入全演，否则拔而去之。此法是人皆知，在梨园亦乐于为此。但不知减省之中，又有增益之法，使所省数折，虽去若存，而无断文截角之患者，则在秉笔之人略加之意而已。法于所删之下折，另增数语，点出中间一段情节，如云昨日某人来说某话，我如何答应之类是也；或于所删之前一折，预为吸起，如云我明日当差某人去干某事之类是也。如此，则数语可当一折，观者虽未及看，实与看过无异，此一法也。予又谓多冗之客，并此最约者亦难终场，是删与不删等耳。尝见贵介命题，止索杂单，不用全本，皆为可行即行，不受戏文牵制计也。予谓全本太长，零出太短，酌乎二者之间，当仿《元人百种》之意，而稍稍扩充之，另编十折一本，或十二折一本之新剧，以备应付忙人之用。或即将古书旧戏，用长房妙手[③]，缩而成之。但能沙汰得宜，一可当百，则寸金丈铁，贵贱攸分，识者重其简贵，未必不弃长取短，另开一种风气，亦未可知也。此等传奇，可以一席两本，如佳客并坐，势不低昂，皆当在命题之列者，则一后一先，皆可为政，是一举两得之法也。有暇即当属草，请以《下里》《巴人》，为《白雪》《阳春》之倡。

① 优孟衣冠:《史记·滑稽列传》载:楚相孙叔敖死后,他的儿子贫困无依,优孟就穿上孙叔敖的衣冠,在庄王面前装扮孙叔敖的样子,抵掌谈语。庄王受了感动,叔敖子遂得封地。

② 告阕:此处意为事情完毕。

③ 长房妙手:《神仙传》载,东汉汝南人费长房有神术,能将地缩短,使千里景色一览无余,放之则复舒如旧。

变旧成新

演新剧如看时文,妙在闻所未闻,见所未见;演旧剧如看古董,妙在身生后世,眼对前朝。然而古董之可爱者,以其体质愈陈愈古,色相愈变愈奇。如铜器玉器之在当年,不过一刮磨光莹之物耳,迨其历年既久,刮磨者浑全无迹,光莹者斑驳成文,是以人人相宝,非宝其本质如常,宝其能新而善变也。使其不异当年,犹然是一刮磨光莹之物,则与今时旋造者无别,何事什佰其价而购之哉?旧剧之可珍,亦若是也。今之梨园,购得一新本,则因其新而愈新之,饰怪妆奇,不遗余力;演到旧剧,则千人一辙,万人一辙,不求稍异。观者如听蒙童背书,但赏其熟,求一换耳换目之字而不得,则是古董便为古董,却未尝易色生斑,依然是一刮磨光莹之物,我何不取旋造者观之,犹觉耳目一新,何必定为村学究,听蒙童背书之为乐哉?然则生斑易色,其理甚难,当用何法以处此?曰:有道焉。仍其体质,变其丰姿。如同一美人,而稍更衣饰,便足令人改观,不俟变形易貌,而始知别一神情也。体质维何?曲文与大段关目是已。丰姿维何？科诨与细微说白是已。

曲文与大段关目不可改者，古人既费一片心血，自合常留天地之间，我与何仇，而必欲使之埋没？且时人是古非今，改之徒来讪笑，仍其大体，既慰作者之心，且杜时人之口。科诨与细微说白不可不变者，凡人作事，贵于见景生情。世道迁移，人心非旧，当日有当日之情态，今日有今日之情态。传奇妙在入情，即使作者至今未死，亦当与世迁移，自啭其舌，必不为胶柱鼓瑟之谈，以拂听者之耳。况古人脱稿之初，便觉其新，一经传播，演过数番，即觉听熟之言难于复听，即在当年，亦未必不自厌其繁，而思陈言之务去也。我能易以新词，透入世情三昧，虽观旧剧，如阅新篇，岂非作者功臣？使得为鸡皮三少之女[①]，前鱼不泣之男[②]，地下有灵，方颂德歌功之不暇，而忍以矫制责之哉？但须点铁成金，勿令画虎类狗[③]。又须择其可增者增，当改者改，万勿故作知音，强为解事，令观者当场喷饭，而群罪作俑之人，则湖上笠翁不任咎也。此言润泽枯槁，变易陈腐之事。予尝痛改《南西厢》，如《游殿》、《问斋》、《逾墙》、《惊梦》等科诨，及《玉簪·偷词》、《幽闺·旅婚》诸宾白，付伶工搬演，以试旧新，业经词人谬赏，不以点窜为非矣。

尚有拾遗补缺之法，未语同人，兹请并终其说。旧本传奇，每多缺略不全之事，刺谬难解之情。非前人故为破绽，留话柄以贻后人，若唐诗所谓"欲得周郎顾，时时误拂弦"[④]，乃一时照管不到，致生漏孔，所谓"至人千虑，必有一失"。此等空隙，全靠后人泥补，不得听其缺陷，而使千古无全文也。女娲氏炼石补天[⑤]，天尚可补，况其他乎？但恐不得五色石耳。姑举二事以概之。赵五娘于归两月，即别蔡邕，是一桃夭新妇。算至公姑已死，别墓寻夫之日，不及数年，是犹然一冶容诲淫之少妇也。身背琵琶，独行千里，即能自保无他，能免当时物议乎？张大公重诺轻财，资其困乏，仁人也，义士也。试问衣食名节，二者孰重？衣食不继则周之，名节所关则听之，义士仁人，曾若是乎？此等缺陷，就词人论之，几与天倾西北，地陷东南无异矣，可少补天塞地之人乎？若欲于本传之外，劈空添出一人，送赵五娘入京，与之随身作伴，妥则妥矣，犹觉伤筋动骨，太涉更张。不想本传内现有一人，尽可用之而不用，竟似张大公止图卸肩，不顾赵五娘之去后者。其人为谁？着送钱米助丧之小二是也。《剪发》白云："你先回去，我少顷就着小二送来。"则是大公非无仆从之人，何以吝而不使？予为略增数语，补此缺略，附刻于后，以政同心⑥。此一事也。《明珠记》之《煎茶》⑦，所用为传消递息之人者，塞鸿是也。塞鸿一男子，何以得事嫔妃？使宫禁之内，可用男子煎茶，又得密谈私语？则此事可为，何事不可为乎？此等破绽，妇人小儿皆能指出，而作者绝不经心，观者亦听其疏漏；然明眼人遇之，未尝不哑然一笑，而作无是公看者也⑧。若欲于本家之外，凿空构一妇人，与无双小姐从不谋面，而送进驿内煎茶，使之先通姓名，后说情事，便则便矣，犹觉生枝长节，难免赘瘤。不知眼前现有一妇，理合使之而不使，非特王仙客至愚，亦觉彼妇太忍。彼妇为谁？无双自幼跟随之婢，仙客现在作妾之人，名为采蘋是也。无论仙客觅人将意，计当出此，即就采蘋论之，岂有主人一别数年，无由把臂，今在咫尺，不图一见，普天之下有若是之忍人乎？予亦为正此迷谬，止换宾白，不易填词，与《琵琶》改本并刊于后，以政同心。又一事也。其余改本尚多，以篇帙浩繁，不能尽附。总之凡予所改者，皆出万不得已，眼看不过，耳听不过，故为铲削不平，以归至当，非勉强出头，与前人为难者比也。凡属高明,自能谅其心曲。

插科打诨之语,若欲变旧为新,其难易较此奚止百倍。无论剧剧可增,出出可改,即欲隔日一新,逾月一换,亦诚易事。可惜当世贵人,家蓄名优数辈,不得一诙谐弄笔之人,为种词林萱草[9],使之刻刻忘忧。若天假笠翁以年,授以黄金一斗,使得自买歌童,自编词曲,口授而身导之,则戏场关目,日日更新,毡上诙谐,时时变相。此种技艺,非特自能夸之,天下人亦共信之。然谋生不给,遑问其他?只好作贫女缝衣,为他人助娇,看他人出阁而已矣[10]。

① 鸡皮三少之女:传说春秋陈灵公时大夫苗徵舒之母夏姬"内挟技术","老而复壮",可以把皱得像鸡皮一样的面皮三次恢复为少女的状态,所以有"夏姬得道,鸡皮三少"的谚语。见宇文士及《妆台记序》。

② 前鱼不泣之男:《战国策·魏策四》载:魏王与宠臣龙阳君共舟而钓,龙阳君得十余鱼而泣下。魏王问他原因,他说:"我开始钓到鱼时,感到高兴。后来又钓到更大的鱼,就打算扔掉当初钓到的小鱼。由此联想到我现在虽得宠于王,但一定会有许多人来争宠,我的命恐怕也像先前所钓到的鱼一样!"此处反其意而用之。

③ 画虎类狗:语本班固《东汉观记·马援传》:"效杜季良而不成,陷为天下轻薄子,所谓'画虎不成反类狗'也。"比喻好高骛远,不仅无所成就,反留笑柄。

④ 欲得周郎顾,时时误拂弦:语出唐代诗人李端《听筝》诗。原意指歌伎演奏时故意露出破绽,以期引起听曲者的注意。

⑤ 女娲氏炼石补天:古代神话。事见《列子·汤问》:"天地亦物也,物有不足,故昔者女娲氏炼五色石以补其阙,断鳌之足以立四极。"

⑥ 李渔对《琵琶记》所作的改动,梁廷枬《曲话》以为其自信太过,"毋论其才不逮元人,即使能之,殊觉多此一事耳"。其改本见本节后

附录。

⑦ 《明珠记》:明陆采所著传奇。《煎茶》为其中一出,描写王仙客任富平县尹兼理长乐驿时,有内官率宫女三十名宿于驿内。王仙客疑旧女友刘无双在三十名宫女之中,遂派书童塞鸿扮做煎茶童子混入驿中打探消息,后塞鸿果在驿中与刘无双相会。

⑧ 无是公:汉司马相如《子虚赋》中的托名者,意谓“没有的人”。

⑨ 萱草:又名忘忧草。相传能使人忘忧。

⑩ “只好”三句:语出唐秦韬玉《贫女》诗:“苦恨年年压金线,为他人作嫁衣裳。”

附:《琵琶记·寻夫》改本

【胡捣练】〔旦上〕辞别去,到荒丘,只愁出路煞生受。画取真容聊藉手,逢人将此勉哀求。

鬼神之道,虽则难明;感应之理,未尝不信。奴家昨日,在山上筑坟,偶然力乏,假寐片时。忽然梦见当山土地,带领着无数阴兵,前来助力。又亲口嘱付,着奴家改换衣装,往京寻取夫婿。及至醒来,那坟台果然筑就。可见真有神明,不是空空一梦。只得依了梦中之言,改换做道姑打扮。又编下一套凄凉北调,到途路之间,逢人弹唱,抄化些资粮餬口,也是一条生计。只是一件:我自做媳妇以来,终日与公姑厮守,如今虽死,还有个坟茔可拜;一旦撇他而去,真个是举目凄然。喜得奴家略晓丹青,只得借纸笔传神,权当个丁兰刻本,背在肩上行走,只当还与二亲相傍一般。遇着小祥忌日,也好展开祭奠,不枉做媳妇的一点孝心。有理!有理!颜料纸张,俱已备下,只是凭空摹拟,恐怕不肖神情,且待我想象起来。

【三仙桥】一从他每死后，要相逢，不能勾。除非梦里，暂时略聚首。如今该下笔了。〔欲画又止介〕苦要描，描不就。暗想象，教我未描先泪流。〔画介〕描不出他苦心头，描不出他饥症候。〔又想介〕描不出他望孩儿的睁睁两眸。〔又画介〕只画得他发飕飕，和那衣衫敝垢。画完了，待我细看一看。〔看介〕呀！象倒极象，只是画得太苦了些，全没些欢容笑口。呀！公婆，公婆，非是媳妇故意如此。休休，若画做好容颜，须不是赵五娘的姑舅。

待我悬挂起来，烧些纸钱，奠些酒饭，然后带出门去便了。〔挂介〕嗳！我那公公婆婆呵！媳妇只为往京寻取丈夫，撇你不下，故此图画仪容，以便随身供养。你须是有灵有感，时刻在暗里扶持。待媳妇早见你的孩儿，痛哭一场，说完了心事，然后赶到阴司，与你二人做伴便了。啊呀，我那公婆呵！〔哭介〕

【前腔】非是奴寻夫远游，只怕我公婆绝后。奴见夫便回，此行安敢久。路途中，奴怎走？望公婆，相保佑！拜完了，如今收拾起身。论起理来，该先别坟茔，然后去别张大公才是。只为要托他照管坟茔，须是先别了他，然后同至坟前，把公婆的骸骨，交付与他便了。〔锁门行介〕只怕奴去后，冷清清，有谁来祭扫？纵使遇春秋，一陌纸钱怎有？休休，你生是受冻馁的公婆，死做个绝祭祀的姑舅！

来此已是，大公在家么？〔丑上〕收拾草鞋行远路，安排包裹送娇娘。呀！五娘子来了。老员外有请！〔末上〕衰柳寒蝉不可闻，金风败叶正纷纷；长安古道休回首，西出阳关无故人。

呀！五娘子,我正要过来送你,你却来了。〔旦〕因有远行,特来拜别。大公请端坐,受奴家几拜。〔末〕来到就是了,不劳拜罢。〔旦拜,末同拜介〕〔旦〕高厚恩难报,临岐泪满巾。〔末〕从今无别事,拭目待归人。〔末起,旦不起介〕〔末〕五娘子请起。呀！五娘子,你为何跪在地下不肯起来?〔旦〕奴家有两件大事奉求,要大公亲口许下,方敢起来。〔末〕孝妇所求,一定是纲常伦理之事,老夫一力担当,快些请起！〔旦起介〕〔末〕叫小二看椅子过来,与五娘子坐了讲话。〔旦〕告坐了。〔末〕五娘子,你方才说的,是那两件事?〔旦〕第一件,是怕奴家去后,公婆的坟茔没人照管,求大公不时看顾。每逢令节,代烧一陌纸钱。〔末〕这是我分内之事,自然照管,何须你嘱付。第二件呢?〔旦〕第二件,因奴家是个少年女子,远出寻夫,没人作伴,路上怕有嫌疑,求公公大发婆心,把小二借与奴家作伴,到京之日,即便遣人送还。这一件事,关系奴家的名节,断求慨允。〔末〕五娘子,这件事情,比照管坟茔还大,莫说待你拜求,方才肯许,不是个仗义之人;就是听你讲到此处,方才思念起来,把小二送你,也就不成个张广才了。我昨日思想,不但你只身行走,路上嫌疑;就是到了京中,与你丈夫相见,他问你在途路之中如何宿歇,你把甚么言语答应他?万一男子汉的心肠多疑少信,将你埋葬公婆的大事且不提起,反把形迹二字与你讲论起来,如何了得！这也还是小事。他三载不归,未必不在京中别有所娶。我想那房家小,看见前妻走到,还要无中生有,别寻说话,离间你的夫妻,何况是远远寻夫,没人作伴?若把几句恶言加你,岂不是有口难分?还有一说:你丈夫临行之日,把家中事情拜托于我,我若容你独自寻夫,有碍他终身名节,日后把甚么颜面见他?就是死到九泉,也难与你公婆相会。

这个主意，我先定下多时了，已曾分付小二，着他伴你同行，不劳分付，放心前去便了。〔旦起拜介〕这等多谢公公！奴家告别了。〔末〕且慢些，再请坐下。我且问你：你既要寻夫，那路上的盘费，已曾备下了么？〔旦〕并不曾有。〔末〕既然没有，如何去得？〔旦指背上琵琶介〕这就是奴家的盘费。不瞒公公说，已曾编下一套凄凉北调，谱入丝弦，一路弹唱而行，讨些钱米度日。〔丑〕这等说来，竟是叫化了。这样生意，我做不惯。不要总承，快寻别个去罢！〔末〕我自有主意，不消多嘴！五娘子，你前日剪发葬亲，往街坊货卖，倒不曾问得你卖了几贯钱财，可勾用么？〔旦〕并无人买，全亏大公周济。〔末〕却又来！头发可以作髭，尚且卖不出钱财，何况是空空弹唱？万一没人与钱，你还是去的好？转来的好？流落在他乡，不来不去的好？那些长途资斧，我也曾与你备下，不劳费心。也罢，你既费精神，编成一套词曲，不可不使老朽闻之。你就唱来，待我与你发个利市。〔旦〕这等待奴家献丑。若有不到之处，求大公改正一二。〔末〕你且唱来。〔旦理弦弹唱，末不住掩泪，丑不住哭介〕

【北越调斗鹌鹑】静理冰弦，凝神息喘，待诉衷肠，将眉略展。怕的是听者愁听，闻声去远。虽不比杞梁妻，善哭夫，也去那哭倒长城的孟姜不远。

【紫花儿序】俺不是好云游闲离闺阃，也不是背人伦强抱琵琶，都则为远寻夫苦历山川。说甚么金莲窄小，道路迍邅，鞋穿，便做到骨葬沟渠首向天，保得过面无惭腆。好追随地下姑嫜，得全名，死也无冤。

【天净沙】当初始配良缘，备饔飧尚有余钱。只为儿夫去远,遇荒罹变,为妻庸祸及椿萱。

【金蕉叶】他望赈济心穿眼穿,俺遭抢夺粮悬命悬。若不是遇高邻分粮助饘,怎能勾慰亲心将灰复燃?

【小桃红】可怜他游丝一缕命空牵,要续愁无线。俺也曾自餍糟糠备亲膳,要救余年,又谁料攀辕卧辙翻成劝?因来灶边,窥奴私咽,一声儿哭倒便归泉。

【调笑令】可怜,葬无钱!亏的是一位恩人,竟做了两次天。他助丧非强由情愿。实指望吉回凶转,因灾致祥无他变,又谁知,后运同前!

【秃厮儿】俺虽是厚面皮无羞不腆,怎忍得累高邻鬻产输田?只得把香云剪下自卖钱,到街坊哭声喧,谁怜?

【圣药王】俺待要图卸肩,赴九泉,怎忍得亲骸朽露饱飞鸢?欲待把命苟延,较后先,算来无幸可徼天,哭倒在街前。

【麻郎儿】感义士施恩不倦,二天外,又复加天。则为这好仗义的高邻忒煞贤,越显得受恩的浅深无辨。

【么篇】徒跣,把罗裙自捻,裹黄泥去筑坟圈。感山灵,神通昼显,又指去路,劝人赴远。

【络丝娘】因此上顾不的鞋弓袜浅,讲不起抛头露面。手拨琵琶,原非自遣,要诉出衷肠一片。

【东原乐】暂把丧衣覆,乔将道服穿。为缺资财,致使得身容变。休怪俺孝妇啼痕学杜鹃,只为多愁怨,渍染得缞麻如茜。

【拙鲁速】可怜俺日不停,夜不眠,饥不餐,冷不燃。当日呵,辨不出桃花人面,分不开藕瓣金莲;到如今藕丝花片,落在谁边?自对菱花,错认椿萱,止为忧煎。才信道家宽出少年。

【尾】千愁万绪提难遍,只好绾综中一线。听不出眼泪的休解囊,但有酸鼻的仁人,请将钞袋儿展。

〔末〕做也做得好,弹也弹得好,唱也唱得好,可称三绝。〔出银介〕这一封银子,就当润喉润笔之资,你请收下。〔旦谢介〕〔末〕小二过来。他方才弹唱的时节,我便为他声音凄楚,情节可怜,故此掉泪。你知道些甚么,也号号咷咷,哭个不了?〔丑〕不知甚么原故,听到其间,就不知不觉哭将起来,连我也不明白。〔末〕这等我且问你:方才送他的银子,万一途中不勾,依旧要叫化起来,你还是情愿不情愿?〔丑〕情愿!情愿!〔末〕为甚么以前不情愿,如今忽然情愿起来?〔丑想介〕正是,为甚么原故,忽然改变起来?连我也不明白。〔末〕好,这叫做:孝心所感,铁人流泪;高僧说法,顽石点头。五娘子,你一片孝心,就从今日效验起了,此去定然遂意。我且问你:你公婆的坟茔,曾去拜别了么?〔旦〕还不曾去。要屈大公同行,好对着公婆当面拜托。〔末〕一发见得到!就请同行。叫小二,与五娘子背了琵琶。〔丑〕自然。莫说琵琶,就是要带马桶,我也情愿挑着走了。〔末〕五娘子,我还有几句药石之言,要分付你,和你一面行走,一面讲罢。〔旦〕既有法言,便求赐教。〔行介〕

【斗黑嘛】〔末〕伊夫婿多应是,贵官显爵。伊家去,须当审个好恶。只怕你这般乔打扮,他怎知觉?一贵一贫,怕他将错就错。〔合〕孤坟寂寞,路途滋味恶。两处堪悲,万愁怎摸!

〔末〕已到坟前了。蔡大哥!蔡大嫂!你这个孝顺媳妇,待你二人,可谓“生事以礼,死葬以礼,祭之以礼”,无一事不全的了!如今远出寻夫,特来拜别,将坟墓交托于我。从今以后,我就当你媳妇,逢时化纸,遇节烧钱,你不消虑得。只是保佑他一路平安,早与丈夫相会。他一生行孝的事情,只有你夫妻两口,与我张广才三人知道。你夫妻死了,止剩得我一个在此,万一不能勾见他,这孝妇一片苦心,谁人替他表白?趁我张广才未死,速速保佑他回来。待我见他一面,把你媳妇的好处,细细对他讲一遍,我张广才这个老头儿,就死也瞑目了。唉,我那老友呵!〔旦〕我那公婆呵!〔同放声大哭、丑亦哭介〕〔末〕五娘子!

【忆多娇】我承委托当领诺。这孤坟,我自看守,决不爽约。但愿你途中身安乐!〔合〕举目萧索,满眼盈盈泪落。

〔旦〕公婆,你媳妇如今去了!大公,奴家去了!〔末〕五娘子,你途间保重,早去早回!小二,你好生伏侍五娘子,不要叫他费心。〔丑〕晓得!

〔旦〕为寻夫婿别孤坟,〔末〕只怕儿夫不认真。

〔合〕流泪眼观流泪眼,断肠人送断肠人。

〔旦掩泪同丑先下〕〔末目送,作哽咽不能出声介〕嗳,我、我、我明日死了,那有这等一个孝顺媳妇!可怜!可怜!〔掩泪下〕

《明珠记·煎茶》改本

第　一　折

【卜算子】〔生冠带上〕未遇费长房，已缩相思地。咫尺有佳音，可惜人难寄。

下官王仙客，叨授富平县尹。又为长乐驿缺了驿官，上司命我带管三月。近日朝廷差几员内官，带领三十名宫女，去备皇陵打扫之用，今日申牌时分，已到驿中。我想宫女三十名，焉知无双小姐不在其内？要托人探个消息，百计不能。喜得里面要取人伏侍，我把塞鸿扮做煎茶童子，送进去承值，万一遇见小姐，也好传个信儿。塞鸿那里？〔丑上〕蓝桥今夜好风光，天上群仙降下方。只恐云英难见面，裴航空自捣玄霜。塞鸿伺候。〔生〕今日送你进去煎茶，专为打探无双小姐的消息，你须要用心体访。〔丑〕小人理会得。〔生〕随着我来。〔行介〕你若见了小姐呵。

【玉交枝】道我因他憔悴，虽则是断机缘，心儿未灰，痴情还想成婚配。便今世不共鸳帏，私心愿将来世期，倒不如将生换死求连理。〔合〕料伊行冰心未移，料伊行柔肠更痴。

说话之间，已到馆驿前了。〔丑〕管门的公公在么？〔净上〕走马近来辞帝阙，奉差前去扫皇陵。甚么人？到此何干？〔生〕带管驿事富平县尹，送煎茶人役伺候。〔净〕着他进来。〔丑进见介〕〔净看怒介〕这是个男子，你为甚么送他进来呢？〔生〕是个幼年童子。〔净〕看他这个模样，也不是个幼年童子了。

好个不通道理的县官！就是上司官员，带着家眷从此经过，也没有取男子服事之理，何况是皇宫内院的嫔妃，肯容男子见面？叫孩子们，快打出去，着他换妇人进来。这样不通道理，还叫他做官！〔骂下〕〔生〕这怎么处？

【前腔】精神徒费。不收留，翻加峻威，道是男儿怎入裙钗队。叹宾鸿，有翼难飞！〔丑〕老爷，你偌大一位县官，怕差遣妇人不动？拨几个民间妇女进去就是了，愁他怎的！〔生〕塞鸿，你那里知道。民间妇人尽有，只是我做官的人，怎好把心事托他。幽情怎教民妇知，说来徒使旁人议。〔合前〕且自回衙，少时再作道理。正是：

不如意事常八九，可与人言无二三。

第二折

【破阵子】〔小旦上〕故主恩情难背，思之夜夜魂飞。

奴家采蘋，自从抛离故主，寄养侯门，王将军待若亲生，王解元纳为侧室，唱随之礼不缺，伉俪之情颇谐，只是思忆旧恩，放心不下。闻得朝廷拨出宫女三十名，去备皇陵打扫，如今现在驿中。万一小姐也在数内，我和他咫尺之间，不能见面，令人何以为情。仔细想来，好凄惨人也！（泪介）

【黄莺儿】从小便相依。弃中途，履祸危，经年没个音书寄。到如今呵，又不是他东我西，山遥路迷。宫门一入深无底，止不过隔层帏。身儿不近，怎免泪珠垂。

〔生上〕枉作千般计，空回九转肠；姻缘生割断，最狠是穹苍。〔见介〕〔小旦〕相公回来了。你着塞鸿去探消息，端的何如？为甚么面带愁容，不言不语？〔生〕不要说起！那守门的太监，不收男子，只要妇人。妇人尽有，都是民间之女，怎好托他代传心事，岂不闷杀我也！

【前腔】无计可施为，眼巴巴看落晖。只今宵一过，便无机会。娘子，我便为此烦恼。你为何也带愁容？看你无端皱眉，无因泪垂，莫不是愁他夺取中宫位？那里知道这婚姻事呵！绝端倪。便图来世，那好事也难期。

〔小旦〕奴家不为别事，只因小姐在咫尺之间，不能见面，故主之情，难于割舍，所以在此伤心。〔生〕原来如此，这也是人之常情。〔小旦〕相公，你要传消递息，既苦无人；我要见面谈心，又愁无计。我如今有个两全之法，和你商量。〔生〕甚么两全之法？快些讲来。〔小旦〕他要取妇人承值，何不把奴家送去？只说民间之妇。若还见了小姐，妇人与妇人讲话，没有甚么嫌疑，岂不比塞鸿更强十倍？〔生〕如此甚妙！只是把个官人娘子扮作民间之妇，未免屈了你些。〔小旦〕我原以侍妾起家，何屈之有。〔生〕这等分付门上，唤一乘小轿进来，傍晚出去，黎明进来便了。

羡卿多智更多情，一计能收两泪零。

〔小旦〕鸡犬尚能怀故主，为人岂可负生成。

第　三　折

(此折改白不改曲。曲照原本，不更一字。)

【长相思】〔旦上〕念奴娇，归国遥，为忆王孙心转焦，楚江秋色饶。月儿高，烛影摇，为忆秦娥梦转迢。苦呵！汉宫春信消。

街鼓冬冬动戍楼,倚床无寐数更筹;可怜今夜中庭月,一样清光两地愁。奴家自到驿内,看看天色晚来。〔内打二鼓介〕呀,谯楼上面,已打二鼓了。独眠孤馆,展转凄其,待与姊妹们闲话消遣,怎奈他们心上无事,一个个都去睡了。教奴家独守残灯,怎生睡得去!

【二郎神】良宵杳,为愁多,睡来还觉。手揽寒衾风料峭。也罢,待我剔起银灯,到阶除下闲步一回,以消长夜。徘徊灯侧,下阶闲步无聊。只见惨淡中庭新月小,画屏间,余香犹袅。漏声高,正三更,驿庭人静寥寥。

那帘儿外面,就是煎茶之所,不免去就着茶炉,饮一杯苦茗则个。正是:有水难浇心火热,无风可解泪冰寒。〔暂下〕〔小旦持扇上〕已入重围里,还愁见面遥;故人相对处,打点泪痕抛。奴家自进驿来,办眼偷瞧,不见我家小姐。〔内作长叹介〕〔小旦〕呀,如今夜深人静,为何有沉吟叹息之声?不免揭起帘儿,觑他一眼。

【前腔】偷瞧,把朱帘轻揭,金铃声小。呀!那阶除之下,缓步行来的,好似我家小姐。欲待唤他,又恐不是。我且只当不知,坐在这里煎茶,看他出来,有何话说。〔旦上〕看,一缕茶烟香缭绕。呀!那个煎茶女子,好生面善。青衣执爨,分明旧识风标。悄语低声问分晓。那煎茶女子,快取茶来!〔小旦〕娘娘请坐,待我取来。〔送茶,各看,背惊介〕〔旦〕呀!分明是采蘋的模样,他为何来在这里?〔小旦〕竟是我家小姐!待他唤我,我才好认他。〔旦〕那女子走近前来!你莫非就是采蘋么?〔小旦〕小姐在上,妾身就是。〔跪介〕〔旦抱哭介〕

〔合〕**天那！何幸得萍水相遭！**〔旦〕你为何来在这里？〔小旦〕说起话长。今夜之来，是采蘋一点孝心，费尽机谋，特地来寻故主。请问小姐，老夫人好么？〔旦〕还喜得康健。采蘋，你晓得王官人的消息么？**郎年少，自分离，孤身何处飘飖？**

〔小旦〕他自分散之后，贼平到京。正要来图婚配，不想我家遭此横祸，他就落魄天涯。近得金吾将军题请得官，现做富平县尹，权知此驿。

【啭林莺】他宦中薄禄权倚靠，知他未遂云霄。〔旦〕这等说来，他也就在此处了。既然如此，你的近况何如？随着谁人？作何勾当？〔小旦〕采蘋自别夫人小姐，蒙金吾将军收为义女，就嫁与王官人，目今现在一处。〔旦〕哦，你和他现在一处么？〔小旦〕是。〔旦作醋容介〕这等讲来，我倒不如你了！**鸲鹆已占枝头早，孤鸾拘锁，何日得归巢？**〔小旦〕小姐不要多心。奴家虽嫁王郎，议定权为侧室，虚却正夫人的座位，还待着小姐哩！〔旦〕这等才是。我且问你，**檀郎安否？怕相思，瘦损潘安貌。**〔小旦〕他虽受折磨，却还志气不衰，容颜如旧。**志气好，千般折挫，风月未全消。**

他一片苦情，恐怕小姐不知，现付明珠一颗，是小姐赠与他的，他时时藏在身旁，不敢遗失。〔付珠介〕

【前腔】〔旦〕**双珠依旧成对好，我两人还是蓬飘。**采蘋，我今夜要约他一会，你可唤得进来么？〔小旦〕这个使不得。老公公在外监守，又有军士巡更，那里唤得进来！〔旦〕莫非是你……〔小旦〕是我怎么样？哦，采蘋知道了，莫非疑我吃醋么？若有此心，天不覆，地不载！小姐，利害所关，他委实进来不得。〔旦泪介〕嗳！**眼前欲见无由到，驿庭咫尺，翻做**

楚天遥。〔小旦〕楚天犹小，着不得一腔烦恼。小姐有何心事，只消对采蘋说知，待采蘋转对他说，也与见面一般。〔旦〕枉心焦，我芳情自解，怎说与伊曹！

待我修书一封，与你带去便了。〔小旦〕说得有理，快写起来，一霎时天就明了。〔旦写介〕

【啄木公子】舒残茧，展兔毫，蚊脚蝇头随意扫。只怕我有万恨千愁，假饶会面难消。我有满腔愁怨，写向鸾笺怎得了？总有丹青别样巧，毕竟衷肠事怎描？只落得泪痕交。

【前腔】书才写，灯再挑，锦袋重封花押巧。书写完了，采蘋，你与我传示他，好自支持，休为我长皱眉梢。〔小旦〕小姐，你与他的姻缘，毕竟如何？可有出宫相会的日子？〔旦〕为说汉宫人未老，怨粉愁香憔悴倒；寂寞园陵岁月遥，云雨隔蓝桥。

明珠封在书中，叫他依旧收好。〔小旦〕天色已明，采蘋出去了。小姐，你千万保重！若有便信，替我致意老夫人。〔各哭介〕〔小旦〕小姐保重，采蘋去了。〔掩泪下〕〔旦〕呀，采蘋，你竟去了！〔顿足哭介〕

【哭相思尾】从此两下分离音信杳，无由再见亲人了。

〔哭倒介〕〔末上〕自不整衣毛，何须夜夜号。咱家一路辛苦，正要睡觉，不知那个宫人啾啾唧唧，一夜哭到天明，不免到里面去看来。呀！为何哭倒在地下？〔看介〕原来是刘宫人。刘宫人起来！〔摸介〕呀，不好了！浑身冰冷，只有心口还热。列位宫人快来！〔四宫女上〕并无奇祸至，何事疾声呼？呀！这是刘家姐姐,为何倒在地下?〔末〕列位宫人看好,待我去取姜汤上来。〔下〕〔宫女〕刘家姐姐,快些苏醒!〔末取姜汤上〕姜汤在此,快灌下去。〔灌醒介〕〔宫女〕刘家姐姐,你为甚么事情,哭得这般狼狈?

【黄莺儿】〔旦〕只为连日受劬劳,怯风霜,心胆摇,昨宵不睡挨到晓。〔末〕为甚么不睡呢?〔旦〕思家路遥,思亲寿高,因此蓦然愁绝昏沉倒。谢多娇,相将救取,免死向荒郊。

〔末〕好不小心!万一有些差池,都是咱家的干系哩!

【前腔】〔众〕人世水中泡。受皇恩,福怎消,何须苦忆家乡好。慈帏暂抛,相逢不遥,宽心莫把闲愁恼。〔内〕面汤热了,请列位宫人梳妆上轿。〔合〕曙光高,马嘶人起,梳洗上星轺。

〔宫女〕姊妹人人笑语阗,娘行何事独忧煎?

〔旦〕只因命带凄惶煞,心上无愁也泪涟。

授曲第三

声音之道,幽渺难知。予作一生柳七①,交无数周郎,虽未能如曲子相公身都通显,然论其生平制作,塞满人间,亦类此君之不可收拾。然究竟于声音之道未尝尽解，所能解者，不过词学之章句，音理之皮毛，比之观场矮人，略高寸许，人赞美而我先之，我憎丑而人和之，举世不察，遂群然许为知音。噫，音岂易知者哉？人问：既不知音，何以制曲？予曰：酿酒之家，不必尽知酒味，然秫多水少则醇酽[②]，曲好蘖精[③]则香冽，此理则易谙也；此理既谙，则杜康不难为矣[④]。造弓造矢之人，未必尽娴决拾[⑤]，然曲而劲者利于矢，直而锐者宜于鹄[⑥]，此道则易明也；既明此道，即世为弓人矢人可矣。虽然，山民善跋，水民善涉，术疏则巧者亦拙，业久则粗者亦精；填过数十种新词，悉付优人，听其歌演，近朱者赤，近墨者黑[⑦]，况为朱墨所从出者乎？粗者自然拂耳，精者自能娱神，是其中菽麦亦稍辨矣[⑧]。语云："耕当问奴，织当访婢。[⑨]"予虽不敏，亦曲中之老奴，歌中之黠婢也。请述所知，以备裁择。

① 柳七：柳永(？—约1053)，字耆卿，原名三变，因排行第七，故又称柳七。北宋福建人。其词多自创新声，雅不避俗，善用赋体，在当时传播极广，据传"凡有井水处，皆能歌柳词"。

② 秫：即粘高粱，多用以酿酒。

③ 蘖：亦作"糵"，即曲，酿酒用的发酵剂。

④ 杜康：即少康，传说中酿酒的发明者。《说文解字·巾部》："古者少康初作箕帚、秫酒。少康，杜康也。"后即以杜康指美酒。

⑤ 决拾：古代射箭用具。决，板指，用骨制成，套于右手大拇指上，用以钩弦；拾，手臂套子，革制，穿于左臂，用以保护手臂。

⑥ 鹄：箭靶。

⑦ "近朱"二句：语出晋傅玄《少傅箴》。

⑧ 菽麦：菽，大豆，引申为豆类的总称。

⑨ "耕当"二句：语出《宋书·沈庆之传》，谓凡事应向内行请教。

解明曲意

唱曲宜有曲情，曲情者，曲中之情节也。解明情节，知其意之所在，则唱出口时，俨然此种神情。问者是问，答者是答，悲者黯然魂消而不致反有喜色，欢者怡然自得而不见稍有瘁容。且其声音齿颊之间，各种俱有分别，此所谓曲情是也。吾观今世学曲者，始则诵读，继则歌咏，歌咏既成而事毕矣。至于“讲解”二字，非特废而不行，亦且从无此例[①]。有终日唱此曲，终年唱此曲，甚至一生唱此曲，而不知此曲所言何事，所指何人。口唱而心不唱，口中有曲而面上身上无曲，此所谓无情之曲，与蒙童背书，同一勉强而非自然者也。虽腔板极正，喉舌齿牙极清，终是第二、第三等词曲，非登峰造极之技也。欲唱好曲者，必先求明师讲明曲义。师或不解，不妨转询文人，得其义而后唱。唱时以精神贯串其中，务求酷肖。若是，则同一唱也，同一曲也，其转腔换字之间，别有一种声口，举目回头之际，另是一副神情，较之时优，自然迥别。变死音为活曲，化歌者为文人，只在“能解”二字。解之时义大矣哉[②]！

① “至于”三句：明万历时金陵吴越石家班每演一戏，“先以名士训其义，继以词士合其词”，已重讲解。李渔此说未确。但李渔后风气更开，如王德晖、徐沅徵《顾误录》即考此为“度曲八法”之首。

② “解之”句：化用《周易·随·彖辞》：“随之时义大矣哉”。时义，时机意义。

调熟字音

调平仄，别阴阳，学歌之首务也。然世上歌童解此二事者，百不得一。不过口传心授，依样葫芦，求其师不甚谬，则习而不察，亦可以混过一生。独有必不可少之一事，较阴阳平仄为稍难，又不得因其难而忽视者，则为"出口"、"收音"二诀窍。世间有一字，即有一字之头，所谓出口者是也①；有一字，即有一字之尾②，所谓收音者是也。尾后又有余音，收煞此字，方能了局。譬如吹箫、姓萧诸"箫"字，本音为箫，其出口之字头与收音之字尾，并不是"箫"。若出口作"箫"，收音作"箫"，其中间一段正音并不是"箫"，而反为别一字之音矣③。且出口作"箫"，其音一泄而尽，曲之缓者，如何接得下板？故必有一字为之头，以备出口之用；有一字为之尾；以备收音之用；又有一字为余音，以备煞板之用。字头为何？"西"字是也。字尾为何？"夭"字是也。尾后余音为何？"乌"字是也。字字皆然，不能枚纪。《弦索辨讹》等书载此颇详④，阅之自得。要知此等字头、字尾及余音，乃天造地设，自然而然，非后人扭捏而成者也，但观切字之法⑤，即知之矣。《篇海》、《字汇》等书⑥，逐字载有注脚，以两字切成一字。其两字者，上一字即为字头，出口者也；下一字即为字尾，收音者也；但不及余音之一字耳⑦。无此上下二字，切不出中间一字，其为天造地设可知。此理不明，如何唱曲？出口一错，即差谬到底，唱此字而讹为彼字，可使知音者听乎？故教曲必先审音。即使不能尽解，亦须讲明此义，使知字有头尾以及余音，则不敢轻易开口，每字必询，久之自能惯熟。“曲有误，周郎顾。”苟明此道，即遇最刻之周郎，亦不能拂情而左顾矣。

字头、字尾及余音，皆为慢曲而设，一字一板或一字数板者，皆不可无。其快板曲，止有正音，不及头尾。

缓音长曲之字，若无头尾，非止不合韵，唱者亦大费精神，但看青衿赞礼之法⑧，即知之矣。“拜”、“兴”二字皆属长音。“拜”字出口以至收音，必俟其人揖毕而跪，跪毕而拜，为时甚久。若止唱一“拜”字到底，则其音一泄而尽，不当歇而不得不歇，失傧相之体矣⑨。得其窍者，以“不”“爱”二字代之。“不”乃“拜”之头，“爱”乃“拜”之尾，中间恰好是一“拜”字。以一字而延数晷，则气力不足；分为三字，即有余矣。“兴”字亦然，以“希”“因”二字代之。赞礼且然，况于唱曲？婉譬曲喻，以至于此，总出一片苦心。审乐诸公，定须怜我！

字头、字尾及余音，皆须隐而不现，使听者闻之，但有其音，并无其字，始称善用头尾者；一有字迹，则沾泥带水，有不如无矣。

① “世间”三句：一字之头，指声母。现代汉语中有少数字音只有韵母，而无声母。此言“有一字，即有一字之头”，似太绝对。

② 一字之尾：指韵母。

③ “若出口”四句：“箫”音 xiao，x 为声母，即此所言出口字头；ao 是复合韵母，o 即此所言收音字尾；i 为介音。

④ 《弦索辨讹》：明代万历年间度曲家沈宠绥所著戏曲审音著作。书中列举北曲弦索曲子，逐字音注，指明字音口法，以示轨范。今有明末刻本、《中国古典戏曲论著集成本》。

⑤ 切字之法：即反切，传统的一种注音方法，用两个字拼合成另

一个字的音。一般说来,反切的上字与所切的字声母相同,反切的下字与所切的韵母和声调相同。如“西”、“夭”切“箫”字。

⑥ 《篇海》:即《四声篇海》,金代韩孝彦编著的韵书。 《字汇》:明代梅膺祚编著的字书。

⑦ “其两字”六句:反切之下字已规定了该字的开合,实际上对尾音已有规定,故李渔此说未确。曲中所重应在字腹,反切之法难以表达。至近代拼音字母出方一目了然。

⑧ 青衿:指读书人。《诗·郑风·子衿》:“青青子衿。”毛传:“青衿,青领也,学子之所服。”明清科举时代专指秀才。 赞礼:举行典礼时司仪宣唱仪节,叫人行礼。此指秀才读书、赞礼唱导之声。

⑨ 傧相:即“摈相”。《周礼·司仪》:“掌九仪之宾客摈相之礼。”出外接宾称摈,入内赞礼称相。指辅助礼仪进行的人。

字忌模糊

学唱之人,勿论巧拙,只看有口无口[①];听曲之人,慢讲精粗,先问有字无字[②]。字从口出,有字即有口。如出口不分明,有字若无字,是说话有口,唱曲无口,与哑人何异哉?哑人亦能唱曲,听其呼号之声即可见矣。常有唱完一曲,听者止闻其声,辨不出一字者,令人闷杀。此非唱曲之料,选材者任其咎,非本优之罪也。舌本生成,似难强造,然于开口学曲之初,先能净其齿颊,使出口之际,字字分明,然后使工腔板,此回天大力,无异点铁成金,然百中遇一,不能多也。

① 有口无口:曲学用语,谓唱曲不在好听,而在字正腔圆。

② 有字无字:曲学用语,谓字音清晰、准确。

曲严分合

同场之曲,定宜同场,独唱之曲,还须独唱,词意分明,不可犯也。常有数人登场,每人一只之曲,而众口同声以出之者,在授曲之人,原有浅深二意:浅者虑其冷静,故以发越见长[①];深者示不参差,欲以翕如见好[②]。尝见《琵琶·赏月》一折,自"长空万里"以至"几处寒衣织未成"[③],俱作合唱之曲,谛听其声,如出一口,无高低断续之痕者,虽曰良工心苦,然作者深心,于兹埋没。此折之妙,全在共对月光,各谈心事,曲既分唱,身段即可分做,是清淡之内原有波澜。若混作同场,则无所见其情,亦无可施其态矣。惟"峭寒生"二曲可以同唱[④],首四曲定该分唱,况有"合前"数句振起神情,原不虑其太冷。他剧类此者甚多,举一可以概百。戏场之曲,虽属一人而可以同唱者,惟行路出师等剧,不问词理异同,皆可使众声合一。场面似闹,曲声亦宜闹,静之则相反矣。

① 发越:发扬激越。

② 翕如:和谐统一。

③ 长空万里:《琵琶·赏月》一折的【本序】首句。 几处寒衣织未成:全套末句。

④ 峭寒生:【古轮台】首曲的第一句。本出【古轮台】共两曲,为净、丑所唱,故李渔认为可以同唱。

锣鼓忌杂

戏场锣鼓，筋节所关，当敲不敲，不当敲而敲，与宜重而轻，宜轻反重者，均足令戏文减价。此中亦具至理，非老于优孟者不知。最忌在要紧关头，忽然打断。如说白未了之际，曲调初起之时，横敲乱打，盖却声音，使听白者少听数句，以致前后情事不连，审音者未闻起调，不知以后所唱何曲。打断曲文，罪犹可恕，抹杀宾白，情理难容。予观场每见此等，故为揭出。又有一出戏文将了，止余数句宾白未完，而此未完之数句，又系关键所在，乃戏房锣鼓早已催促收场，使说与不说同者，殊可痛恨。故疾徐轻重之间，不可不急讲也。场上之人将要说白，见锣鼓未歇，宜少停以待之，不则过难专委，曲白锣鼓，均分其咎矣。

吹合宜低

丝、竹、肉三音①，向皆孤行独立，未有合用之者，合之自近年始。三籁齐鸣②，天人合一，亦金声玉振之遗意也③，未尝不佳；但须以肉为主，而丝竹副之，使不出自然者亦渐近自然，始有主行客随之妙。迩来戏房吹合之声，皆高于场上之曲，反以丝竹为主，而曲声和之，是座客非为听歌而来，乃听鼓乐而至矣。从来名优教曲，总使声与乐齐，箫笛高一字，曲亦高一字，箫笛低一字，曲亦低一字[4]。然相同之中，即有高低轻重之别，以其教曲之初，即以箫笛代口，引之使唱，原系声随箫笛，非以箫笛随声，习久成性，一到场上，不知不觉而以曲随箫笛矣。正之当用何法？曰：家常理曲，不用吹合，止于场上用之，则有吹合亦唱，无吹合亦唱，不靠吹合为主。譬之小儿学行，终日倚墙靠壁，舍此不能举步，一旦去其墙壁，偏使独行，行过一次两次，则虽见墙壁而不靠矣。以予见论之，和箫和笛之时，当比曲低一字，曲声高于吹合，则丝竹之声亦变为肉，寻其附和之痕而不得矣。正音之法，有过此者乎？然此法不宜概行，当视唱曲之人之本领。如一班之中，有一二喉音最亮者，以此法行之，其余中人以下之材，俱照常格。倘不分高下，一例举行，则良法不终，而怪予立言之误矣。

吹合之声，场上可少，教曲学唱之时，必不可少，以其能代师口，而司熔铸变化之权也。何则？不用箫笛，止凭口授，则师唱一遍，徒亦唱一遍，师住口而徒亦住口，聪慧者数遍即熟，资质稍钝者，非数十百遍不能，以师徒之间无一转相授受之人也。自有此物，只须师教数遍，齿牙稍利，即用箫笛引之。随箫随笛之际，若曰无师，则轻重疾徐之间，原有法脉准绳，引人归于胜地；若曰有师，则师口并无一字，已将此曲交付其徒。先则人随箫笛，后则箫笛随人，是金蝉脱壳之法也。“庾公之斯，学射于尹公之他；尹公之他，学射于我[5]。”箫笛二物，即曲中之尹公他也。但庾公之斯与子濯孺子昔未见面，而今同在一堂耳。若是，则吹合之力讵可少哉？予恐此书一出，好事者过听予言，谬视箫笛为可弃，故复补论及此。

① 丝:指弦乐。 竹:指管乐。 肉:肉喉,指人唱出的歌声。

② 三籁:此指前面所提的丝、竹、肉三音。

③ 金声玉振:语出《孟子·万章下》:“孔子之谓集大成;集大成也者,金声而玉振之也。”金指钟,玉指磬,此指三籁合一,众音齐备。

④ 箫笛高一字、低一字:指调音高低一音。

⑤ “庾公”四句:语出《孟子·离娄下》。郑人使子濯孺子侵卫,卫使庾公之斯追之。子濯孺子因病不能执弓,自忖必死。后得知追其者乃庾公之斯,又燃生机,曰:“庾公之斯学射于尹公之他,尹公之他学射于我。夫尹公之他,端人也,其取友必端矣。”后庾公之斯至,果然以师徒之谊不杀子濯孺子。

教白第四

教习歌舞之家,演习声容之辈,咸谓唱曲难,说白易。宾白熟念即是,曲文念熟而后唱,唱必数十遍而始熟,是唱曲与说白之工,难易判如霄壤。时论皆然,予独怪其非是。唱曲难而易,说白易而难,知其难者始易,视为易者必难。盖词曲中之高低抑扬,缓急顿挫,皆有一定不移之格,谱载分明,师传严切,习之既惯,自然不出范围。至宾白中之高低抑扬,缓急顿挫,则无腔板可按、谱籍可查,止靠曲师口授;而曲师入门之初,亦系暗中摸索,彼既无传于人,何从转授于我?讹以传讹,此说白之理,日晦一日而人不知。人既不知,无怪乎念熟即以为是，而且以为易也。吾观梨园之中，善唱曲者，十中必有二三；工说白者，百中仅可一二。此一二人之工说白，若非本人自通文理，则其所传之师，乃一读书明理之人也。故曲师不可不择。教者通文识字，则学者之受益，东君之省力[①]，非止一端。苟得其人，必破优伶之格以待之，不则鹤困鸡群，与侪众无异，孰肯抑而就之乎？然于此中索全人，颇不易得。不如仍苦立言者，再费几升心血，创为成格以示人。自制曲选词，以至登场演习，无一不作功臣，庶于为人为彻之义，无少缺陷。虽然，成格即设，亦止可为通文达理者道，不识字者闻之，未有不喷饭胡卢[②]，而怪迂人之多事者也。

① 东君：此指东家、主人。

② 喷饭：典出宋苏轼《筼筜谷偃竹记》，言其寄诗一首与友人文与可，文氏夫妇恰好于晚饭时收到，读后失笑喷饭满桌。胡卢：笑声。《孔丛子·抗志》："卫君乃胡卢大笑。"

高低抑扬

宾白虽系常谈，其中悉具至理。请以寻常讲话喻之。明理人讲话，一句可当十句，不明理人讲话，十句抵不过一句，以其不中肯綮也[①]。宾白虽系编就之言，说之不得法，其不中肯綮等也。犹之倩人传语，教之使说，亦与念白相同，善传者以之成事，不善传者以之偾事[②]，即此理也。此理甚难亦甚易，得其孔窍则易，不得孔窍则难。此等孔窍，天下人不知，予独知之。天下人即能知之,不能言之,而予复能言之。请揭出以示歌者。

白有高低抑扬,何者当高而扬?何者当低而抑?曰:若唱曲然。曲文之中,有正字,有衬字。每遇正字,必声高而气长;若遇衬字,则声低气短而疾忙带过,此分别主客之法也。说白之中,亦有正字,亦有衬字,其理同,则其法亦同。一段有一段之主客,一句有一句之主客。主高而扬,客低而抑,此至当不易之理,即最简极便之法也。凡人说话,其理亦然。譬如呼人取茶取酒,其声云:“取茶来!”“取酒来!”此二句既为茶酒而发,则“茶”“酒”二字为正字,其声必高而长。“取”字“来”字为衬字,其音必低而短。再取旧曲中宾白一段论之。《琵琶·分别》白云:“云情雨意,虽可抛两月之夫妻;雪鬓霜鬟,竟不念八旬之父母!功名之念一起,甘旨之心顿忘,是何道理?”首四句之中,前二句是客,宜略轻而稍快;后二句是主,宜略重而稍迟。“功名”、“甘旨”二句亦然。此句中之主客也。“虽可抛”、“竟不念”六个字,较之“两月夫妻”、“八旬父母”虽非衬字,却与衬字相同,其为轻快,又当稍别。至于“夫妻”、“父母”之上二“之”字,又为衬中之衬,其为轻快,更宜倍之。是白皆然,此字中之主客也。常见不解事梨园,每于四六句中之“之”字,与上下正文同其轻重疾徐,是谓菽麦不辨,尚可谓之能说白乎?此等皆言宾白,盖场上所说之话也。至于上场诗,定场白,以及长篇大幅叙事之文,定宜高低相错,缓急得宜,切勿作一片高声,或一派细语,俗言“水平调”是也。上场诗四句之中,三句皆高而缓,一句宜低而快。低而快者,大率宜在第三句,至第四句之高而缓,较首二句更宜倍之。如《浣纱记》定场诗云③:“少小豪雄侠气闻,飘零仗剑学从军。何年事了拂衣去?

归卧荆南梦泽云。""少小"二句宜高而缓，不待言矣。"何年"一句必须轻轻带过，若与前二句相同，则煞尾一句不求低而自低矣；末句一低，则懈而无势，况其下接着通名道姓之语。如"下官姓范名蠡，字少伯"，"下官"二字例应稍低，若末句低而接者又低，则神气索然不振矣。故第三句之稍低而快，势有不得不然者。此理此法，谁能穷究至此？然不如此，则是寻常应付之戏，非孤标特出之戏也。高低抑扬之法，尽乎此矣。

优师既明此理，则授徒之际，又有一简便可行之法，索性取而予之：但于点脚本时，将宜高宜长之字用朱笔圈之，凡类衬字者不圈。至于衬中之衬，与当急急赶下、断断不宜沾滞者，亦用朱笔抹以细纹，如流水状，使一一皆能识认。则于念剧之初，便有高低抑扬，不俟登场摹拟。如此教曲，有不妙绝天下，而使百千万亿之人赞美者，吾不信也。

① 肯綮：筋骨结合部，喻指关键处。《元史·王都中传》："都中遇事剖析，动中肯綮。"

② 偾事：犹言败事。《礼记·大学》："此谓一言偾事，一言定国。"

③ 《浣纱记》定场诗：见梁辰鱼《浣纱记》第二出。

缓急顿挫

缓急顿挫之法，较之高低抑扬，其理愈精，非数言可了。然了之必须数言；辩者愈繁，则听者愈惑，终身不能解矣。优师点脚本授歌童，不过一句一点，求其点不刺谬[①]，一句还一句,不致断者联而联者断,亦云幸矣,尚能询及其他?即以脚本授文人,倩其画文断句,亦不过每句一点,无他法也。而不知场上说白,尽有当断处不断,反至不当断处而忽断;当联处不联,忽至不当联处而反联者。此之谓缓急顿挫。此中微渺,但可意会,不可言传;但能口授,不能以笔舌喻者。不能言而强之使言,只有一法:大约两句三句而止言一事者,当一气赶下,中间断句处勿太迟缓;或一句止言一事,而下句又言别事,或同一事而另分一意者,则当稍断,不可竟连下句。是亦简便可行之法也。此言其粗,非论其精;此言其略,未及其详。精详之理,则终不可言也。

当断当联之处,亦照前法,分别于脚本之中,当断处用朱笔一画,使至此稍顿,余俱连读,则无缓急相左之患矣。

妇人之态,不可明言;宾白中之缓急顿挫,亦不可明言;是二事一致。轻盈袅娜,妇人身上之态也;缓急顿挫,优人口中之态也。予欲使优人之口,变为美人之身,故为讲究至此。欲为戏场尤物者,请从事予言,不则仍其故步。

① 剌谬:违异;完全相反。司马迁《报任少卿书》:“今少卿乃教以推贤进士,无乃与仆私心剌谬乎!”

脱套第五

戏场恶套，情事多端，不能枚纪。以极鄙极俗之关目，一人作之，千万人效之，以致一定不移，守为成格，殊可怪也。西子捧心，尚不可效，况效东施之颦乎？且戏场关目，全在出奇变相，令人不能悬拟。若人人如是，事事皆然，则彼未演出而我先知之，忧者不觉其可忧，苦者不觉其为苦，即能令人发笑，亦笑其雷同他剧，不出范围，非有新奇莫测之可喜也。扫除恶习，拔去眼钉，亦高人造福之一事耳。

衣冠恶习

记予幼时观场，凡遇秀才赶考及谒见当涂贵人[①]，所衣之服，皆青素圆领[②]，未有着蓝衫者[③]，三十年来始见此服。近则蓝衫与青衫并用，即以之别君子小人。凡以正生、小生及外末脚色而为君子者，照旧衣青圆领，惟以净丑脚色而为小人者，则着蓝衫。此例始于何人，殊不可解。夫青衿，朝廷之名器也[④]。以贤愚而论，则为圣人之徒者始得衣之；以贵贱而论，则备缙绅之选者始得衣之。名宦大贤尽于此出，何所见而为小人之服，必使净丑衣之？此戏场恶习所当首革者也。或仍照旧例，止用青衫而不设蓝衫。若照新例，则君子小人互用，万勿独归花面，而令士子蒙羞也。

近来歌舞之衣，可谓穷奢极侈。富贵娱情之物，不得不然，似难责以俭朴。但有不可解者：妇人之服，贵在轻柔，而近日舞衣，其坚硬有如盔甲。云肩大而且厚[⑤]，面夹两层之外，又以销金锦缎围之；其下体前后二幅，名曰"遮羞"者，必以硬布裱骨而为之。此战场所用之物，名为"纸甲"者是也，歌台舞榭之上，胡为乎来哉？易以轻软之衣，使得随身环绕，似不容已。至于衣上所绣之物，此宜两种，勿及其他。上体凤鸟，下体云霞，此为定制。盖"霓裳羽衣"四字，业有成宪，非若点缀他衣，可以浑施色相者也。予非能创新，但能复古。

方巾与有带飘巾[⑥]，同为儒者之服。飘巾儒雅风流，方巾老成持重，以之分别老少，可称得宜。近日梨园，每遇穷愁患难之士，即戴方巾，不知何所取义？至纱帽巾之有飘带者[⑦]，制原不佳，戴于粗豪公子之首，果觉相称。至于软翅纱帽，极美观瞻，曩时《张生逾墙》等剧往往用之，近皆除去，亦不得其解。

① 当涂：当仕路，指执掌大权。《韩非子·孤愤》："当涂之人擅事要，则外内为之用矣。"

② 青素圆领：古时学士所服，犹青衿。

③ 蓝衫：旧时儒生所穿服装。

④ 名器：奴隶社会和封建社会中称表示等级的称号和车服礼制等为名器。《左传·成公二年》："唯器与名，不可以假人。"

⑤ 云肩:妇女披在肩上的装饰物,绣花,下围有穗。

⑥ 方巾:明代有秀才功名以上的人所戴软帽,形状方平正直,呈倒梯形。

⑦ 纱帽:明时文武官员所戴。舞台上改为戏曲盔帽,以翅之形状区别正邪、职位。

声音恶习

花面口中,声音宜杂。如作各处乡语,及一切可憎可厌之声,无非为发笑计耳;然亦必须有故而然。如所演之剧,人系吴人,则作吴音;人系越人,则作越音,此从人起见者也。如演剧之地在吴则作吴音,在越则作越音,此从地起见者也。可怪近日之梨园,无论在南在北,在西在东,亦无论剧中之人生于何地,长于何方,凡系花面脚色,即作吴音,岂吴人尽属花面乎?此与净丑着蓝衫,同一覆盆之事也①。使范文正②、韩襄毅诸公有灵③,闻此声,观此剧,未有不抱恨九原而思痛革其弊者也。今三吴缙绅之居要路者④,欲易此俗,不过启吻之劳;从未有计及此者。度量优容,真不可及。且梨园尽属吴人,凡事皆能自顾,独此一着,不惟不自争气,偏欲故形其丑,岂非天下古今一绝大怪事乎?且三吴之音,止能通于三吴,出境言之,人多不解,求其发笑,而反使听者茫然,亦失计甚矣。吾请为词场易之⑤:花面声音,亦如生旦外末,悉作官音,止以话头惹笑,不必故作方言。即作方言,亦随地转。如在杭州,即学杭人之话;在徽州,即学徽人之话,使妇人小儿皆能识辨。

识者多，则笑者众矣。

① 覆盆：汉司马迁《报任少卿书》："仆以为戴盆何以望天？"后以"覆盆"喻遭受不平之冤。此借指吴人因声音恶习蒙冤。

② 范文正：范仲淹(989—1052)，北宋政治家、文学家，苏州吴县人。卒谥文正。

③ 韩襄毅：韩雍(1422—1478)，谥襄毅，明代正统、成化年间大臣，苏州长洲人。历任大理少卿、兵部仕郎、左都副御史等。

④ 三吴：始见于六朝时记载，所指不一。宋税安礼《历代地理指掌图》以苏州、湖州、常州为三吴。此概指吴地。

⑤ 请：原作"故"，从翼本改。

语言恶习

白中有"呀"字，惊骇之声也。如意中并无此事，而猝然遇之；一向未见其人，而偶尔逢之，则用此字开口，以示异也。近日梨园不明此义，凡见一人，凡遇一事，不论意中意外，久逢乍逢，即用此字开口，甚有差人请客而客至，亦以"呀"字为接见之声者，此等迷谬，尚可言乎？故为揭出，使知斟酌用之。

戏场惯用者，又有"且住"二字。此二字有两种用法。一则相反之事，用作过文，如正说此事，忽然想及彼事，彼事与此事势难并行，才想及而未曾出口，先以此二字截断前言，"且住"者，住此说以听彼说也。一则心上犹豫，假此以待沉吟，如此说自以为善，恐未尽善，务期必妥，当于是处寻非，故以此代心口相商，"且住"者，稍迟以待，不可竟行之意也。而今之梨园，不问是非好歹，开口说话，即用此二字作助语词，常有一段宾白之中，连说数十个“且住”者，此皆不详字义之故。一经点破，犯此病者鲜矣。

上场引子下场诗，此一出戏文之首尾。尾后不可增尾，犹头上不可加头也。可怪近时新例，下场诗念毕，仍不落台，定增几句淡话，以极紧凑之文，翻成极宽缓之局。此义何居，令人不解。曲有尾声及下场诗者，以曲音散漫，不得几句紧腔，如何截得板住？白文冗杂，不得几句约语，如何结得话成？若使结过之后，又复说起，何如不收竟下之为愈乎？且首尾一理，诗后既可添话，则何不于引子之先，亦加几句说白，说完而后唱乎？此积习之最无理最可厌者，急宜改革。然又不可尽革，如两人三人在场，二人先下，一人说话未了，必宜稍停以尽其说，此谓“吊场”①，原系古格；然须万不得已，少此数句，必添以后一出戏文，或少此数句，即埋没从前说话之意者，方可如此。（亦有下场不及更衣者，故借此为缓兵计。）是龙足，非蛇足也。然只可偶一为之，若出出皆然，则是是貂皆可续矣，何世间狗尾之多乎？

① 吊场：戏曲名词。在南戏、传奇中意谓当剧情告一段落、多数角色已下场时，留一二角色于场上吊住场子，作承前启后的交代。既用于一出戏结束时，也用于一出戏的中间。

科诨恶习

插科打诨处，陋习更多，革之将不胜革，且见过即忘，不能悉记，略举数则而已。如两人相殴，一胜一败，有人来劝，必使被殴者走脱，而误打劝解之人，《连环·掷戟》之董卓是也[①]。主人偷香窃玉，馆童吃醋拈酸，谓寻新不如守旧，说毕必以臀相向，如《玉簪》之进安[②]、《西厢》之琴童是也[③]。戏中串戏，殊觉可厌，而优人惯增此种，其腔必效弋阳，《幽闺·旷野奇逢》之酒保是也[④]。

① 《连环·掷戟》之董卓：《连环记》为明王济所作传奇剧本，叙汉末王允利用貂蝉巧施连环计，离间董卓、吕布事。其中《掷戟》一折写貂蝉与吕布密约，被董卓撞见，董卓以戟掷吕布，吕布夺戟而逃。演出本中有的还加上一段戏：吕布跑掉后李儒刚好走上，被董卓一顿痛打。

② 《玉簪》之进安：《玉簪记》为明高濂所作传奇剧本，共三十四出。叙南宋潘必正应试落第，与道姑陈妙常相爱，为姑母所阻，后必正及第授官，终与妙常结为夫妇。进安为潘必正的书童。该剧十九出有进安捉弄潘、陈事，舞台表演或另有所加。

③ 《西厢》之琴童：《西厢记》中张生的书童。其吃醋拈酸事不见文字，当为演出中随意插科。

④ 《幽闺·旷野奇逢》之酒保：原剧描写蒋世隆、王瑞兰于兵荒马乱中各自与亲人离散，遂结伴偕行。今本中并无酒保串戏事。

声容部

选姿第一

"食色，性也[①]。""不知子都之姣者，无目者也[②]。"古之大贤择言而发，其所以不拂人情，而数为是论者，以性所原有，不能强之使无耳。人有美妻美妾而我好之，是谓拂人之性；好之不惟损德，且以杀身。我有美妻美妾而我好之，是还吾性中所有，圣人复起，亦得我心之同然，非失德也。孔子云："素富贵，行乎富贵[③]。"人处得为之地，不买一二姬妾自娱，是素富贵而行乎贫贱矣。王道本乎人情，焉用此矫清矫俭者为哉？但有狮吼在堂[④]，则应借此藏拙，不则好之实所以恶之，怜之适足以杀之，不得以红颜薄命借口，而为代天行罚之忍人也。予一介寒生，终身落魄，非止国色难亲，天香未遇，即强颜陋质之妇，能见几人，而敢谬次音容，侈谈歌舞，贻笑于眠花藉柳之人哉！然而缘虽不偶，兴则颇佳，事虽未经，理实易谙，想当然之妙境，较身醉温柔乡者，倍觉有情。如其不信，但以往事验之。楚襄王[⑤]，人主也。六宫窈窕，充塞内庭，握雨携云，何事不有？而千古以下，不闻传其实事，止有阳台一梦，脍炙人口。

阳台今落何处？神女家在何方？朝为行云，暮为行雨，毕竟是何情状？岂有踪迹可考，实事可缕陈乎？皆幻境也。幻境之妙，十倍于真，故千古传之。能以十倍于真之事，谱而为法，未有不入闲情三昧者。凡读是书之人，欲考所学之从来，则请以楚国阳台之事对。

① 食色，性也：语出《孟子·告子上》。性，人性，天性。

② “不知”二句：语出《孟子·告子上》。子都，古代美男子。

③ “素富贵”二句：语出《中庸》。素，朱熹注，犹现在也。

④ 狮吼在堂：指家有悍妇。典出宋洪迈《容斋随笔·陈季常》：“陈慥字季常……自称龙邱先生……然其妻柳氏绝凶妒。故东坡有诗云：‘龙丘居士亦可怜，谈空说有夜不眠。忽闻河东狮子吼，拄杖落手心茫然。’”狮吼本为佛家语，因陈慥性好说佛，故苏轼借以戏之。后即以狮吼喻悍妇发怒。

⑤ 楚襄王：战国时楚君王，好女色。宋玉《高唐赋》记其曾与宋玉同游云梦之台，宋玉言先王尝昼寝。梦巫山神女，自称“妾在巫山之阳，高丘之阻，旦为朝云，暮为行雨，朝朝暮暮，阳台之下。”

肌　　肤

妇人妩媚多端，毕竟以色为主。《诗》不云乎“素以为绚兮”[①]？素者，白也。妇人本质，惟白最难。常有眉目口齿般般入画，而缺陷独在肌肤者。岂造物生人之巧，反不同于染匠，未施漂练之力，而遽加文采之工乎？曰：非然。白难而色易也。曷言乎难？是物之生，皆视根本，根本何色，枝叶亦作何色。人之根本维何？精也，血也。精色带白，血则红而紫矣。多受父精而成胎者，其人之生也必白。父精母血交聚成胎，或血多而精少者，其人之生也必在黑白之间。若其血色浅红，结而为胎，虽在黑白之间，及其生也，豢以美食，处以曲房，犹可日趋于淡，以脚地未尽缁也。有幼时不白，长而始白者，此类是也。至其血色深紫，结而成胎，则其根本已缁，全无脚地可漂，及其生也，即服以水晶云母，居以玉殿琼楼，亦难望其变深为浅，但能守旧不迁，不致愈老愈黑，亦云幸矣。有富贵之家，生而不白，至长至老亦若是者，此类是也。知此，则知选材之法，当如染匠之受衣。有以白衣使漂者，受之，易为力也；有白衣稍垢而使漂者，亦受之，虽难为力，其力犹可施也；若以既染深色之衣，使之剥去他色，漂而为白，则虽什佰其工价，必辞之不受。以人力虽巧，难拗天工，不能强既有者而使之无也。妇人之白者易相，黑者亦易相，惟在黑白之间者，相之不易。有三法焉：面黑于身者易白，身黑于面者难白；肌肤之黑而嫩者易白，黑而粗者难白；皮肉之黑而宽者易白，黑而紧且实者难白。面黑于身者，以面在外而身在内，在外则有风吹日晒，其渐白也为难；身在衣中，较面稍白，则其由深而浅，业有明征，使面亦同身，蔽之有物，其验亦若是矣，故易白。身黑于面者反此，故不易白。肌肤之细而嫩者，如绫罗纱绢，其体光滑，故受色易，退色亦易，稍受风吹，略经日照，则深者浅而浓者淡矣。粗则如布如毯，其受色之难，十倍于绫罗纱绢，至欲退之，其工又不止十倍，肌肤之理亦若是也，故知嫩者易白，而粗者难白。皮肉之黑而宽者，犹细缎之未经熨，靴与履之未经楦者[2]，因其皱而未直，故浅者似深，淡者似浓，一经熨楦之后，则纹理陡变，非复曩时色相矣。肌肤之宽者，以其血肉未足,犹待长养,亦犹待楦之靴履,未经烫熨之绫罗纱绢,此际若此,则其血肉充满之后必不若此,故知宽者易白,紧而实者难白。相肌之法,备乎此矣。若是,则白者、嫩者、宽者为人争取,其黑而粗、紧而实者遂成弃物乎?曰:不然。薄命尽出红颜,厚福偏归陋质,此等非他,皆素封伉俪之材[③],诰命夫人之料也。

① 素以为绚兮:语出《论语・八佾》:"子夏问曰'巧笑倩兮,美目盼兮,素以为绚兮,何谓也?'"其中前二句出自《诗・卫风・硕人》,而"素以为绚兮"今传《诗经》中无。素,指白色质地。绚,指美丽色彩。

② 楦:楦头,塞在鞋膛中的木制模型,此用作动词。

③ 素封:指无官爵封邑而同封君一样富有。《史记・货殖列传》:"无秩禄之奉,爵邑之入,而乐与之比者,命曰素封。"

眉　眼

面为一身之主,目又为一面之主。相人必先相面,人尽知之,相面必先相目,人亦尽知,而未必尽穷其秘。吾谓相人之法,必先相心,心得而后观其形体。形体维何?眉发口齿,耳鼻手足之类是也。心在腹中,何由得见?曰:有目在,无忧也。察心之邪正,莫妙于观眸子。子舆氏笔之于书[①],业开风鉴之祖[②]。予无事赘陈其说,但言情性之刚柔,心思之愚慧。四者非他,即异日司花执爨之分途,而狮吼堂与温柔乡接壤之地也。目细而长者,秉性必柔;目粗而大者,居心必悍;目善动而黑白分明者，必多聪慧；目常定而白多黑少，或白少黑多者，必近愚蒙。然初相之时，善转者亦未能遽转，不定者亦有时而定。何以试之？曰：有法在，无忧也。其法维何？一曰以静待动，一曰以卑瞩高。目随身转，未有动荡其身，而能胶柱其目者；使之乍往乍来，多行数武[③]，而我回环其目以视之，则秋波不转而自转，此一法也。妇人避羞，目必下视，我若居高临卑，彼下而又下，永无见目之时矣。必当处之高位，或立台坡之上，或居楼阁之前，而我故降其躯以瞩之，则彼下无可下，势必环转其睛以避我。虽云善动者动，不善动者亦动，而勉强自然之中，即有贵贱妍媸之别，此又一法也。至于耳之大小，鼻之高卑，眉发之淡浓，唇齿之红白，无目者犹能按之以手，岂有识者不能鉴之以形？无俟哓哓，徒滋繁渎。

眉之秀与不秀，亦复关系情性，当与眼目同视。然眉眼二物，其势往往相因。眼细者眉必长，眉粗者眼必巨，此大较也，然亦有不尽相合者。如长短粗细之间，未能一一尽善，则当取长恕短，要当视其可施人力与否。张京兆工于画眉[④]，则其夫人之双黛，必非浓淡得宜，无可润泽者。短者可长，则妙在用增；粗者可细，则妙在用减。但有必不可少之一字，而人多忽视之者，其名曰“曲”。必有天然之曲，而后人力可施其巧。“眉若远山”，“眉如新月”，皆言曲之至也。即不能酷肖远山，尽如新月，亦须稍带月形，略存山意；或弯其上而不弯其下，或细其外而不细其中，皆可自施人力。最忌平空一抹，有如太白经天[⑤]；又忌两笔斜冲，俨然倒书八字。变远山为近瀑，反新月为长虹，虽有善画之张郎，亦将畏难而却走。非选姿者居心太刻，以其为温柔乡择人，非为娘子军择将也。

① 子舆氏:孟轲,字子舆,战国时邹(今山东邹县)人。 笔之于书:指《孟子·离娄上》所谓“存乎人者,莫良于眸子。眸子不能掩其恶。胸中正,则眸子瞭焉;胸中不正,则眸子眊焉。听其言也,观其眸子,人焉廋哉”。

② 风鉴:以风貌鉴人,后指相术。即根据人的五官外形来推测祸福吉凶等。

③ 武:古代以六尺为步,半步为武。

④ “张京兆”句:注见《尤侗序》。

⑤ 太白:星名,即金星,又名启明星。

手　　足

相女子者,有简便诀云:“上看头,下看脚。”似二语可概通身矣。予怪其最要一着,全未提起。两手十指,为一生巧拙之关,百岁荣枯所系,相女者首重在此,何以略而去之?且无论手嫩者必聪,指尖者多慧,臂丰而腕厚者,必享珠围翠绕之荣;即以现在所需而论之,手以挥弦,使其指节累累,几类弯弓之决拾;手以品箫,如其臂形攘攘,几同伐竹之斧斤;抱枕携衾,观之兴索,捧卮进酒,受者眉攒,亦大失开门见山之初着矣。故相手一节,为观人要着,寻花问柳者,不可不知。然此道亦难言之矣。选人选足,每多窄窄金莲;观手观人,绝少纤纤玉指。是最易者足,而最难者手,十百之中,不能一二觏也。须知立法不可不严,至于行法,则不容不恕。但于或嫩或柔或尖或细之中,取其一得,即可宽恕其他矣。至于选足一事,如但求窄小,则可一目了然。倘欲由粗以及精,尽美而思善,使脚小而不受脚小之累，兼收脚小之用，则又比手更难，皆不可求而可遇者也。其累维何？因脚小而难行，动必扶墙靠壁，此累之在已者也；因脚小而致秽，令人掩鼻攒眉，此累之在人者也。其用维何？瘦欲无形，越看越生怜惜，此用之在日者也；柔若无骨，愈亲愈耐抚摩，此用之在夜者也。昔有人谓予曰："宜兴周相国[①]，以千金购一丽人，名为'抱小姐'，因其脚小之至，寸步难移，每行必须人抱，是以得名。"予曰："果若是，则一泥塑美人而已矣，数钱可买，奚事千金？"造物生人以足，欲其行也。昔形容女子娉婷者，非曰"步步生金莲"，即曰"行行如玉立"，皆谓其脚小能行，又复行而入画，是以可珍可宝，如其小而不行，则与刖足者何异？此小脚之累之不可有也。予遍游四方，见足之最小而无累，与最小而得用者，莫过于秦之兰州，晋之大同。兰州女子之足，大者三寸，小者犹不及焉，又能步履如飞，男子有时追之不及，然去其凌波小袜而抚摩之，犹觉刚柔相半；即有柔若无骨者，然偶见则易，频遇为难。至大同名妓，则强半皆若是也。与之同榻者，抚及金莲，令人不忍释手，觉倚翠偎红之乐，未有过于此者。向在都门，以此语人，人多不信。一日席间拥二妓，一晋一燕，皆无丽色，而足则甚小。予请不信者即而验之，果觉晋胜于燕，大有刚柔之别。座客无不翻然，而罚不信者以金谷酒数[②]。此言小脚之用之不可无也。噫，岂其娶妻必齐之姜[③]？就地取材，但不失立言之大意而已矣。

验足之法无他，只在多行几步，观其难行易动，察其勉强自然，则思过半矣。直则易动，曲即难行；正则自然，歪即勉强。直而正者，非止美观便走，亦少秽气。大约秽气之生，皆强勉造作之所致也。

① 宜兴周相国:指周延儒(1593—1644),常州宜兴人,字玉绳。明万历年间进士,崇祯三年(1630)为首辅,六年罢相,十四年再任首辅。十六年清兵入关,他自出督师,避敌不战,被勒令自杀。

② 金谷酒数:晋石崇《金谷诗序》言其有别墅在河南洛阳金谷涧中,常与友人宴集作诗,诗不成,罚酒三杯。

③ 齐之姜:春秋时齐国长女孟姜,以貌美为《诗》所称。

态 度

古云:“尤物足以移人。”尤物维何?媚态是已。世人不知,以为美色。乌知颜色虽美,是一物也,乌足移人?加之以态,则物而尤矣。如云美色即是尤物,即可移人,则今时绢做之美女,画上之娇娥,其颜色较之生人,岂止十倍,何以不见移人,而使之害相思成郁病耶?是知“媚态”二字,必不可少。媚态之在人身,犹火之有焰,灯之有光,珠贝金银之有宝色,是无形之物,非有形之物也。惟其是物而非物,无形似有形,是以名为“尤物”。尤物者,怪物也,不可解说之事也。凡女子,一见即令人思,思而不能自已,遂至舍命以图,与生为难者,皆怪物也,皆不可解说之事也。吾于“态”之一字,服天地生人之巧,鬼神体物之工。使以我作天地鬼神,形体吾能赋之,知识我能予之,至于是物而非物,无形似有形之态度,我实不能变之化之,使其自无而有,复自有而无也。态之为物,不特能使美者愈美,艳者愈艳,且能使老者少而媸者妍,无情之事变为有情,使人暗受笼络而不觉者。女子一有媚态,三四分姿色,便可抵过六七分。试以六七分姿色而无媚态之妇人,与三四分姿色而有媚态之妇人同立一处,则人止爱三四分而不爱六七分,是态度之于颜色,犹不止一倍当两倍也。试以二三分姿色而无媚态之妇人,与全无姿色而止有媚态之妇人同立一处,或与人各交数言,则人止为媚态所惑,而不为美色所惑。是态度之于颜色,犹不止于以少敌多,且能以无而敌有也。今之女子,每有状貌姿容一无可取,而能令人思之不倦,甚至舍命相从者,皆"态"之一字之为祟也。是知选貌选姿,总不如选态一着之为要。态自天生,非可强造。强造之态,不能饰美,止能愈增其陋。同一颦也,出于西施则可爱,出于东施则可憎者,天生、强造之别也。相面、相肌、相眉、相眼之法,皆可言传,独相态一事,则予心能知之,口实不能言之。口之所能言者,物也,非尤物也。噫!能使人知,而能使人欲言不得,其为物也何如!其为事也何如!岂非天地之间一大怪物,而从古及今,一件解说不来之事乎?

诘予者曰:既为态度立言,又不指人以法,终觉首鼠,盍亦舍精言粗,略示相女者以意乎?予曰:不得已而为言,止有直书所见,聊为榜样而已。向在维扬①,代一贵人相妾。靓妆而至者不一其人,始皆俯首而立,及命之抬头,一人不作羞容而竟抬;一人娇羞腼腆,强之数四而后抬;一人初不即抬,及强而后可,先以眼光一瞬,似于看人而实非看人,瞬毕复定而后抬,俟人看毕,复以眼光一瞬而后俯,此即"态"也。记曩时春游遇雨,避一亭中,见无数女子,妍媸不一,皆踉跄而至。中一缟衣贫妇,年三十许,人皆趋入亭中,彼独徘徊檐下,以中无隙地故也;人皆抖擞衣衫,虑其太湿,彼独听其自然,以檐下雨侵,抖之无益,徒现丑态故也。及雨将止而告行,彼独迟疑稍后,去不数武而雨复作，乃趋入亭。彼则先立亭中，以逆料必转，先踞胜地故也。然臆虽偶中，绝无骄人之色。见后入者反立檐下，衣衫之湿，数倍于前，而此妇代为振衣，姿态百出，竟若天集众丑，以形一人之媚者。自观者视之，其初之不动，似以郑重而养态；其后之故动，似以徜徉而生态。然彼岂能必天复雨，先储其才以俟用乎？其养也，出之无心；其生也，亦非有意，皆天机之自起自伏耳。当其养态之时，先有一种娇羞无那之致现于身外，令人生爱生怜，不俟娉婷大露而后觉也。斯二者，皆妇人媚态之一斑，举之以见大较。噫！以年三十许之贫妇，止为姿态稍异，遂使二八佳人与曳珠顶翠者，皆出其下，然则态之为用，岂浅鲜哉！

人问：圣贤神化之事，皆可造诣而成，岂妇人媚态独不可学而至乎？予曰：学则可学，教则不能。人又问：既不能教，胡云可学？予曰：使无态之人与有态者同居，朝夕薰陶，或能为其所化；如蓬生麻中，不扶自直[2]，鹰变成鸠，形为气感，是则可矣。若欲耳提而面命之，则一部“廿一史”[3]，当从何处说起？还怕愈说愈增其木强，奈何！

① 维扬：旧扬州及扬州府别称。《书·禹贡》：“淮扬惟扬州。”

② 蓬生麻中，不扶自直：语出《荀子·劝学》，喻人受环境的影响。

③ 廿一史：在中国古代正史中，《史记》、《汉书》、《后汉书》、《三国志》、《晋书》、《宋书》、《南齐书》、《梁书》、《陈书》、《魏书》、《北齐书》、《周书》、《隋书》、《南史》、《北史》、《新唐书》、《新五代史》、《宋史》、《辽史》、《金史》、《元史》合称二十一史。

修容第二

妇人惟仙姿国色，无俟修容；稍去天工者，即不能免于人力矣。然予所谓“修饰”二字，无论妍媸美恶，均不可少。俗云：“三分人材，七分妆饰。”此为中人以下者言之也。然则有七分人材者，可少三分妆饰乎？即有十分人材者，岂一分妆饰皆可不用乎？曰：不能也。若是，则修容之道不可不急讲矣。今世之讲修容者，非止穷工极巧，几能变鬼为神，我即欲勉竭心神，创为新说，其如人心至巧，我法难工，非但小巫见大巫，且如小巫之徒，往教大巫之师，其不遭喷饭而唾面者鲜矣。然一时风气所趋，往往失之过当。非始初立法之不佳，一人求胜于一人，一日务新于一日，趋而过之，致失其真之弊也。“楚王好细腰，宫中皆饿死；楚王好高髻，宫中皆一尺；楚王好大袖，宫中皆全帛①。”细腰非不可爱，高髻大袖非不美观，然至饿死，则人而鬼矣。髻至一尺，袖至全帛，非但不美观，直与魑魅魍魉无别矣②。此非好细腰、好高髻大袖者之过，乃自为饿死，自为一尺，自为全帛者之过也。亦非自为饿死，自为一尺，自为全帛者之过，无一人痛惩其失，著为章程，谓止当如此，不可太过，不可不及，使有遵守者之过也。吾观今日之修容，大类楚宫之末俗。著为章程，非草野得为之事。但不经人提破，使知不可爱而可憎，听其日趋日甚，则在生而为魑魅魍魉者，已去死人不远，矧腰成一缕，有饿而必死之势哉！予为修容立说，实具此段婆心③。凡为西子者，自当曲体人情，万毋遽发娇嗔，罪其唐突。

① "楚王好细腰"六句：《后汉书·马廖传》："楚王好细腰，宫中多饿死。""城中好高髻，四方高一尺；城中好广眉，四方且半额；城中好大袖，四方全匹帛。"

② 魑魅魍魉：妖魔鬼怪。魑魅，亦作"螭魅"，传说中山泽的鬼怪。魍魉，亦作"罔两"，传说中的精怪名。

③ 婆心：形容慈爱的心肠。语出《景德传灯录·临济义玄禅师》："黄蘗问云：'汝回太速生。'师云：'只为老婆心切。'"

盥　栉

盥面之法，无他奇巧，止是濯垢务尽。面上亦无他垢，所谓垢者，油而已矣。油有二种，有自生之油，有沾上之油。自生之油，从毛孔沁出，肥人多而瘦人少，似汗非汗者是也。沾上之油，从下而上者少，从上而下者多，以发与膏沐势不相离，发面交接之地，势难保其不侵。况以手按发，按毕之后，自上而下亦难保其不相挨擦，挨擦所至之处，即生油发亮之处也。生油发亮，于面似无大损，殊不知一日之美恶系焉，面之不白不匀，即从此始。从来上粉着色之地，最怕有油，有即不能上色。倘于浴面初毕，未经搽粉之时，但有指大一痕为油手所污，迨加粉搽面之后，则满面皆白而此处独黑，又且黑而有光，此受病之在先者也。既经搽粉之后，而为油手所污，其黑而光也亦然，以粉上加油，但见油而不见粉也，此受病之在后者也。此二者之为患，虽似大而实小，以受病之处止在一隅，不及满面，闺人尽有知之者。尚有全体受伤之患，从古佳人暗受其害而不知者，予请攻而出之。从来拭面之巾帕，多不止于拭面，擦臂抹胸，随其所至；有腻即有油，则巾帕之不洁也久矣。即有好洁之人，止以拭面，不及其他，然能保其上不及发，将至额角而遂止乎？一沾膏沐，即非无油少腻之物矣。以此拭面，非拭面也，犹打磨细物之人，故以油布擦光，使其不沾他物也。他物不沾，粉独沾乎？凡有面不受妆，越匀越黑。同一粉也，一人搽之而白，一个搽之而不白者，职是故也。以拭面之巾有异同，非搽面之粉有善恶也。故善匀面者，必须先洁其巾。拭面之巾，止供拭面之用，又须用过即浣，勿使稍带油痕，此务本穷源之法也。

善栉不如善篦，篦者，栉之兄也。发内无尘，始得丝丝现相，不则一片如毡，求其界限而不得，是帽也，非髻也；是退光黑漆之器，非乌云蟠绕之头也。故善蓄姬妾者，当以百钱买梳，千钱购篦。篦精则发精，稍俭其值，则发损头痛，篦不数下而止矣。篦之极净，使便用梳①；而梳之为物，则越旧越精。“人惟求旧，物惟求新。”古语虽然，非为论梳而设。求其旧而不得，则富者用牙，贫者用角。新木之梳，即搜根剔齿者，非油浸十日，不可用也。

古人呼髻为“蟠龙”。蟠龙者，髻之本体，非由妆饰而成。随手绾成，皆作蟠龙之势。可见古人之妆，全用自然，毫无造作。然龙乃善变之物，发无一定之形，使其相传至今，物而不化，则龙非蟠龙，乃死龙矣；发非佳人之发，乃死人之发矣。无怪今人善变，变之诚是也。但其变之之形，只顾趋新，不求合理；只求变相，不顾失真。凡以彼物肖此物，必取其当然者肖之，必取其应有者肖之，又必取其形色相类者肖之；未有凭空捏造，任意为之而不顾者。古人呼发为“乌云”，呼髻为“蟠龙”者，以二物生于天上，宜乎在顶。发之缭绕似云，发之蟠曲似龙，而云之色有乌云，龙之色有乌龙。是色也，相也，情也，理也，事事相合，是以得名，非凭捏造，任意为之而不顾者也。窃怪今之所谓“牡丹头”、“荷花头”、“钵盂头”，种种新式，非不穷新极异，令人改观，然于当然应有、形色相类之义，则一无取焉。人之一身，手可生花，江淹之彩笔是也[②]；舌可生花，如来之广长是也[③]；头则未见其生花，生之自今日始。此言不当然而然也。发上虽有簪花之义，未有以头为花，而身为蒂者；钵盂乃盛饭之器，未有倒贮活人之首，而作覆盆之象者。此皆事所未闻，闻之自今日始。此言不应有而有也。群花之色，万紫千红，独不见其有黑。设立一妇人于此[④]，有人呼之为“黑牡丹”、“黑莲花”、“黑钵盂”者，此妇必艴然而怒，怒而继之以骂矣。以不喜呼名之怪物，居然自肖其形，岂非绝不可解之事乎？吾谓美人所梳之髻，不妨日异月新，但须筹为理之所有。理之所有者，其象多端，然总莫妙于云龙二物。仍用其名而变更其实，则古制新裁，并行而不悖矣。勿谓止此二物，变来有限，须知普天下之物，取其千态万状，越变而越不穷者，无有过此二物者矣。龙虽善变，犹不过飞龙、游龙、伏龙、潜龙、戏珠龙、出海龙之数种。至于云之为物，顷刻数迁其位，须臾屡易其形，“千变万化”四字，犹为有定之称，其实云之变相，“千万”二字，犹不足以限量之也。若得聪明女子，日日仰观天象，既肖云而为髻，复肖髻而为云，即一日一更其式，犹不能尽其巧幻，毕其离奇，矧未必朝朝变相乎？若谓天高云远，视不分明，难于取法，则令画工绘出巧云数朵，以纸剪式，衬于发下，俟栉沐既成，而后去之，此简便易行之法也。云上尽可着色，或簪以时花，或饰以珠翠，幻作云端五彩，视之光怪陆离。但须位置得宜，使与云体相合，若其中应有此物者，勿露时花珠翠之本形，则尽善矣。肖龙之法：如欲作飞龙、游龙，则先以己发梳一光头于下，后以假髲制作龙形，盘旋缭绕，覆于其上。务使离发少许，勿使相粘相贴，始不失飞龙、游龙之义；相粘相贴，则是潜龙、伏龙矣。悬空之法，不过用铁线一二条，衬于不见之处，其龙爪之向下者，以发作线，缝于光发之上，则不动矣。戏珠龙法，以髲作小龙二条，缀于两旁，尾向后而首向前，前缀大珠一颗，近于龙嘴，名为“二龙戏珠”。出海龙亦照前式，但以假髲作波浪纹，缀于龙身空隙之处，皆易为之。是数法者，皆以云龙二物分体为之，是云自云而龙自龙也。予又谓云龙二物，势不宜分。“云从龙，风从虎”⑤，《周易》业有成言，是当合而用之。同用一髲，同作一假，何不幻作云龙二物，使龙勿露全身，云亦勿作全朵，忽而见龙，忽而见云，令人无可测识。是美人之头，尽有盘旋飞舞之势，朝为行云，暮为行雨，不几两擅其绝，而为阳台神女之现身哉？噫，笠翁于此搜尽枯肠，为此髻者，不可不加尸祝⑥。天年以后，倘得为神，则将往来绣阁之中，验其所制，果有裨于花容月貌否也。

① 使：翼本、珍本作“始”。

② 江淹：字文通，南朝文学家。少孤贫好学，早年即以文章著名。相传曾梦见神人授与五色彩笔，梦醒后，笔下生花，文采斐然。

③　如来之广长:《法华经》称如来佛“现大神力,出广长舌,上至梵世”,后喻人能言善辩。

④　一:原作“之”,据翼本、珍本改。

⑤　云从龙,风从虎:语出《周易·乾·文言》,谓同类事物互相感应。

⑥　尸祝:古代祭祀时任尸和祝的人。代表死者受祭的活人称“尸”,祭礼时祝祷、司告鬼神的人称“祝”。此用引申义。

薰　　陶

名花美女,气味相同,有国色者,必有天香。天香结自胞胎,非由薰染。佳人身上实实有此一种,非饰美之词也。此种香气,亦有姿貌不甚姣艳,而能偶擅其奇者。总之,一有此种,即是夭折摧残之兆,红颜薄命未有捷于此者。有国色而有天香,与无国色而有天香,皆是千中遇一;其余则薰染之力,不可少也。其力维何?富贵之家,则需花露。花露者,摘取花瓣入甑,酝酿而成者也。蔷薇最上,群花次之。然用不须多,每于盥浴之后,挹取数匙入掌,拭体拍面而匀之。此香此味,妙在似花非花,是露非露,有其芬芳,而无其气息,是以为佳,不似他种香气,或速或沉,是兰是桂,一嗅即知者也。其次则用香皂浴身,香茶沁口[①],皆是闺中应有之事。皂之为物,亦有一种神奇,人身偶染秽物,或偶沾秽气,用此一擦,则去尽无遗。由此推之,即以百和奇香拌入此中,未有不与垢秽并除,混入水中而不见者矣;乃独去秽而存香,似有攻邪不攻正之别。皂之佳者，一浴之后，香气经日不散，岂非天造地设，以供修容饰体之用者乎？香皂以江南六合县出者为第一[②]，但价值稍昂，又恐远不能致，多则浴体，少则止以浴面，亦权宜丰俭之策也。至于香茶沁口，费亦不多，世人但知其贵，不知每日所需，不过指大一片，重止毫厘。裂成数块，每于饭后及临睡时，以少许润舌，则满吻皆香；多则味苦，而反成药气矣。凡此所言，皆人所共知，予特申明其说，以见美人之香，不可使之或无耳。别有一种，为值更廉，世人食而但甘其味，嗅而不辨其香者，请揭出言之：果中荔子，虽出人间，实与交梨、火枣无别[③]，其色国色，其香天香，乃果中尤物也。予游闽粤，幸得饱啖而归，庶不虚生此口，但恨造物有私，不令四方皆出。陈不如鲜，夫人而知之矣；殊不知荔之陈者，香气未尝尽没，乃与橄榄同功，其好处却在回味时耳。佳人就寝，止啖一枚，则口脂之香，可以竟夕，多则甜而腻矣。须择道地者用之，枫亭是其选也[④]。人问：沁口之香，为美人设乎？为伴美人者设乎？予曰：伴者居多。若论美人，则五官四体皆为人设，奚止口内之香。

① 香茶：一种用中药和香料混合制成的茶叶。含于口中可消除异味，沁人心脾，提神醒脑。

② 六合县：在今江苏省境内。

③ 交梨、火枣：道教称神仙所食的两种果品。南朝梁陶弘景《真诰》二：“玉醴金浆、交梨火枣，此则腾飞之药，不比于金丹也。”

④ 枫亭：地名。在福建莆田、仙游间。

点　　染

"却嫌脂粉污颜色，淡扫蛾眉朝至尊[①]。"此唐人妙句也。今世讳言脂粉，动称污人之物，有满面是粉而云粉不上面，遍唇皆脂而曰脂不沾唇者，皆信唐诗太过，而欲以虢国夫人自居者也[②]。噫，脂粉焉能污人？人自污耳。人谓脂粉二物，原为中材而设，美色可以不需。予曰：不然。惟美色可施脂粉，其余似可不设。何也？二物颇带世情，大有趋炎附热之态，美者用之愈增其美，陋者加之更益其陋。使以绝代佳人而微施粉泽，略染腥红，有不增娇益媚者乎？使以嫫颜陋妇而丹铅其面[③]，粉藻其姿，有不惊人骇众者乎？询其所以然之故，则以白者可使再白，黑者难使遽白；黑上加之以白，是欲故显其黑，而以白物相形之也。试以一墨一粉，先分二处，后合一处而观之，其分处之时，黑自黑而白自白，虽云各别其性，未甚相仇也；迨其合处，遂觉黑不自安而白欲求去。相形相碍，难以一朝居者，以天下之物，相类者可使同居，即不相类而相似者，亦可使之同居；至于非但不相类、不相似，而且相反之物，则断断勿使同居，同居必为难矣。此言粉之不可混施也。脂则不然，面白者可用，面黑者亦可用。但脂粉二物，其势相依，面上有粉而唇上涂脂，则其色灿然可爱，倘面无粉泽而止丹唇，非但红色不显，且能使面上之黑色变而为紫，以紫之为色，非系天生，乃红黑二色，合而成之者也。黑一见红，若逢故物，不求合而自合，精光相射，不觉紫气东来，使乘老子青牛[④]，竟有五色灿然之瑞矣。若是，则脂粉二物，竟与若辈无缘，终身可不用矣；何以世间女子人人不舍，刻刻相需，而人亦未尝以脂粉多施，摈而不纳者？曰：不然。予所论者，乃面色最黑之人，所谓不相类、不相似，而且相反者也。若介在黑白之间，则相类而相似矣，既相类而相似，有何不可同居？但须施之有法，使浓淡得宜，则二物争效其灵矣。从来傅粉之面，止耐远观，难于近视，以其不能匀也。画士着色，用胶始匀，无胶则研杀不合。人面非同纸绢，万无用胶之理，此其所以不匀也。有法焉：请以一次分为二次，自淡而浓，由薄而厚，则可保无是患矣。请以他事喻之。砖匠以石灰粉壁，必先上粗灰一次，后上细灰一次；先上不到之处，后上者补之；后上偶遗之处，又有先上者衬之，是以厚薄相均，泯然无迹。使以二次所上之灰，并为一次，则非但拙匠难匀，巧者亦不能遍及矣。粉壁且然，况粉面乎？今以一次所傅之粉，分为二次傅之，先傅一次，俟其稍干，然后再傅第二次，则浓者淡而淡者浓，虽出无心，自能巧合，远观近视，无不宜矣。此法不但能匀，且能变换肌肤，使黑者渐白。何也？染匠之于布帛，无不由浅而深，其在深浅之间者，则非浅非深，另有一色，即如文字之有过文也。如欲染紫，必先使白变红，再使红变为紫；红即白紫之过文，未有由白竟紫者也。如欲染青，必使白变为蓝，再使蓝变为青；蓝即白青之过文，未有由白竟青者也。如妇人面容稍黑，欲使竟变为白，其势实难。今以薄粉先匀一次，是其面上之色，已在黑白之间，非若曩时之纯黑矣；再上一次，是使淡白变为深白，非使纯黑变为全白也，难易之势，不大相径庭哉？由此推之，则二次可广为三，深黑可同于浅，人间世上，无不可用粉匀面之妇人矣。此理不待验而始明，凡读是编者，批阅至此，即知湖上笠翁原非蠢物，不止为风雅功臣，亦可谓红裙知己。初论面容黑白，未免立说过严。非过严也，使知受病实深，而后知德医人果有起死回生之力也。舍此更有二说，皆浅乎此者，然亦不可不知：匀面必须匀项，否则前白后黑，有如戏场之鬼脸；匀面必记掠眉，否则霜花覆眼，几类春生之社婆[⑤]。至于点唇之法，又与匀面相反，一点即成，始类樱桃之体；若陆续增添，二三其手，即有长短宽窄之痕，是为成串樱桃，非一粒也。

① “却嫌”二句：出自唐代诗人张祜《集灵台二首》之一。

② 虢国夫人：唐玄宗贵妃杨玉环之姐，行三。原嫁裴氏，后得玄宗宠幸，天宝七年封虢国夫人。常自炫美艳，不施脂粉以见玄宗。安史之乱中随玄宗西逃，至马嵬，贵妃缢死。虢国夫人逃至陈仓自杀。

③ 丹铅：此指女子所用化妆品。丹，朱红色，指胭脂。铅，黑色，用来描眉。

④ “不觉”二句：典出汉刘向《列仙传》：“老子西游，关令尹喜望见有紫气浮关，而老子果乘青牛而过也。”

⑤ 春生：指春社，古时称春秋两季祭祀土地神的日子为社日。社婆：指在春社祭祀土地神活动中妆成眉发皆白的土地婆。

治服第三

古云：“三世长者知被服，五世长者知饮食。”俗云：“三代为宦,着衣吃饭。”古语今词,不谋而合,可见衣食二事之难也。饮食载于他卷,兹不具论,请言被服一事。寒贱之家,自羞褴褛,动以无钱置服为词,谓一朝发迹,男可翩翩裘马,妇则楚楚衣裳。孰知衣衫之附于人身,亦犹人身之附于其地。人与地习,久始相安,以极奢极美之服,而骤加俭朴之躯,则衣衫亦类生人,常有不服水土之患。宽者似窄,短者疑长,手欲出而袖使之藏,项宜伸而领为之曲,物不随人指使,遂如桎梏其身,“沐猴而冠”为人指笑者[1]。非沐猴不可着冠,以其着之不惯,头与冠不相称也。此犹粗浅之论,未及精微。“衣以章身”,请晰其解。章者,著也,非文采彰明之谓也。身非形体之身,乃智愚贤不肖之实备于躬,犹“富润屋,德润身”之身也[2]。同一衣也,富者服之章其富,贫者服之益章其贫;贵者服之章其贵,贱者服之益章其贱。有德有行之贤者,与无品无才之不肖者,其为章身也亦然。设有一大富长者于此,衣百结之衣[3],履踵决之履[4],一种丰腴气象,自能跃出衣履之外,不问而知为长者。是敝服垢衣,亦能章人之富,况罗绮而文绣者乎?丐夫菜佣窃得美服而被焉,往往因之得祸,以服能章贫,不必定为短褐,有时亦在长裾耳。“富润屋,德润身”之解,亦复如是。富人所处之屋,不必尽为画栋雕梁;即居茅舍数椽,而过其门、入其室者,常见荜门圭窦之间[5],自有一种旺气,所谓“润”也。公卿将相之后,子孙式微,所居门第未尝稍改,而经其地者,觉有冷气侵入,此家门枯槁之过,润之无其人也。从来读《大学》者[6],未得其解,释以雕镂粉藻之义。果如其言,则富人舍其旧居,另觅新居而加以雕镂粉藻;则有德之人亦将弃其旧身,另易新身而后谓之心广体胖乎[7]?甚矣!读书之难,而章句训诂之学非易事也。予尝以此论见之说部,今复叙入《闲情》。

噫！此等诠解，岂好闲情、作小说者所能道哉？偶寄云尔。

① 沐猴而冠：典出《史记·项羽本纪》："说者曰：'人言楚人沐猴而冠耳，果然。'项王闻之，烹说者。"原喻虚有仪表，此指衣冠与人不相称。沐猴，即猕猴。

② 富润屋，德润身：语出《礼记·大学》。

③ 百结之衣：用碎布结成或多补缀之衣。

④ 踵决之履：《庄子·让王》："抓襟而肘见，纳履而踵决。"踵决，露出脚跟。

⑤ 荜门圭窦：即筚门闺窦，亦作"荜门圭窬"。指穷人住所。《左传·襄公十年》："筚门闺窦之人，而皆陵其上。"筚门，柴门。闺窦通圭窦，门边小窗洞。

⑥ 《大学》：儒家经典之一，原为《礼记》中的篇名，后被析出单行，朱熹又将其与《论语》、《孟子》、《中庸》合称"四书"。

⑦ 心广体胖：语出《礼记·大学》。

首　饰

珠翠宝玉，妇人饰发之具也；然增娇益媚者以此，损娇掩媚者亦以此。所谓增娇益媚者，或是面容欠白，或是发色带黄，有此等奇珍异宝覆于其上，则光芒四射，能令肌发改观，与玉蕴于山而山灵，珠藏于泽而泽媚同一理也。若使肌白发黑之佳人满头翡翠，环鬓金珠，但见金而不见人，犹之花藏叶底，月在云中，是尽可出头露面之人，而故作藏头盖面之事。巨眼者见之，犹能略迹求真，谓其美丽当不止此，使去粉饰而全露天真，还不知如何妩媚；使遇皮相之流，止谈妆饰之离奇，不及姿容窈窕，是以人饰珠翠宝玉，非以珠翠宝玉饰人也。故女人一生，戴珠顶翠之事，止可一月，万勿多时。所谓一月者，自作新妇于归之日始[①]，至满月卸妆之日止。只此一月，亦是无可奈何。父母置办一场，翁姑婚娶一次，非此艳妆盛饰，不足以慰其心。过此以往，则当去桎梏而谢羁囚，终身不修苦行矣。一簪一珥，便可相伴一生。此二物者，则不可不求精善。富贵之家，无妨多设金玉犀贝之属，各存其制，屡变其形，或数日一更，或一日一更，皆未尝不可。贫贱之家，力不能办金玉者，宁用骨角，勿用铜锡。骨角耐观，制之佳者，与犀贝无异，铜锡非止不雅，且能损发。簪珥之外，所当饰鬓者，莫妙于时花数朵，较之珠翠宝玉，非止雅俗判然，且亦生死迥别。《清平调》之首句云[②]："名花倾国两相欢。"欢者，喜也，相欢者，彼既喜我，我亦喜彼之谓也。国色乃人中之花，名花乃花中之人，二物可称同调，正当晨夕与共者也。汉武云："若得阿娇，贮之金屋[③]。"吾谓金屋可以不设，药栏花榭则断断应有，不可或无。富贵之家如得丽人，则当遍访名花，植于阃内，使之旦夕相亲，珠围翠绕之荣不足道也。晨起簪花，听其自择，喜红则红，爱紫则紫，随心插戴，自然合宜，所谓两相欢也。寒素之家，如得美妇，屋旁稍有隙地，亦当种树栽花，以备点缀云鬟之用。他事可俭，此事独不可俭。妇人青春有几，男子遇色为难。尽有公侯将相、富室大家，或苦缘分之悭，或病中宫之妒，欲亲美色而毕世不能。我何人斯？而擅有此乐。不得一二事娱悦其心，不得一二物妆点其貌，是为暴殄天物，犹倾精米洁饭于粪壤之中也。即使赤贫之家，卓锥无地，欲艺时花而不能者，亦当乞诸名园，购之担上。即使日费几文钱，不过少饮一杯酒，既悦妇人之心，复娱男子之目，便宜不亦多乎？更有俭于此者，近日吴门所制象生花[④]，穷精极巧，与树头摘下者无异，纯用通草[⑤]，每朵不过数文，可备月余之用。绒绢所制者，价常倍之，反不若此物之精雅，又能肖真。而时人所好，偏在彼而不在此，岂物不论美恶，止论贵贱乎？噫！相士用人者，亦复如此，奚止于物。

吴门所制之花，花象生而叶不象生，户户皆然，殊不可解。若去其假叶而以真者缀之，则因叶真而花益真矣。亦是一法。

时花之色，白为上，黄次之，淡红次之，最忌大红，尤忌木红。玫瑰，花之最香者也，而色太艳，止宜压在髻下，暗受其香，勿使花形全露，全露则类村妆，以村妇非红不爱也。

花中之茉莉，舍插鬓之外，一无所用。可见天之生此，原为助妆而设，妆可少乎？珠兰亦然[⑥]。珠兰之妙，十倍茉莉，但不能处处皆有，是一恨事。

予前论髻，欲人革去"牡丹头"、"荷花头"、"钵盂头"等怪形，而以假髲作云龙等式。客有过之者，谓："吾侪立法，当使天下去赝存真，奈何教人为伪？"予曰："生今之世，行古之道，立言则善，谁其从之？不若因势利导，使之渐近自然。"妇人之首，不能无饰，自昔为然矣。与其饰以珠翠宝玉，不若饰之以髲。髲虽云假，原是妇人头上之物，以此为饰，可谓还其固有，又无穷奢极靡之滥费，与崇尚时花，鄙黜珠玉，同一理也。予岂不能为高世之论哉？虑其无裨人情耳。

簪之为色，宜浅不宜深，欲形其发之黑也。玉为上，犀之近黄者、蜜蜡之近白者次之，金银又次之，玛瑙琥珀皆所不取。簪头取象于物，如龙头、凤头、如意头、兰花头之类是也。但宜结实自然，不宜玲珑雕斫；宜与发相依附，不得昂首而作跳跃之形。盖簪头所以压发,服贴为佳,悬空则谬矣。

饰耳之环,愈小愈佳,或珠一粒,或金银一点,此家常佩戴之物,俗名“丁香”,肖其形也。若配盛妆艳服,不得不略大其形,但勿过丁香之一倍二倍。既当约小其形,复宜精雅其制,切忌为古时络索之样。时非元夕,何须耳上悬灯?若再饰以珠翠,则为福建之珠灯,丹阳之料丝灯矣。其为灯也犹可厌,况为耳上之环乎?

① 于归:旧时称女子出嫁为于归。《诗·周南·桃夭》:“之子于归,宜其室家。”

② 《清平调》:李白作,所引为其三:“名花倾国两相欢,长得君王带笑看。解释春风无限恨,沉香亭北倚阑干。”

③ “若得”二句:据《汉武故事》载,彻四岁封胶东王,长公主抱置膝上,问曰:“儿欲得妇不?”胶东王曰:“欲得妇。”长公主指其女问曰:“阿娇好不?”于是乃笑对曰:“好,若得阿娇作妇,当作金屋贮之也。”

④ 吴门:苏州的别称。

⑤ 通草:亦称“通脱木”。五加科,小乔木,产于我国西南部、南部及台湾省。

⑥ 珠兰:即金粟兰,又称珍珠兰。初夏开花,穗状花序,原产亚洲南部,我国广东、福建等地亦有栽培。

衣　　衫

妇人之衣,不贵精而贵洁,不贵丽而贵雅,不贵与家相称,而贵与貌相宜。绮罗文绣之服,被垢蒙尘,反不若布服之鲜美，所谓贵洁不贵精也。红紫深艳之色，违时失尚，反不若浅淡之合宜，所谓贵雅不贵丽也。贵人之妇，宜披文采，寒俭之家，当衣缟素，所谓与人相称也。然人有生成之面，面有相配之衣，衣有相配之色，皆一定而不可移者。今试取鲜衣一袭，令少妇数人先后服之，定有一二中看，一二不中看者，以其面色与衣色有相称、不相称之别，非衣有公私向背于其间也。使贵人之妇之面色，不宜文采而宜缟素，必欲去缟素而就文采，不几与面为仇乎？故曰不贵与家相称，而贵与面相宜。大约面色之最白最嫩，与体态之最轻盈者，斯无往而不宜。色之浅者显其淡，色之深者愈显其淡；衣之精者形其娇，衣之粗者愈形其娇。此等即非国色，亦去夷光、王嫱不远矣[①]，然当世有几人哉？稍近中材者，即当相体裁衣，不得混施色相矣。相体裁衣之法，变化多端，不应胶柱而论[②]，然不得已而强言其略，则在务从其近而已。面颜近白者，衣色可深可浅；其近黑者，则不宜浅而独宜深，浅则愈彰其黑矣。肌肤近腻者，衣服可精可粗；其近糙者，则不宜精而独宜粗，精则愈形其糙矣。然而贫贱之家，求为精与深而不能，富贵之家欲为粗与浅而不可，则奈何？曰：不难。布苎有精粗深浅之别，绮罗文采亦有精粗深浅之别，非谓布苎必粗而罗绮必精，锦绣必深而缟素必浅也。细与缎之体质不光、花纹突起者，即是精中之粗，深中之浅；布与苎之纱线紧密、漂染精工者，即是粗中之精，浅中之深。凡予所言，皆贵贱咸宜之事，既不详绣户而略衡门[③]，亦不私贫家而遗富室。盖美女未尝择地而生，佳人不能选夫而嫁，务使得是编者，人人有裨，则怜香惜玉之念，有同雨露之均施矣。

迩来衣服之好尚，其大胜古昔，可为一定不移之法者，又有大背情理，可为人心世道之忧者，请并言之。其大胜古昔，可为一定不移之法者，大家富室，衣色皆尚青是已。（青非青也，元也[4]。因避讳，故易之。）记予儿时所见，女子之少者，尚银红桃红，稍长者尚月白，未几而银红桃红皆变大红，月白变蓝，再变则大红变紫，蓝变石青。迨鼎革以后[5]，则石青与紫皆罕见，无论少长男妇，皆衣青矣，可谓“齐变至鲁，鲁变至道”[6]，变之至善而无可复加者矣。其递变至此也，并非有意而然，不过人情好胜，一家浓似一家，一日深于一日，不知不觉，遂趋到尽头处耳。然青之为色，其妙多端，不能悉数。但就妇人所宜者而论，面白者衣之，其面愈白，面黑者衣之，其面亦不觉其黑，此其宜于貌者也。年少者衣之，其年愈少，年老者衣之，其年亦不觉甚老，此其宜于岁者也。贫贱者衣之，是为贫贱之本等，富贵者衣之，又觉脱去繁华之习，但存雅素之风，亦未尝失其富贵之本来，此其宜于分者也。他色之衣，极不耐污，略沾茶酒之色，稍侵油腻之痕，非染不能复着，染之即成旧衣。此色不然，惟其极浓也，凡淡乎此者，皆受其侵而不觉；惟其极深也，凡浅乎此者，皆纳其污而不辞，此又其宜于体而适于用者也。贫家止此一衣，无他美服相衬，亦未尝尽现底里，以覆其外者色原不艳，即使中衣敝垢，未甚相形也；如用他色于外，则一缕欠精，即彰其丑矣。富贵之家，凡有锦衣绣裳，皆可服之于内，风飘袂起，五色灿然，使一衣胜似一衣，非止不掩中藏，且莫能穷其底蕴。“诗云‘衣锦尚䌹’，恶其文之著也[7]。”此独不然，止因外色最深，使里衣之文越著，有复古之美名，无泥古之实害。二八佳人，如欲华美其制，则青上洒线，青上堆花，较之他色更显。反复求之，衣色之妙，未有过于此者。后来即有所变，亦皆举一废百，不能事事咸宜，此予所谓大胜古昔，可为一定不移之法者也。至于大背情理，可为人心世道之忧者，则零拼碎补之服，俗名呼为“水田衣”者是已。衣之有缝，古人非好为之，不得已也。人有肥瘠长短之不同，不能象体而织，是必制为全帛，剪碎而后成之，即此一条两条之缝，亦是人身赘瘤，万万不能去之，故强存其迹。赞神仙之美者，必曰“天衣无缝”，明言人间世上，多此一物故也。而今且以一条两条，广为数十百条，非止不似天衣，且不使类人间世上，然而愈趋愈下，将肖何物而后已乎？推原其始，亦非有意为之，盖由缝衣之奸匠，明为裁剪，暗作穿窬，逐段窃取而藏之，无由出脱，创为此制，以售其奸。不料人情厌常喜怪，不惟不攻其弊，且群然则而效之。毁成片者为零星小块，全帛何罪，使受寸磔之刑？缝碎裂者为百衲僧衣，女子何辜，忽现出家之相？风俗好尚之迁移，常有关于气数，此制不昉于今，而昉于崇祯末年。予见而诧之，尝谓人曰：“衣衫无故易形，殆有若或使之者[8]，六合以内，得无有土崩瓦解之事乎？”未几而闯氛四起[9]，割裂中原，人谓予言不幸而中。方今圣人御世，万国来归，车书一统之朝[10]，此等制度，自应潜革。倘遇同心，谓刍荛之言[11]，不甚訾谬，交相劝谕，勿效前颦，则予为是言也，亦犹鸡鸣犬吠之声，不为无补于盛治耳。

云肩以护衣领，不使沾油，制之最善者也。但须与衣同色，近观则有，远视若无，斯为得体。即使难于一色，亦须不甚相悬。若衣色极深，而云肩极浅，或衣色极浅，而云肩极深，则是身首判然，虽曰相连，实同异处，此最不相宜之事也。予又谓云肩之色，不惟与衣相同，更须里外合一，如外色是青，则夹里之色亦当用青，外色是蓝，则夹里之色亦当用蓝。何也？此物在肩，不能时时服贴，稍遇风飘，则夹里向外，有如飓吹残叶,风卷败荷,美人之身不能不现历乱萧条之象矣。若使里外一色,则任其整齐颠倒,总无是患。然家常则已,出外见人,必须暗定以线,勿使与服相离,盖动而色纯,总不如不动之为愈也。

妇人之妆,随家丰俭,独有价廉功倍之二物,必不可无。一曰半臂[12],俗呼"背褡"者是也;一曰束腰之带,俗呼"鸾绦"者是也。妇人之体,宜窄不宜宽,一着背褡,则宽者窄,而窄者愈显其窄矣。妇人之腰,宜细不宜粗,一束以带,则粗者细,而细者倍觉其细矣。背褡宜着于外,人皆知之;鸾绦宜束于内,人多未谙。带藏衣内,则虽有若无,似腰肢本细,非有物缩之使细也。

裙制之精粗,惟视折纹之多寡。折多则行走自如,无缠身碍足之患,折少则往来局促,有拘挛桎梏之形;折多则湘纹易动,无风亦似飘飖,折少则胶柱难移,有态亦同木强。故衣服之料,他或可省,裙幅必不可省。古云:"裙拖八幅湘江水[13]。"幅既有八,则折纹之不少可知。予谓八幅之裙,宜于家常;人前美观,尚须十幅。盖裙幅之增,所费无几,况增其幅,必减其丝。惟细縠轻绡[14]可以八幅十幅,厚重则为滞物,与幅减而折少者同矣。即使稍增其值,亦与他费不同。妇人之异于男子,全在下体。男子生而愿为之有室,其所以为室者,只在几希之间耳。掩藏秘器,爱护家珍,全在罗裙几幅,可不丰其料而美其制,以贻采葑采菲者诮乎[15]?近日吴门所尚"百裥裙",可谓尽美。予谓此裙宜配盛服,又不宜于家常,惜物力也。较旧制稍增,较新制略减,人前十幅,家居八幅,则得丰俭之宜矣。吴门新式,又有所谓"月华裙"者,一裥之中,五色俱备,犹皎月之现光华也,予独怪而不取。人工物料,十倍常裙,暴殄天物,不待言矣，而又不甚美观。盖下体之服，宜淡不宜浓，宜纯不宜杂。予尝读旧诗，见“飘飏血色裙拖地”、“红裙妒杀石榴花”等句[16]，颇笑前人之笨。若果如是，则亦艳妆村妇而已矣，乌足动雅人韵士之心哉？惟近制“弹墨裙”，颇饶别致，然犹未获我心，嗣当别出新裁，以正同调。思而未制，不敢轻以误人也。

① 夷光：即西施，春秋时越国美女。 王嫱：字昭君，汉元帝宫人，后嫁匈奴单于。

② 胶柱：指拘泥而不知变通。柱用于弦乐器调节弦之张弛、声音高低，可转动，被胶粘住，音调便不能变换。语出《史记·廉颇蔺相如列传》。

③ 衡门：横木为门，指简陋的房屋。

④ 元：即“玄”。因避康熙讳(康熙名玄烨)而改。

⑤ 鼎革：取义于《易·杂卦》中鼎、革二卦名。鼎，取新；革，去故。旧多指改朝换代。

⑥ 齐变至鲁，鲁变至道：语出《论语·雍也》。此形容变化之大。

⑦ “诗云”二句：语出《中庸》。“衣锦尚䌹”本《诗经·卫风·硕人》，原作“衣锦褧衣”，“䌹”同“褧”，指用麻布制成的单罩衣。尚，加也。

⑧ 若：海若，海神名。《庄子·秋水》：“望洋向若而叹。”此隐指神明。

⑨ 闯：指李自成，明末农民起义领袖，号闯王。

⑩ 车书一统：《中庸》：“今天下，车同轨，书同文。”后以车书概指国家文物制度。

⑪ 刍荛之言：草野之人的言论，常用以自谦。刍荛，割草打柴，泛指草野鄙陋之民。

⑫ 半臂：即背心，亦书中所言之“背褡”。

⑬ “裙拖”句：出自李群玉《同郑相并歌姬小饮戏赠》：“裙拖六幅湘江水，鬓耸巫山一段云。”

⑭ 縠:绉纱一类的丝织品。 绡:生丝织成的薄绸或薄纱,质地稀疏。

⑮ 采葑采菲:语出《诗·邶风·谷风》。葑菲即蔓菁和萝卜,下体指根茎。二者根茎、叶都可食。但其根茎有美时,有恶时,原意指不能因为根有恶时而连叶子也丢了。此喻衣服简陋,无法遮掩身体。

⑯ "飘飏"二句:出自万楚《五日观妓》诗。

鞋　　袜

男子所着之履,俗名为鞋,女子亦名为鞋。男子饰足之衣,俗名为袜,女子独易其名曰"褶",其实褶即袜也。古云"凌波小袜[①]",其名最雅,不识后人何故易之?袜色尚白,尚浅红;鞋色尚深红,今复尚青,可谓制之尽美者矣。鞋用高底,使小者愈小,瘦者越瘦,可谓制之尽美又尽善者矣。然足之大者,往往以此藏拙,埋没作者一段初心,是止供丑妇效颦,非为佳人助力。近有矫其弊者,窄小金莲,皆用平底,使与伪造者有别。殊不知此制一设,则人人向高底乞灵,高底之为物也,遂成百世不祧之祀,有之则大者亦小,无之则小者亦大。尝有三寸无底之足,与四五寸有底之鞋同立一处,反觉四五寸之小,而三寸之大者,以有底则指尖向下,而秃者疑尖,无底则玉笋朝天[②],而尖者似秃故也。吾谓高底不宜尽去,只在减损其料而已。足之大者,利于厚而不利于薄,薄则本体现矣;利于大而不利于小,小则痛而不能行矣。我以极薄极小者形之,则似鹤立鸡群,不求异而自异。世岂有高底如钱,不扭捏而能行之大脚乎？

古人取义命名，纤毫不爽，如前所云，以“蟠龙”名髻，“乌云”为发之类是也。独于妇人之足，取义命名，皆与实事相反。何也？足者，形之最小者也；莲者，花之最大者也；而名妇人之足者，必曰“金莲”，名最小之足者，则曰“三寸金莲”。使妇人之足，果如莲瓣之为形，则其阔而大也，尚可言乎？极小极窄之莲瓣，岂止三寸而已乎？此“金莲”之义之不可解也。从来名妇人之鞋者，必曰“凤头”。世人顾名思义，遂以金银制凤，缀于鞋尖以实之。试思凤之为物，止能小于大鹏；方之众鸟，不几洋洋乎大观也哉？以之名鞋，虽曰赞美之词，实类讥讽之迹。如曰“凤头”二字，但肖其形，凤之头锐而身大，是以得名；然则众鸟之头，尽有锐于凤者，何故不以命名，而独有取于凤？且凤较他鸟，其首独昂，妇人趾尖，妙在低而能伏，使如凤凰之昂首，其形尚可观乎？此“凤头”之义之不可解者也。若是，则古人之命名取义，果何所见而云然？岂终不可解乎？曰：有说焉。妇人裹足之制，非由前古，盖后来添设之事也。其命名之初，妇人之足亦犹男子之足，使其果如莲瓣之稍尖，凤头之稍锐，亦可谓古之小脚。无其制而能约小其形，较之今人，殆有过焉者矣。吾谓“凤头”、“金莲”等字相传已久，其名未可遽易，然止可呼其名，万勿肖其实；如肖其实，则极不美观，而为前人所误矣。不宁惟是，凤为羽虫之长，与龙比肩，乃帝王饰衣饰器之物也，以之饰足，无乃大亵名器乎③？尝见妇人绣袜，每作龙凤之形，皆昧理僭分之大者，不可不为拈破。近日女子鞋头，不缀凤而缀珠，可称善变。珠出水底，宜在凌波袜下，且似粟之珠，价不甚昂，缀一粒于鞋尖，满足俱呈宝色。使登歌舞之氍毹，则为走盘之珠；使作阳台之云雨，则为掌上之珠。然作始者见不及此,亦犹衣色之变青,不知其然而然,所谓暗合道妙者也。予友余子澹心④,向著《鞋袜辨》一篇,考缠足之从来,核妇履之原制,精而且确,足与此说相发明,附载于后。

① 凌波:语本三国魏曹植《洛神赋》:"凌波微步,罗袜生尘。"

② 玉笋:此指美女脚趾。

③ 名器:指身份、尊严。

④ 余子澹心:余怀,字澹心,福建甫田人。

附:妇人鞋袜辨

余 怀

古妇人之足,与男子无异。《周礼》有屦人①,掌王及后之服屦,为赤舄②、黑舄、赤繶③、黄繶、青绚④、素履、葛履、辨外内命夫命妇之功屦⑤、命屦⑥、散屦⑦。可见男女之履,同一形制,非如后世女子之弓弯细纤,以小为贵也。考之缠足,起于南唐李后主。后主有宫嫔窅娘,纤丽善舞,乃命作金莲,高六尺,饰以珍宝䌷带缨络,中作品色瑞莲,令窅娘以帛缠足,屈上作新月状,着素袜,行舞莲中,回旋有凌云之态。由是人多效之,此缠足所自始也⑧。唐以前未开此风,故词客诗人,歌咏美人好女,容态之殊丽,颜色之天姣,以至面妆首饰、衣褶裙裾之华靡,鬓发、眉眼、唇齿、腰肢、手腕之婀娜秀洁,无不津津乎其言之,而无一语及足之纤小者。即如古乐府之《双行缠》云:"新罗绣白胫,足趺如春妍。"曹子建云:"践远游之文履"⑨,李太白诗云:"一双金齿屐,两足白如霜。⑩"韩致光诗云:"六寸肤圆光致致”⑪,杜牧之诗云:“钿尺裁量减四分”⑫,《汉杂事秘辛》云:“足长八寸,胫跗丰妍⑬。”夫六寸八寸,素白丰妍,可见唐以前妇人之足,无屈上作新月状者也。即东昏潘妃⑭,作金莲花帖地,令妃行其上,曰“此步步生金莲花”,非谓足为金莲也。崔豹《古今注》⑮:“东晋有凤头重台之履”,不专言妇人也。宋元丰以前⑯,缠足者尚少,自元至今,将四百年,矫揉造作亦泰甚矣。古妇人皆着袜。杨太真死之日⑰,马嵬媪得锦袎袜一只,过客一玩百钱⑱。李太白诗云:“溪上足如霜,不着鸦头袜⑲。”袜一名“膝裤”。宋高宗闻秦桧死,喜曰:“今后免膝裤中插匕首矣。”则袜也,膝裤也,乃男女之通称,原无分别。但古有底,今无底耳。古有底之袜,不必着鞋,皆可行地;今无底之袜,非着鞋,则寸步不能行矣。张平子云⑳:“罗袜凌蹑足容与”。曹子建云:“凌波微步,罗袜生尘㉑。”李后主词云:“刬袜下香阶,手提金缕鞋㉒。”古今鞋袜之制,其不同如此。至于高底之制,前古未闻,于今独绝。吴下妇人,有以异香为底,围以精绫者;有凿花玲珑,囊以香麝,行步霏霏,印香在地者。此则服妖㉓,宋元以来,诗人所未及,故表而出之,以告世之赋“香奁”㉔、咏“玉台”者㉕。

袜色与鞋色相反,袜宜极浅,鞋宜极深,欲其相形而始露也。今之女子,袜皆尚白,鞋用深红深青,可谓尽制。然家家若是,亦忌雷同。予欲更翻置色,深其袜而浅其鞋,则脚之小者更露。盖鞋之为色,不当与地色相同。地色者,泥土砖石之色是也。泥土砖石其为色也多深,浅者立于其上,则界限分明,不为地色所掩。如地青而鞋亦青,地绿而鞋亦绿,则无所见其短长矣。脚之大者则应反此,宜视地色以为色,则藏拙之法,不独使高底居功矣。鄙见若此,请以质之金屋主人㉖,转询阿娇，定其是否。

① 屦人：掌管王及后的衣服、鞋子的人。参见《周礼》卷八。屦，麻、葛等所制成的单底鞋。

② 舄：古代的一种复式鞋。

③ 繶：丝绦，圆丝带。

④ 绚：鞋头小孔，既可结带，亦为装饰。

⑤ 命夫：古代称卿大夫与士，谓为王所命。在宫中称内命夫，在朝者称外命夫。 命妇：古代妇女之有封号者，多指官员之妻、母而言，宫廷中称内命妇，宫廷外称外命妇。命妇按等级享有各种仪节上的待遇。 功屦：古代贵族所穿的一种单底鞋。其色按身份贵贱有别，做工略粗于命屦。《周礼·天官·屦人》郑玄注："功屦，次命屦，于孤卿大夫，则白屦、黑屦，九嫔内子亦然；世妇命妇以黑屦为功屦。"孙诒让正义："命屦人工最精，功屦次于命屦，故微粗，次命屦，谓降一等也。"

⑥ 命屦：命夫、命妇之屦。先秦有此称。在鞋类中地位最尊，做功最精。郑玄注："命夫之命屦，纁屦。命妇之命屦，黄屦以下。"孙诒让正义："命屦做工最精。"

⑦ 散屦：无饰之屦，在礼服中等级最低。郑玄注："散屦亦谓去饰。"孙诒让正义："凡此经(《周礼》)言散者，并取粗沾猥杂亚次于上之义。"

⑧ "考之"十五句：事见陶宗仪《辍耕录》卷十。

⑨ 曹子建：曹植，字子建。引文见《洛神赋》。

⑩ 李太白：李白，字太白。引文见《浣纱石上女》。

⑪ 韩致光：韩偓(约842—923)，字致光(一作致尧)，小字冬郎，唐末诗人。有《韩内翰别集》。引文见《屐子》："六寸肤圆光致致，白罗绣屧红花里。南朝天子事风流，却重金莲轻绿齿。"

⑫ 杜牧之：杜牧(803—853)，字牧之，京兆万年(今陕西西安)人。唐代著名诗人。有《樊川文集》。引文见《咏袜》："钿尺裁量减四分，纤

纤玉笋裹轻云。五陵年少欺他醉,笑把花前出画裙。”

⑬ 《汉杂事秘辛》:亦称《杂事秘辛》。古代轶事小说。成书作者与年代不详。一般认为系明代杨慎伪撰。

⑭ 东昏:南齐东昏侯萧宝卷穷奢极欲,曾令潘妃步行于金莲花上。事见《南史·齐本纪下·废帝东昏侯纪》。

⑮ 崔豹:字正熊,西晋渔阳(今北京市密云县西南)人。作《古今注》三卷,分舆服、都邑、音乐、鸟兽、鱼虫、草木、杂注和问答释义八门,对各项名物制度加以解释考订。

⑯ 元丰:北宋神宗年号(1078—1085)。

⑰ 杨太真:即杨贵妃。未为玄宗贵妃前曾为道士,号太真。

⑱ “马嵬媪”二句:事见唐李肇《国史补》卷上。马嵬,即马嵬驿,在今陕西省兴平县西。

⑲ “溪上”二句:见李白《越女词》:“长干吴儿女,眉目艳新月。屐上足如霜,不着鸦头袜。”

⑳ 张平子:张衡(78—139),字平子,东汉文学家、科学家,著有《张河间集》。

㉑ “凌波”二句:见曹植《洛神赋》。

㉒ “刬袜”二句:见李煜《菩萨蛮》(“花明月暗笼轻纱”)。

㉓ 服妖:谓服饰奇异,与众不同。《汉书·五行志中之上》:“风俗狂慢,变节易度,则为剽轻奇怪之服,故有服妖。”

㉔ 赋香奁:古代有一类诗,专以铺陈女子身边琐事为题材,称“香奁体”。香奁,女子盛放香粉、镜子等化妆品的匣子。

㉕ 咏玉台:南朝陈徐陵编有《玉台新咏》,多收艳情之作,后人仿之,称“玉台体”。玉台,通指女子之梳妆台。

㉖ 金屋主人:典出汉武帝金屋藏娇事。此泛指好风月之男子。后文“阿娇”泛指美女。

习技第四

"女子无才便是德。"言虽近理,却非无故而云然。因聪明女子失节者多,不若无才之为贵。盖前人愤激之词,与男子因官得祸,遂以读书作宦为畏途,遗言戒子孙,使之勿读书、勿作宦者等也。此皆见噎废食之说,究竟书可竟弃,仕可尽废乎?吾谓才德二字,原不相妨。有才之女,未必人人败行;贪淫之妇,何尝历历知书?但须为之夫者,既有怜才之心,兼有驭才之术耳。至于姬妾婢媵,又与正室不同。娶妻如买田庄,非五谷不殖,非桑麻不树,稍涉游观之物,即拔而去之,以其为衣食所出,地力有限,不能旁及其他也。买姬妾如治园圃,结子之花亦种,不结子之花亦种;成荫之树亦栽,不成荫之树亦栽,以其原为娱情而设,所重在耳目,则口腹有时而轻,不能顾名兼顾实也。使姬妾满堂,皆是蠢然一物,我欲言而彼默,我思静而彼喧,所答非所问,所应非所求,是何异于入狐狸之穴,舍宣淫而外,一无事事者乎?故习技之道,不可不与修容、治服并讲也。技艺以翰墨为上,丝竹次之,歌舞又次之,女工则其分内事,不必道也。然尽有专攻男技,不屑女红,鄙织纴为贱役,视针线如仇雠,甚至三寸弓鞋不屑自制,亦倩老妪贫女为捉刀人者[1],亦何借巧藏拙,而失造物生人之初意哉!予谓妇人职业，毕竟以缝纫为主，缝纫既熟，徐及其他。予谈习技而不及女工者，以描鸾刺凤之事，闺阁中人人皆晓，无俟予为越俎之谈[②]。其不及女工，而仍郑重其事，不敢竟遗者，虑开后世逐末之门，置纺绩蚕缫于不讲也。虽说闲情，无伤大道，是为立言之初意尔。

① 捉刀人：事见《世说新语·容止》："魏武将见匈奴使，自以形陋，不足雄远国，使崔季珪代，帝自捉刀立床头。既毕，令间谍问曰：'魏王何如？'匈奴使答曰：'魏王雅望非常，然床头捉刀人，此乃英雄也。'"后因称代人做事（尤用于代人作文）之人为"捉刀人"。

② 越俎之谈：谈论非自己职份内之事。越俎，典出《庄子·逍遥游》："庖人虽不治庖，尸祝不越樽俎而代之矣。"俎，指古代祭祀时用的礼器。

文　艺

学技必先学文。非曰先难后易，正欲先易而后难也。天下万事万物，尽有开门之锁钥。锁钥维何？文理二字是也。寻常锁钥，一钥止开一锁，一锁止管一门；而文理二字之为锁钥，其所管者不止千门万户。盖合天上地下，万国九州，其大至于无外，其小至于无内，一切当行当学之事，无不握其枢纽，而司其出入者也。此论之发，不独为妇人女子，通天下之士农工贾、三教九流[①]、百工技艺，皆当作如是观。以许大世界，摄入"文理"二字之中，可谓约矣，不知二字之中，又分宾主。凡学文者,非为学文,但欲明此理也。此理既明,则文字又属敲门之砖,可以废而不用矣。天下技艺无穷,其源头止出一理。明理之人学技,与不明理之人学技,其难易判若天渊。然不读书不识字,何由明理?故学技必先学文。然女子所学之文,无事求全责备,识得一字,有一字之用,多多益善,少亦未尝不善;事事能精,一事自可愈精。予尝谓土木匠工,但有能识字记帐者,其所造之房屋器皿,定与拙匠不同,且有事半功倍之益。人初不信,后择数人验之,果如予言。粗技若此,精者可知。甚矣,字之不可不识,理之不可不明也!

妇人读书习字,所难只在入门。入门之后,其聪明必过于男子,以男子念纷,而妇人心一故也。导之入门,贵在情窦未开之际,开则志念稍分,不似从前之专一。然买姬置妾,多在三五、二八之年[②],娶而不御,使作蒙童求我者,宁有几人?如必俟情窦未开,是终身无可授之人矣。惟在循循善诱,勿阻其机,"扑作教刑"一语[③],非为女徒而设也。先令识字,字识而后教之以书。识字不贵多,每日仅可数字,取其笔画最少,眼前易见者训之。由易而难,由少而多,日积月累,则一年半载以后,不令读书而自解寻章觅句矣。乘其爱看之时,急觅传奇之有情节、小说之无破绽者,听其翻阅,则书非书也,不怒不威而引人登堂入室之明师也[④]。其故维何?以传奇、小说所载之言,尽是常谈俗语,妇人阅之,若逢故物。譬如一句之中,共有十字,此女已识者七,未识者三,顺口念去,自然不差。是因已识之七字,可悟未识之三字,则此三字也者,非我教之,传奇、小说教之也。由此而机锋相触,自能曲喻旁通。再得男子善为开导,使之由浅而深,则共枕论文,较之登坛讲艺,其为时雨之化,难易奚止十倍哉?十人之中,拔其一二最聪慧者,日与谈诗，使之渐通声律，但有说话铿锵，无重复聱牙之字者，即作诗能文之料也。苏夫人说“春夜月胜于秋夜月，秋夜月令人惨凄，春夜月令人和悦”[5]，此非作诗，随口所说之话也。东坡因其出口合律，许以能诗，传为佳话。此即说话铿锵，无重复聱牙，可以作诗之明验也。其余女子，未必人人若是，但能书义稍通，则任学诸般技艺，皆是锁钥到手，不忧阻隔之人矣。

妇人读书习字，无论学成之后，受益无穷，即其初学之时，先有裨于观者：只须案摊书本，手捏柔毫，坐于绿窗翠箔之下，便是一幅画图。班姬续史之容[6]，谢庭咏雪之态[7]，不过如是，何必睹其题咏，较其工拙，而后有闺秀同房之乐哉？噫！此等画图，人间不少，无奈身处其地，皆作寻常事物观，殊可惜耳。

欲令女子学诗，必先使之多读，多读而能口不离诗，以之作话，则其诗意诗情，自能随机触露，而为天籁自鸣矣。至其聪明之所发，思路之由开，则全在所读之诗之工拙，选诗与读者，务在善迎其机[8]。然则选者维何？曰：在“平易尖颖”四字。平易者，使之易明且易学；尖颖者，妇人之聪明，大约在纤巧一路，读尖颖之诗，如逢故我，则喜而愿学，所谓迎其机也。所选之诗，莫妙于晚唐及宋人，初中盛三唐，皆所不取；至汉魏晋之诗，皆秘勿与见，见即阻塞机锋，终身不敢学矣。此予边见，高明者阅之，势必哑然一笑。然予才浅识隘，仅足为女子之师，至高峻词坛，则生平未到，无怪乎立论之卑也。

女子之善歌者，若通文义，皆可教作诗余[9]。盖长短句法，日日见于词曲之中，入者既多，出者自易，较作诗之功为尤捷也。曲体最长，每一套必须数曲，非力赡者不能。诗余短而易竟，如《长相思》、《浣溪纱》、《如梦令》、《蝶恋花》之类，每首不过一二十字，作之可逗灵机。但观诗余选本，多闺秀女郎之作,为其词理易明,口吻易肖故也。然诗余既熟,即可由短而长,扩为词曲,其势亦易。果能如是,听其自制自歌,则是名士佳人合而为一,千古来韵事韵人,未有出于此者。吾恐上界神仙,自鄙其乐,咸欲谪向人寰而就之矣。此论前人未道,实实创自笠翁,有由此而得妙境者,切勿忘其所本。

以闺秀自命者,书、画、琴、棋四艺,均不可少。然学之须分缓急,必不可已者先之,其余资性能兼,不妨次第并举,不则一技擅长,才女之名著矣。琴列丝竹,别有分门,书则前说已备。善教由人,善习由己,其工拙浅深,不可强也。画乃闺中末技,学不学听之。至手谈一节[10],则断不容已,教之使学,其利于人己者,非止一端。妇人无事,必生他想,得此遣日,则妄念不生,一也;女子群居,争端易酿,以手代舌,是喧者寂之,二也;男女对坐,静必思淫,鼓瑟鼓琴之暇,焚香啜茗之余,不设一番功课,则静极思动,其两不相下之势,不在几案之前,即居床笫之上矣。一涉手谈,则诸想皆落度外,缓兵降火之法,莫善于此。但与妇人对垒,无事角胜争雄,宁饶数子而输彼一筹,则有喜无嗔,笑容可掬;若有心使败,非止当下难堪,且阻后来弈兴矣。

纤指拈棋,踌躇不下,静观此态,尽勾消魂。必欲胜之,恐天地间无此忍人也。

双陆投壶诸技[11],皆在可缓。骨牌赌胜,亦可消闲,且易知易学,似不可已。

① 三教九流:本指儒、道、释三教及儒家、道家、阴阳家、法家、名家、墨家、纵横家、杂家、农家九流,后贬称江湖上操各种行业的杂色人等。

② 三五、二八之年:十五、十六岁。

③ 扑作教刑:语出《尚书·舜典》。扑,刑杖。

④ 登堂入室:《汉书·艺文志》:“是以扬子悔之,曰:诗人之赋丽以则,辞人之赋丽以淫。如孔氏之门人用赋也,则贾谊登堂,相如入室矣,如其不用何!”后世因以“登堂入室”赞扬人在学问或技艺方面造诣非凡,深得师传。

⑤ “苏夫人”三句:赵令畤《侯鲭录》卷四:“元祐七年正月,东坡先生在汝阴州,堂前梅花大开,月色鲜霁。先生王夫人曰:‘春月色胜如秋月色,秋月色令人凄惨,春月色令人和悦。’先生大喜曰:‘吾不知子能诗耶,此真诗家语耳。’”

⑥ 班姬:班昭(约49—约120),一名姬,字惠班,东汉史学家、辞赋家。曾继其兄班固续《汉书》,传为佳话。

⑦ 谢庭咏雪:谢,指谢道韫,东晋女诗人,以才女名世。据《世说新语·言语》载,谢安于大雪日召集儿女辈讲论文义,谢道韫以“柳絮因风起”喻漫天飞舞的鹅毛大雪,深得谢安赏识。后也用作咏雪的典故。

⑧ 机:即后文之机锋、灵机。

⑨ 诗余:即词,古有词为诗之余之说。

⑩ 手谈:多指下围棋。

⑪ 双陆:古代的一种赌博游戏,相传由天竺传入,盛行于南北朝及隋唐时。因局为棋盘,左右各六路,故名。黑白各十五枚,两人相博,骰子掷采行马,先出完者胜。 投壶:古代的一种游戏。方法是以盛酒的壶口作目标,以矢投入。以投中多少决胜负,负者须饮酒。

丝　　竹

丝竹之音,推琴为首。古乐相传至今,其已变而未尽变者,独此一种,余皆末世之音也。妇人学此,可以变化性情,欲置温柔乡[①],不可无此陶熔之具。然此种声音,学之最难,听之亦最不易。凡令姬妾学此者,当先自问其能弹与否。主人知音,始可令琴瑟在御,不则弹者铿然,听者茫然,强束官骸以俟其阕,是非悦耳之音,乃苦人之具也,习之何为?凡人买姬置妾,总为自娱。己所悦者,导之使习;己所不悦,戒令勿为,是真能自娱者也。尝见富贵之人,听惯弋阳、四平等腔[②],极嫌昆调之冷,然因世人雅重昆调,强令歌童习之,每听一曲,攒眉许久,座客亦代为苦难,此皆不善自娱者也。予谓人之性情,各有所嗜,亦各有所厌,即使嗜之不当,厌之不宜,亦不妨自攻其谬。自攻其谬,则不谬矣。予生平有三癖,皆世人共好而我独不好者:一为果中之橄榄,一为馔中之海参,一为衣中之茧绸。此三物者,人以食我,我亦食之;人以衣我,我亦衣之;然未尝自沽而食,自购而衣,因不知其精美之所在也。谚云:"村人吃橄榄,不知回味。"予真海内之村人也。因论习琴,而谬谈至此,诚为饶舌。

人问:主人善琴,始可令姬妾学琴,然则教歌舞者,亦必主人善歌善舞而后教乎?须眉丈夫之工此者,有几人乎?曰:不然。歌舞难精而易晓,闻其声音之婉转,睹见体态之轻盈,不必知音始能领略,座中席上,主客皆然,所谓雅俗共赏者是也。琴音易响而难明,非身习者不知,惟善弹者能听。伯牙不遇子期[③],相如不得文君[④],尽日挥弦,总成虚鼓。吾观今世之为琴,善弹者多,能听者少;延名师、教美妾者尽多,果能以此行乐,不愧文君、相如之名者绝少。务实不务名,此予立言之意也。若使主人善操,则当舍诸技而专务丝桐[⑤]。"妻子好合,如鼓瑟琴[⑥]。""窈窕淑女,琴瑟友之[⑦]。"琴瑟非他,胶漆男女,而使之合一;联络情意,而使之不分者也。花前月下,美景良辰,值水阁之生凉,遇绣窗之无事,或夫唱而妻和,或女操而男听,或两声齐发,韵不参差,无论身当其境者俨若神仙,即画成一幅合操图,亦足令观者消魂,而知音男妇之生妒也。

丝音自蕉桐而外[8],女子宜学者,又有琵琶、弦索、提琴之三种[9]。琵琶极妙,惜今时不尚,善弹者少,然弦索之音,实足以代之。弦索之形较琵琶为瘦小,与女郎之纤体最宜。近日教习家,其于声音之道,能不大谬于宫商者[10],首推弦索,时曲次之,戏曲又次之。予向有场内无文,场上无曲之说,非过论也。止为初学之时,便以取舍得失为心,虑其调高和寡,止求为"下里巴人",不愿作"阳春白雪",故造到五七分即止耳。提琴较之弦索,形愈小而声愈清,度清曲者必不可少。提琴之音,即绝少美人之音也,春容柔媚,婉转断续,无一不肖。即使清曲不度,止令善歌二人,一吹洞箫,一拽提琴,暗谱悠扬之曲,使隔花间柳者听之,俨然一绝代佳人,不觉动怜香惜玉之思也。

丝音之最易学者,莫过于提琴,事半功倍,悦耳娱神。吾不能不德创始之人,令若辈尸而祝之也。

竹音之宜于闺阁者,惟洞箫一种。笛可暂而不可常。到笙、管二物,则与诸乐并陈,不得已而偶然一弄,非绣窗所应有也。盖妇人奏技,与男子不同,男子所重在声,妇人所重在容。吹笙搦管之时,声则可听,而容不耐看,以其气塞而腮胀也,花容月貌为之改观,是以不应使习。妇人吹箫,非止容颜不改,且能愈增娇媚。何也?按风作调,玉笋为之愈尖;簇口为声,朱唇因而越小。画美人者,常作吹箫图,以其易于见好也。或箫或笛,如使二女并吹,其为声也倍清,其为态也更显,焚香啜茗而领略之,皆能使身不在人间世也。

吹箫品笛之人,臂上不可无钏。钏又勿使太宽,宽则藏于袖中,不得见矣。

① 温柔乡:语出《飞燕外传》,指迷人美境。

② 弋阳:弋阳腔,又称“弋腔”。戏剧曲调名。起源于元末明初江西弋阳县。　四平:四平腔,戏曲剧种,明嘉靖时由传入徽州(今安徽歙县)一带的江西弋阳腔演变而成。

③ 伯牙、子期:《吕氏春秋·本味》记伯牙善鼓琴,钟子期善听琴,钟子期死后,伯牙破琴绝弦,终身不复再弹。

④ 相如、文君:《史记·司马相如传》载卓文君新寡,相如以琴心挑之,两人遂私奔。

⑤ 丝桐:指琴,琴多用桐木制成,上安丝弦,故名。

⑥ “妻子”二句:语出《诗·小雅·皇皇者华》。

⑦ “窈窕”二句:语出《诗·国风·周南·关雎》。

⑧ 蕉桐:即“焦桐”。《后汉书·蔡邕传》:“吴人有烧桐以爨者,邕闻火烈之声,知其良木,因请而裁为琴,果有美音,而其尾犹焦,故时人名曰‘焦尾琴’焉。”后用为琴的代称。

⑨ 弦索:三弦琴。　提琴:胡琴。

⑩ 宫商:指音律。古代以宫、商、角、变徵、羽、为五音,宫商最为常用,后因泛指音律。

歌　舞①

昔人教女子以歌舞,非教歌舞,习声容也。欲其声音婉转,则必使之学歌;学歌既成,则随口发声,皆有燕语莺啼之致,不必歌而歌在其中矣。欲其体态轻盈,则必使之学舞;学舞既熟,则回身举步,悉带柳翻花笑之容,不必舞而舞在其中矣。古人立法,常有事在此而意在彼者。如良弓之子先学为箕,良冶之子先学为裘[2]。妇人之学歌舞,即弓冶之学箕裘也。后人不知,尽以声容二字属之歌舞,是歌外不复有声,而征容必须试舞,凡为女子者,即有飞燕之轻盈,夷光之妩媚,舍作乐无所见长。然则一日之中,其为清歌妙舞者,有几时哉?若使声容二字,单为歌舞而设,则其教习声容,犹在可疏可密之间。若知歌舞二事,原为声容而设,则其讲究歌舞,有不可苟且塞责者矣。但观歌舞不精,则其贴近主人之身,而为殢雨尤云之事者,其无娇音媚态可知也。

"丝不如竹,竹不如肉[3]。"此声乐中三昧语,谓其渐近自然也。予又谓男音之为肉,造到极精处,止可与丝竹比肩,犹是肉中之丝,肉中之竹也。何以知之?但观人赞男音之美者,非曰"其细如丝",则曰"其清如竹",是可概见。至若妇人之音,则纯乎其为肉矣。语云:"词出佳人口。"予曰:不必佳人,凡女子之善歌者,无论妍媸美恶,其声音皆迥别男人。貌不扬而声扬者有之,未有面目可观而声音不足听者也。但须教之有方,导之有术,因材而施,无拂其天然之性而已矣。歌舞二字,不止谓登场演剧,然登场演剧一事,为今世所极尚,请先言其同好者。

一曰取材。取材维何?优人所谓"配脚色"是已[4]。喉音清越而气长者,正生、小生之料也;喉音娇婉而气足者,正旦、贴旦之料也,稍次则充老旦;喉音清亮而稍带质朴者,外末之料也;喉音悲壮而略近噍杀者,大净之料也。至于丑与副净,则不论喉音，只取性情之活泼，口齿之便捷而已。然此等脚色，似易实难。男优之不易得者二旦，女优之不易得者净丑。不善配脚色者，每以下选充之，殊不知妇人体态不难于庄重妖娆，而难于魁奇洒脱；苟得其人，即使面貌娉婷，喉音清婉，可居生旦之位者，亦当屈抑而为之。盖女优之净丑，不比男优，仅有花面之名，而无抹粉涂胭之实，虽涉诙谐谑浪，犹之名士风流。若使梅香之面貌胜于小姐⑤，奴仆之词曲过于官人，则观者听者倍加怜惜，必不以其所处之位卑，而遂卑其才与貌也。

二曰正音。正音维何？察其所生之地，禁为乡土之言，使归《中原音韵》之正者是已。乡音一转而即合昆调者，惟姑苏一郡。一郡之中，又止取长、吴二邑⑥；余皆稍逊，以其与他郡接壤，即带他郡之音故也。即如梁溪境内之民，去吴门不过数十里，使之学歌，有终身不能改变之字，如呼酒钟为"酒宗"之类是也。近地且然，况愈远而愈别者乎？然不知远者易改，近者难改；词语判然、声音迥别者易改，词语声音大同小异者难改。譬如楚人往粤，越人来吴，两地声音判如霄壤，或此呼而彼不应，或彼说而此不言，势必大费精神，改唇易舌，求为同声相应而后已。止因自任为难，故转觉其易也。至入附近之地，彼所言者，我亦能言，不过出口收音之稍别，改与不改，无甚关系，往往因仍苟且，以度一生。止因自视为易，故转觉其难也。正音之道，无论异同远近，总当视易为难。选女乐者，必自吴门是已。然尤物之生，未尝择地，燕姬赵女、越妇秦娥见于载籍者，不一而足。"惟楚有材，惟晋用之⑦。"此言晋人善用，非曰惟楚能生材也。予游遍域中，觉四方声音，凡在二八上下之年者，无不可改，惟八闽、江右二省⑧，新安、武林二郡⑨，较他处为稍难耳。正音有法，当择其一韵之中，字字皆别，而所别之韵，又字字相同者，取其吃紧一二字，出全副精神以正之。正得一二字转，则破竹之势已成，凡属此一韵中相同之字，皆不正而自转矣。请言一二以概之：九州以内，择其乡音最劲、舌本最强者而言，则莫过于秦晋二地。不知秦晋之音，皆有一定不移之成格。秦音无"东钟"，晋音无"真文"；秦音呼"东钟"为"真文"，晋音呼"真文"为"东钟"。此予身入其地，习处其人，细细体认而得之者。秦人呼中庸之中为"肫"，通达之通为"吞"，东南西北之东为"敦"，青红紫绿之红为"魂"，凡属东钟一韵者，字字皆然，无一合于本韵，无一不涉真文。岂非秦音无东钟，秦音呼东钟为真文之实据乎？我能取此韵中一二字，朝训夕诂，导之改易，一字能变，则字字皆变矣。晋音较秦音稍杂，不能处处相同，然凡属真文一韵之字，其音皆仿佛东钟，如呼子孙之孙为"松"，昆腔之昆为"空"之类是也。即有不尽然者，亦在依稀仿佛之间。正之亦如前法，则用力少而成功多。是使无东钟而有东钟，无真文而有真文，两韵之音，各归其本位矣。秦晋且然，况其他乎？大约北音多平而少入，多阴而少阳。吴音之便于学歌者，止以阴阳平仄不甚谬耳。然学歌之家，尽有度曲一生，不知阴阳平仄为何物者，是与蠹鱼日在书中，未尝识字等也。予谓教人学歌，当从此始。平仄阴阳既谙，使之学曲，可省大半工夫。正音改字之论，不止为学歌而设，凡有生于一方，而不屑为一方之士者，皆当用此法以掉其舌。至于身在青云，有率吏临民之责者，更宜洗涤方音，讲求韵学，务使开口出言，人人可晓。常有官说话而吏不知，民辩冤而官不解，以致误施鞭扑，倒用劝惩者。声音之能误人，岂浅鲜哉！

正音改字，切忌务多。聪明者每日不过十余字，资质钝者渐减。每正一字，必令于寻常说话之中，尽皆变易，不定在读曲念白时。若止在曲中正字，他处听其自然，则但于眼下依从，非久复成故物，盖借词曲以变声音，非假声音以善词曲也。

三曰习态。态自天生，非关学力，前论声容，已备悉其事矣。而此复言习态，抑何自相矛盾乎？曰：不然。彼说闺中，此言场上。闺中之态，全出自然。场上之态，不得不由勉强，虽由勉强，却又类乎自然，此演习之功之不可少也。生有生态，旦有旦态，外末有外末之态，净丑有净丑之态，此理人人皆晓；又与男优相同，可置弗论，但论女优之态而已。男优妆旦，势必加以扭捏，不扭捏不足以肖妇人；女优妆旦，妙在自然，切忌造作，一经造作，又类男优矣。人谓妇人扮妇人，焉有造作之理，此语属赘。不知妇人登场，定有一种矜持之态：自视为矜持，人视则为造作矣。须令于演剧之际，只作家内想，勿作场上观，始能免于矜持造作之病。此言旦脚之态也。然女态之难，不难于旦，而难于生；不难于生，而难于外末净丑；又不难于外末净丑之坐卧欢娱，而难于外末净丑之行走哭泣。总因脚小而不能跨大步，面娇而不肯妆瘁容故也。然妆龙像龙，妆虎像虎，妆此一物，而使人笑其不似，是求荣得辱，反不若设身处地，酷肖神情，使人赞美之为愈矣。至于美妇扮生，较女妆更为绰约。潘安、卫玠[10]，不能复见其生时，借此辈权为小像，无论场上生姿，曲中耀目，即于花前月下偶作此形，与之坐谈对弈，啜茗焚香，虽歌舞之余文，实温柔乡之异趣也。

① 作者原注："《演习部》中已载者，一语不赘。彼系泛论优伶，此则单言女乐。然教习声乐者，不论男女，二册皆当细阅。"

② “如良弓”二句:语出《论语·学记》。比喻善于学习。

③ “丝不”二句:语出《左传·襄公二十六年》。

④ 优人:优伶,古代以乐舞戏谑为业的艺人,宋元后常指戏曲演员。

⑤ 梅香:旧时多以梅香作婢女名,因以代称婢女。

⑥ 长、吴二邑:指长洲、吴县二县,均属苏州府。

⑦ “惟楚”二句:语本《左传·襄公二十六年》:“虽楚有材,晋实用之。”

⑧ 八闽:福建省的别称。福建古为闽地,宋时分为八个府、州、军,元分为八路,故称。 江右:江西省的别称,古人以东为左,以西为右。

⑨ 新安:旧时徽州的别称。 武林:旧时杭州的别称。

⑩ 潘安、卫玠:均为历史上著名的美男子。潘安,本名岳,西晋文学家。少出洛阳道,妇人遇之者,连手萦绕,投之以果,满载而归。卫玠,晋名士,字叔宝,善书法。时人称与其同游,如明珠在侧,朗然照人。

居室部

房舍第一

人之不能无屋，犹体之不能无衣。衣贵夏凉冬燠，房舍亦然。“堂高数仞，榱题数尺”①，壮则壮矣，然宜于夏而不宜于冬，登贵人之堂，令人不寒而栗，虽势使之然，亦寥廓有以致之；我有重裘，而彼难挟纩故也②。及肩之墙，容膝之屋，俭则俭矣，然适于主而不适于宾。造寒士之庐，使人无忧而叹，虽气感之耳，亦境地有以迫之；此耐萧疏，而彼憎岑寂故也。吾愿显者之居，勿太高广。夫房舍与人，欲其相称。画山水者有诀云：“丈山尺树，寸马豆人。”使一丈之山，缀以二尺三尺之树；一寸之马，跨以似米似粟之人，称乎？不称乎？使显者之躯，能如汤文之九尺十尺③，则高数仞为宜，不则堂愈高而人愈觉其矮，地愈宽而体愈形其瘠，何如略小其堂，而宽大其身之为得乎？处士之庐，难免卑隘，然卑者不能耸之使高，隘者不能扩之使广，而污秽者、充塞者则能去之使净，净则卑者高而隘者广矣。

吾贫贱一生，播迁流离，不一其处，虽债而食，赁而居，总未尝稍污其座。性嗜花竹，而购之无资，则必令妻孥忍饥数日，或耐寒一冬，省口体之奉，以娱耳目。人则笑之，而我怡然自得也。性又不喜雷同，好为矫异，常谓人之葺居治宅，与读书作文，同一致也。譬如治举业者，高则自出手眼，创为新异之篇；其极卑者，亦将读熟之文移头换尾，损益字句而后出之，从未有抄写全篇，而自名善用者也。乃至兴造一事，则必肖人之堂以为堂，窥人之户以立户，稍有不合，不以为得，而反以为耻。常见通侯贵戚，掷盈千累万之资以治园圃，必先谕大匠曰：亭则法某人之制，榭则遵谁氏之规，勿使稍异。而操运斤之权者，至大厦告成，必骄语居功，谓其立户开窗，安廊置阁，事事皆仿名园，纤毫不谬。噫，陋矣！以构造园亭之胜事，上之不能自出手眼，如标新创异之文人；下之至不能换尾移头，学套腐为新之庸笔，尚嚣嚣以鸣得意，何其自处之卑哉！

予尝谓人曰：生平有两绝技，自不能用，而人亦不能用之，殊可惜也。人问：绝技维何？予曰：一则辨审音乐，一则置造园亭。性嗜填词，每多撰著，海内共见之矣。设处得为之地，自选优伶，使歌自撰之词曲，口授而躬试之，无论新裁之曲，可使迥异时腔，即旧日传奇，一概删其腐习而益以新格，为往时作者别开生面，此一技也。一则创造园亭，因地制宜，不拘成见，一榱一桷，必令出自己裁，使经其地、入其室者，如读湖上笠翁之书，虽乏高才，颇饶别致，岂非圣明之世，文物之邦，一点缀太平之具哉？噫，吾老矣，不足用也。请以崖略付之简篇，供嗜痂者采择。收其一得，如对笠翁，则斯编实为神交之助尔。

土木之事，最忌奢靡。匪特庶民之家当崇俭朴，即王公大人亦当以此为尚。盖居室之制，贵精不贵丽，贵新奇大雅，不贵纤巧烂漫。凡人止好富丽者，非好富丽，因其不能创异标新，舍富丽无所见长，只得以此塞责。譬如人有新衣二件，试令两人服之，一则雅素而新奇，一则辉煌而平易，观者之目，注在平易乎？在新奇乎？锦绣绮罗，谁不知贵，亦谁不见之？缟衣素裳，其制略新，则为众目所射，以其未尝睹也。凡予所言，皆属价廉工省之事，即有所费，亦不及雕镂粉藻之百一。且古语云："耕当问奴，织当访婢。"予贫士也，仅识寒酸之事。欲示富贵，而以绮丽胜人，则有从前之旧制在。

新制人所未见，即缕缕言之，亦难尽晓，势必绘图作样。然有图所能绘，有不能绘者。不能绘者十之九，能绘者不过十之一。因其有而会其无，是在解人善悟耳。

① "堂高"二句：语出《孟子·尽心》。仞，古代长度单位，合周制八尺。榱题，出檐，屋檐前端。

② 挟纩：身披丝棉，比喻受人抚慰，感到温暖。《左传·宣公二十一年》："申公巫臣曰：'师人多寒。'王巡三军，拊而勉之，三军之士皆如挟纩。"

③ 汤、文：指商汤和周文王。《孟子·告子下》载曹交云："交闻文王十尺，汤九尺，今交九尺四寸以长，食粟而已，如何如何？"

向　　背

屋以面南为正向。然不可必得，则面北者宜虚其后，以受南薰[①]；面东者虚右，面西者虚左，亦犹是也。如东、西、北皆无余地,则开窗借天以补之。牖之大者,可抵小门二扇;穴之高者,可敌低窗二扇,不可不知也。

① 南薰:旧传虞舜弹五弦琴,造《南风》诗,诗中有"南风之薰兮,可以解吾民之愠兮"等句。后因以南薰为煦育的意思。

途　径

径莫便于捷,而又莫妙于迂。凡有故作迂途,以取别致者,必另开耳门一扇,以便家人之奔走。急则开之,缓则闭之,斯雅俗俱利,而理致兼收矣。

高　下

房舍忌似平原,须有高下之势。不独园圃为然,居宅亦应如是。前卑后高,理之常也。然地不如是,而强欲如是,亦病其拘。总有因地制宜之法:高者造屋,卑者建楼,一法也;卑处叠石为山,高处浚水为池,二法也。又有因其高而愈高之,竖阁磊峰于峻坡之上;因其卑而愈卑之,穿塘凿井于下湿之区。总无一定之法,神而明之,存乎其人,此非可以遥授方略者矣。

出檐深浅

居宅无论精粗，总以能避风雨为贵。常有画栋雕梁，琼楼玉栏，而止可娱晴，不堪坐雨者，非失之太敞，则病于过峻。故柱不宜长，长为招雨之媒；窗不宜多，多为匿风之薮；务使虚实相半，长短得宜。又有贫士之家，房舍宽而余地少，欲作深檐以障风雨，则苦于暗；欲置长牖以受光明，则虑在阴。剂其两难，则有添置活檐一法。何为活檐？法于瓦檐之下，另设板棚一扇，置转轴于两头，可撑可下。晴则反撑，使正面向下，以当檐外顶格；雨则正撑，使正面向上，以承檐溜。是我能用天，而天不能窘我矣。

置顶格

精室不见椽瓦，或以板覆，或用纸糊，以掩屋上之丑态，名为"顶格"，天下皆然。予独怪其法制未善，何也？常因屋高檐矮，意欲取平，遂抑高者就下，顶格一概齐檐，使高敞有用之区，委之不见不闻，以为鼠窟，良可慨也。亦有不忍弃此，竟以顶板贴椽，仍作屋形，高其中而卑其前后者，又不美观，而病其呆笨。予为新制，以顶格为斗笠之形，可方可圆，四面皆下，而独高其中。且无多费，仍是平格之板料，但令工匠画定尺寸，旋而去之。如作圆形,则中间旋下一段是弃物矣,即用弃物作顶,升之于上,止增周围一段竖板,长仅尺许,少者一层,多则二层,随人所好。方者亦然。造成之后,若糊以纸,又可于竖板之上,裱贴字画,圆者类手卷,方者类册叶,简而文,新而妥,以质高明,必当取其有裨。长方者可用竖板作门,时开时闭,则当壁橱四张,纳无限器物于中,而不之觉也。

甃　　地[①]

古人茅茨土阶,虽崇俭朴,亦以法制未尽备也。惟幕天者可以席地[②]。梁栋既设,即有阶除[③],与戴冠者不可跣足,同一理也。且土不覆砖,尝苦其湿,又易生尘。有用板作地者,又病其步履有声,喧而不寂。以三和土甃地[④],筑之极坚,使完好如石,最为丰俭得宜。而又有不便于人者:若和灰和土不用盐卤,则燥而易裂;用之发潮,又不利于天阴。且砖可挪移,而甃成之土不可挪移,日后改迁,遂成弃物,是又不宜用也。不若仍用砖铺,止在磨与不磨之间,别其丰俭。有力者磨之使光,无力者听其自糙。予谓极糙之砖,犹愈于极光之土。但能自运机杼,使小者间大,方者合圆,别成文理[⑤]。或作冰裂,或肖龟纹,收牛溲马勃入药笼[⑥],用之得宜,其价值反在参苓之上[⑦]。此种调度,言之易而行之甚难,仅存其说而已。

① 甃地:装饰房屋地面。甃,砌砖石。

② “幕天”句:谓以天为幕,以地为席。

③ 阶除：阶沿，楼阶。此指房屋下部建筑。

④ 三合土：又称“三和土”。通常由石灰、砂、碎砖加水拌合而成，多用作砖墙基础、地面垫层等。

⑤ 文理：即纹理，图案。

⑥ 牛溲：车前草；马勃：一种菌类。两者都是极廉价易得之物，此喻至贱之物亦有用处。

⑦ 参苓：人参与茯苓，均为昂贵药材。

洒　　扫

精美之房，宜勤洒扫；然洒扫中亦具大段学问，非僮仆所能知也。欲去浮尘，先用水洒，此古人传示之法，今世行之者，十中不得一二。盖因童子性懒，虑有汲水之烦，止扫不洒，是以两事并为一事，惜其力也。久之习为固然，非特童子忘之，并主人亦不知扫地之先，更有一事矣。彼但知两者并一是省事法，殊不知因其懒也，遂以一事化为数十事。服役者既以为苦，而指使者亦觉其繁，然总不知此数十事者，皆从一事苟简而生之者也。

精舍之内，自明窗净几而外，尚有图书翰墨、古董器玩之种种，无一不忌浮尘。不洒而扫，是以红尘掺物，物物皆受其蒙，并栋梁之上、榱桷之间亦生障翳，势必逐件擦磨，始现本来面目，手不停挥者，半日才能竣事，不亦劳乎？若能先洒后扫，则扫过之后，只须麈尾一拂[①]，一日清晨之事毕矣，何指使服役之纷纷哉？此洒水之不容已也。然勤扫不如勤洒，人则知之;多洒不如轻扫,人则未知之也。饶其善洒,不能处处皆遍,究竟干地居多,服役者不知,以其既经洒湿,则任意挥扫无妨。扬尘舞蹈之际,障翳之生也更多,故运帚切记勿重;匪特勿重,每于歇手之际,必使帚尾着地,勿令悬空,如扫一帚起一帚,则与挥扇无异,是扬灰使起,非抑尘使伏也。此是一法。又有闭门扫地之诀,不可不知。如人先扫房舍,后及阶除,则将房舍之门紧闭,俟扫完阶除后,略停片刻,然后开门,始无灰尘入户之患。臧获不知,以为房舍扫完,其事毕矣,此后渐及门外,与内绝不相蒙,岂知有顾此失彼之患哉!顺风扬灰,一帚可当十帚,较之未扫更甚。此皆世人所忽,故拈出告之,然未免饶舌。

洒扫二事,势必相因,缺一不可,然亦有时以孤行为妙,是又不可不知。先洒后扫,言其常也,若旦旦如是,则土胶于水,积而不去,日厚一日,砖板受其虚名,而有土阶之实矣。故洒过数日,必留一日勿洒,止令童子轻轻用帚,不致扬尘。是数日所积者一朝去之,则水土交相为用,而不交相为害矣。

① 麈尾:古以驼鹿尾为拂尘,因称拂尘为麈尾。

藏垢纳污

欲营精洁之房,先设藏垢纳污之地。何也?爱精喜洁之士,一物不整齐,即如目中生刺,势必去之而后已。然一人之身,百工之所为备,能保物物皆精乎?且如文人之手,刻不停批;绣女之躬,时难罢刺。唾绒满地,金屋为之不光;残稿盈庭,精舍因而欠好。是极韵之物,尚能使人不韵,况其他乎?故必于精舍左右,另设小屋一间,有如复道,俗名“套房”是也。凡有败笺弃纸、垢砚秃毫之类,卒急不能料理者,姑置其间,以俟暇时检点。妇人之闺阁亦然,残脂剩粉无日无之,净之将不胜其净也。此房无论大小,但期必备。如贫家不能办此,则以箱笼代之,案旁榻后皆可置。先有容拙之地,而后能施其巧,此藏垢之不容已也。至于纳污之区,更不可少。凡人有饮即有溺,有食即有便。如厕之时尚少,可于溷厕之外,不必另筹去路。至于溺之为数,一日不知凡几,若不择地而遗,则净土皆成粪壤;如或避洁就污,则往来仆仆,“是率天下而路也”[①]。此为寻常好洁者言之。若夫文人运腕,每至得意疾书之际,机锋一转,则断不可续。然而寝食可废,便溺不可废也。“官急不如私急”,俗不云乎?常有得句将书而阻于溺,及溺后觅之杳不可得者,予往往验之,故营此最急。当于书室之旁,穴墙为孔,嵌以小竹,使遗在内而流于外,秽气罔闻,有若未尝溺者。无论阴晴寒暑,可以不出户庭。此予自为计者,而亦举以示人,其无隐讳可知也。

① “是率”句:语出《孟子·滕文公》,意为让天下人都忙得疲惫不堪。路,通“露”,这里意为羸弱疲惫。

窗栏第二

吾观今世之人，能变古法为今制者，其惟窗栏二事乎？窗栏之制，日新月异，皆从成法中变出。“腐草为萤”①，实具至理，如此则造物生人，不枉付心胸一片。但造房建宅与置立窗轩，同是一理，明于此而暗于彼，何其有聪明而不善扩乎？予往往自制窗栏之格，口授工匠使为之，以为极新极异矣，而偶至一处，见其已设者，先得我心之同然，因自笑为辽东白豕②。独房舍之制不然，求为同心甚少。门窗二物，新制既多，予不复赘，恐其又蹈白豕辙也。惟约略言之，以补时人之偶缺。

① 腐草为萤：语出《礼记·月令》。古人因缺乏科学知识，误以为腐草夏日得湿热之气后化为萤火虫。

② 辽东白豕：比喻少见多怪。典出《后汉书·朱浮传》：“往时辽东有豕，生子白头，异而献之。行至河东，见群豕皆白，怀惭而还。”

制体宜坚

窗棂以明透为先，栏杆以玲珑为主，然此皆属第二义；具首重者，止在一字之坚，坚而后论工拙。尝有穷工极巧以求尽善，乃不逾时而失头堕趾，反类画虎未成者，计其新而不计其旧也。总其大纲，则有二语：宜简不宜繁，宜自然不宜雕斫。凡事物之理，简斯可继，繁则难久。顺其性者必坚，戕其体者易坏。木之为器，凡合笋使就者，皆顺其性以为之者也；雕刻使成者，皆戕其体而为之者也；一涉雕镂，则腐朽可立待矣。故窗棂栏杆之制，务使头头有笋[①]，眼眼着撒[②]。然头眼过密，笋撒太多，又与雕镂无异，仍是戕其体也，故又宜简不宜繁。根数愈少愈佳，少则可坚；眼数愈密愈贵，密则纸不易碎。然既少矣，又安能密？曰：此在制度之善，非可以笔舌争也。窗栏之体，不出纵横、欹斜、屈曲三项，请以萧斋制就者[③]，各图一则以例之。

纵横格

是格也，根数不多，而眼亦未尝不密，是所谓头头有笋，眼眼着撒者，雅莫雅于此，坚亦莫坚于此矣。是从陈腐中变出。由此推之，则旧式可化为新者，不知凡几。但取其简者、坚者、自然者变之，事事以雕镂为戒，则人工渐去，而天巧自呈矣。

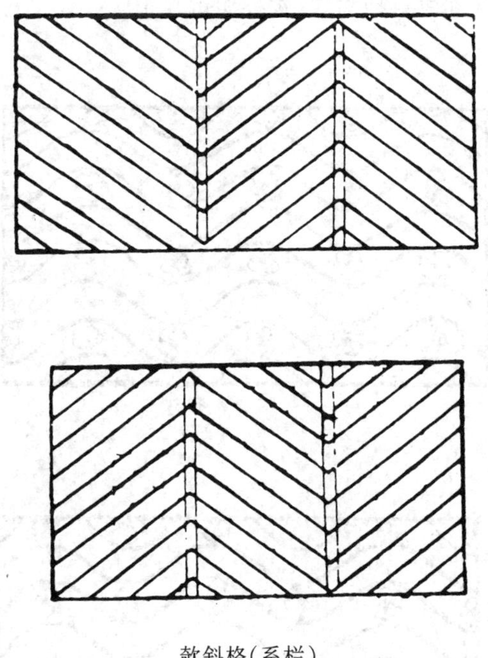

欹斜格(系栏)

此格甚佳，为人意想所不到。因其平而有笋者，可以着实，尖而无笋者，没处生根故也。然赖有躲闪法，能令外似悬空，内偏着实，止须善藏其拙耳。当于尖木之后，另设坚固薄板一条，托于其后，上下投笋，而以尖木钉于其上，前看则无，后观则有。其能幻有为无者,全在油漆时善于着色。如栏杆之本体用朱,则所托之板另用他色。他色亦不得泛用,当以屋内墙壁之色为色。如墙系白粉,此板亦作粉色;壁系青砖,此板亦肖砖色。自外观之,止见朱色之纹,而与墙壁相同者,混然一色,无所辨矣。至栏杆之内向者,又必另为一色,勿与外同,或青或蓝,无所不可,而薄板向内之色,则当与之相合。自内观之,又别成一种文理,较外尤可观也。

屈曲体(系栏)

此格最坚,而又省费,名“桃花浪”,又名“浪里梅”。曲木另造,花另造,俟曲木入柱投笋后,始以花塞空处,上下着钉,借此联络,虽有大力者挠之,不能动矣。花之内外,宜作两种,一作桃,一作梅,所云“桃花浪”、“浪里梅”是也。浪色亦忌雷同,或蓝或绿,否则同是一色,而以深浅别之,使人一转足之间,景色判然。是以一物幻为二物,又未尝于本等材料之外,另费一钱。凡予所为,强半皆若是也。

① 笋:通“榫”。榫头。

② 撒:用以塞紧器物的竹木片。

③ 萧斋:唐李肇《国史补》载梁武帝造寺命萧子云书“萧”字,后李约购之匾于小亭以玩之,号为萧斋。后世因以作书斋别称,亦有寒斋之意。

取景在借

开窗莫妙于借景,而借景之法,予能得其三昧。向犹私之,乃今嗜痂者众,将来必多依样葫芦,不若公之海内,使物物尽效其灵,人人均有其乐。但期于得意酣歌之顷,高叫笠翁数声,使梦魂得以相傍,是人乐而我亦与焉,为愿足矣。向居西子湖滨,欲购湖舫一只,事事犹人,不求稍异,止以窗格异之。人询其法,予曰:四面皆实,独虚其中,而为“便面”之形①。实者用板,蒙以灰布,勿露一隙之光;虚者用木作框,上下皆曲而直其两旁,所谓便面是也。纯露空明,勿使有纤毫障翳。是船之左右，止有二便面，便面之外，无他物矣。坐于其中，则两岸之湖光山色、寺观浮屠[2]、云烟竹树，以及往来之樵人牧竖、醉翁游女，连人带马尽入便面之中，作我天然图画。且又时时变幻，不为一定之形。非特舟行之际，摇一橹，变一像，撑一篙，换一景；即系缆时，风摇水动，亦刻刻异形。是一日之内，现出百千万幅佳山佳水，总以便面收之。而便面之制，又绝无多费，不过曲木两条、直木两条而已。世有掷尽金钱，求为新异者，其能新异若此乎？

此窗不但娱己，兼可娱人。不特以舟外无穷之景色摄入舟中，兼可以舟中所有之人物，并一切几席杯盘射出窗外，以备来往游人之玩赏。何也？以内视外，固是一幅便面山水；而以外视内，亦是一幅扇头人物。譬如拉妓邀僧，呼朋聚友，与之弹棋观画，分韵拈毫，或饮或歌，任眠任起，自外观之，无一不同绘事。同一物也，同一事也，此窗未设以前，仅作事物观；一有此窗，则不烦指点，人人俱作画图观矣。夫扇面非异物也，肖扇面为窗，又非难事也。世人取象乎物，而为门为窗者，不知凡几，独留此眼前共见之物，弃而弗取，以待笠翁，讵非咄咄怪事乎？所恨有心无力，不能办此一舟，竟成欠事。兹且移居白门，为西子湖之薄幸人矣。此愿茫茫，其何能遂？不得已而小用其机，置此窗于楼头，以窥钟山气色，然非创始之心，仅存其制而已。

予又尝作观山虚牖，名“尺幅窗”，又名“无心画”，姑妄言之。浮白轩中，后有小山一座，高不逾丈，宽止及寻[3]，而其中则有丹崖碧水，茂林修竹，鸣禽响瀑，茅屋板桥，凡山居所有之物，无一不备。盖因善塑者肖予一像，神气宛然；又因予号笠翁，顾名思义，而为把钓之形。予思既执纶竿，必当坐之矶上，有石不可无水,有水不可无山,有山有水,不可无笠翁息钓归休之地,遂营此窟以居之。是此山原为像设,初无意于为窗也。后见其物小而蕴大,有“须弥芥子”之义④,尽日坐观,不忍阖牖,乃瞿然曰:“是山也,而可以作画;是画也,而可以为窗;不过损予一日杖头钱⑤,为装潢之具耳。”遂命童子裁纸数幅,以为画之头尾,及左右镶边。头尾贴于窗之上下,镶边贴于两旁,俨然堂画一幅,而但虚其中。非虚其中,欲以屋后之山代之也。坐而观之,则窗非窗也,画也;山非屋后之山,即画上之山也。不觉狂笑失声,妻孥群至,又复笑予所笑,而“无心画”、“尺幅窗”之制,从此始矣。

予又尝取枯木数茎,置作天然之牖,名曰“梅窗”。生平制作之佳,当以此为第一。己酉之夏,骤涨滔天,久而不涸,斋头淹死榴、橙各一株,伐而为薪,因其坚也,刀斧难入,卧于阶除者累日。予见其枝柯盘曲,有似古梅,而老干又具盘错之势,似可取而为器者,因筹所以用之。是时栖云谷中,幽而不明,正思辟牖,乃幡然曰:“道在是矣!”遂语工师,取老干之近直者,顺其本来,不加斧凿,为窗之上下两旁,是窗之外廓具矣。再取枝柯之一面盘曲、一面稍平者,分作梅树两株,一从上生而倒垂,一从下生而仰接。其稍平之一面则略施斧斤,去其皮节而向外,以便糊纸;其盘曲之一面,则匪特尽全其天,不稍戕斫,并疏枝细梗而留之。既成之后,剪彩作花,分红梅、绿萼二种,缀于疏枝细梗之上,俨然活梅之初着花者。同人见之,无不叫绝。予之心思,讫于此矣。后有所作,当亦不过是矣。

便面不得于舟,而用于房舍,是屈事矣。然有移天换日之法在,亦可变昨为今,化板成活,俾耳目之前,刻刻似有生机飞舞，是亦未尝不妙，止费我一番筹度耳。予性最癖，不喜盆内之花，笼中之鸟，缸内之鱼，及案上有座之石，以其局促不舒，令人作囚鸾絷凤之想。故盆花自幽兰、水仙而外，未尝寓目。鸟中之画眉，性酷嗜之，然必另出己意而为笼，不同旧制，务使不见拘囚之迹而后已。自设便面以后，则生平所弃之物，尽在所取。从来作便面者，凡山水人物、竹石花鸟以及昆虫，无一不在所绘之内，故设此窗于屋内，必先于墙外置板，以备承物之用。一切盆花笼鸟、蟠松怪石，皆可更换置之。如盆兰吐花，移之窗外，即是一幅便面幽兰；盎菊舒英，纳之牖中，即是一幅扇头佳菊。或数日一更，或一日一更；即一日数更，亦未尝不可。但须遮蔽下段，勿露盆盎之形。而遮蔽之物，则莫妙于零星碎石。是此窗家家可用，人人可办，讵非耳目之前第一乐事？得意酣歌之顷，可忘作始之李笠翁乎？

① 便面：用以遮面的扇状物。《汉书·张敞传》："（敞）使御吏驱，自以便面拊马。"注："便面，所以障面，盖扇之类也。不欲见人，以此自障面，则得其便，故曰便面。"后亦称团扇、摺扇为便面。

② 浮屠：佛塔。因将佛塔的音译"堵波"误译为"浮屠"，故称佛塔为浮屠。

③ 寻：古长度单位。八尺为寻。

④ 须弥芥子：佛教用语，将极大之须弥山容纳在极小的芥子内，比喻不可思议之事。《维摩诘经·不可思议品》："诸佛菩萨，有解脱名不可思议，若菩萨往是解脱者，以须弥之高广，内芥子中，无所增减，须弥山本相如故。"

⑤ 杖头钱：指买酒钱。典出南朝宋刘义庆《世说新语·任诞》："阮宣子常步行，以百钱挂杖头，至酒店便独酣畅。"

湖舫式(一)

此湖舫式也。不独西湖,凡居名胜之地,皆可用之。但便面止可观山临水,不能障雨蔽风,是又宜筹退步,以补前说之不逮。退步云何?外设推板,可开可阖,此易为之事也。但纯用推板,则幽而不明;纯用明窗,又与扇面之制不合,须以板内

湖舫式(二)

嵌窗之法处之。其法维何？曰：即仿梅窗之制，以制窗棂。亦备其式于右。

四围用板者，既取其坚，又省制棂装花人工之半也。中作花树者，不失扇头图画之本色也。用直棂间于其中者，无此则

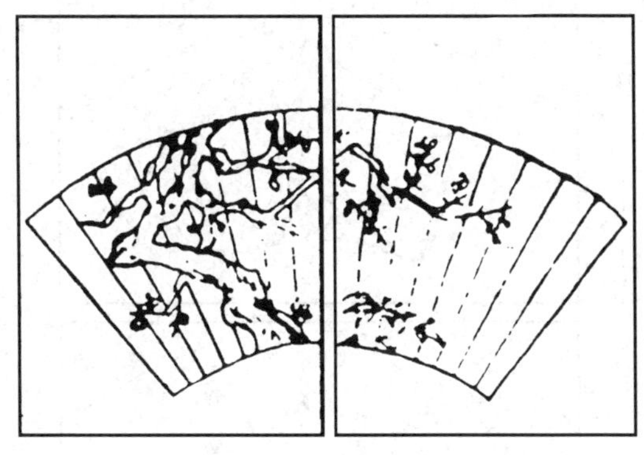

便面窗外推板装花式

花树无所倚靠,即勉强为之,亦浮脆而难久也。棂不取直,而作欹斜之势,又使上宽下窄者,欲肖扇面之折纹;且小者可以独扇,大则必分双扇,其中间合缝处,糊纱糊纸,无直木以界之,则纱与纸无所依附故也。若是,则棂与花树纵横相杂,不几泾渭难分,而求工反拙乎?曰:不然。有两法盖藏,勿虑也。花树粗细不一,其势莫妙于参差,棂则极匀,而又贵乎极细,须以极坚之木为之,一法也;油漆并着色之时,棂用白粉,与糊窗之纱纸同色,而花树则绘五彩,俨然活树生花,又一法也。若是泾渭自分,而便面与花,判然有别矣。梅花止备一种,此外或花或鸟,但取简便者为之,勿拘一格。惟山水人物,必不可用。花板与花棂俱另制,制就花棂,而后以板镶之。即花与棂,亦难合造,须使花自花而棂自棂,先分后合。其连接处,各损少许以就之,或以钉钉,或以胶粘,务期可久。

诸式止备其概,余可类推。然此皆为窗外无景,求天然者不得,故以人力补之;若远近风物尽有可观,则焉用此碌碌为哉?昔人云:“会心处正不在远。”若能实具一段闲情、一双慧

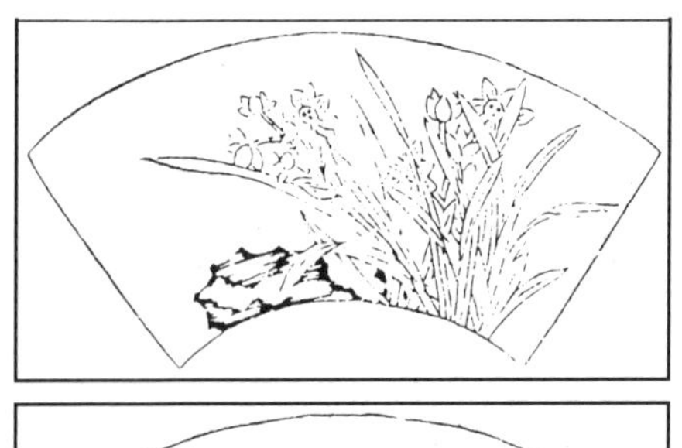

便面窗花卉式

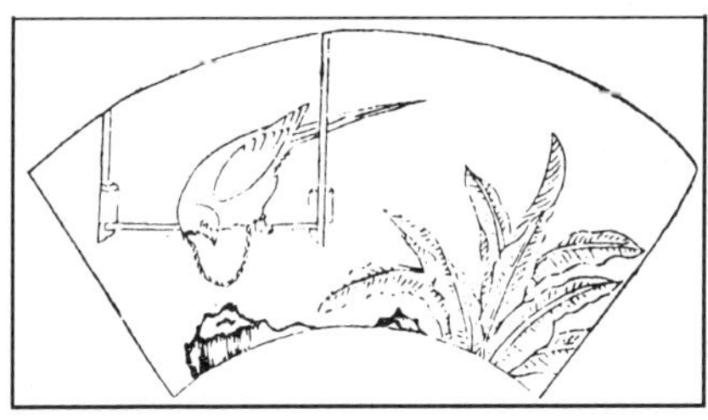

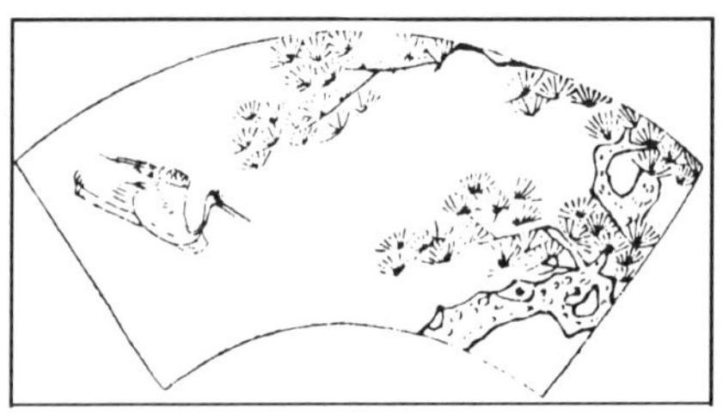

便面窗虫鸟式

眼，则过目之物，尽是画图；入耳之声，无非诗料。譬如我坐窗内，人行窗外，无论见少年女子是一幅美人图，即见老妪白叟扶杖而来，亦是名人画幅中必不可无之物；见婴儿群戏是一幅百子图，即见牛羊并牧、鸡犬交哗，亦是词客文情内未尝偶缺之资。“牛溲马勃，尽入药笼。”予所制便面窗，即雅人韵士之药笼也。

此窗若另制纱窗一扇，绘以灯色花鸟，至夜篝灯于内，自外视之，又是一盏扇面灯。即日间自内视之，光彩相照，亦与观灯无异也。

山 水 图 窗

凡置此窗之屋，进步宜深，使坐客观山之地去窗稍远，则窗之外廓为画，画之内廓为山，山与画连，无分彼此，见者不问而知为天然之画矣。浅促之屋，坐在窗边，势必倚窗为栏，身之大半出于窗外，但见山而不见画，则作者深心有时埋没，非尽善之制也。

尺幅窗图式，最难摹写。写来非似真画，即似真山，非画

尺幅窗图式

上之山与山中之画也。前式虽工,虑观者终难了悟,兹再绘一纸,以作副墨。且此窗虽多开少闭,然亦间有闭时;闭时用他槅他棂,则与画意不合,丑态出矣。必须照式大小,作木槅一扇,以名画一幅裱之,嵌入窗中,又是一幅真画,并非“无心画”与“尺幅窗”矣。但观此式,自能了然。

裱槅如裱回屏, 托以麻布及厚纸, 薄则明而有光, 不成画矣。

梅　窗

制此之法,总论已备之矣,其略而不详者,止有取老干作外廓一事。外廓者,窗之四面,即上下两旁是也。若以整木为之,则向内者古朴可爱,而向外一面屈曲不平,以之着墙,势难贴伏。必取整木一段,分中锯开,以有锯路者着墙,天然未斫者向内,则天巧人工,俱有所用之矣。

墙壁第三

"峻宇雕墙","家徒壁立"①,昔人贫富,皆于墙壁间辨之。故富人润屋,贫士结庐,皆自墙壁始。墙壁者,内外攸分,而人我相半者也。俗云:"一家筑墙,两家好看。"居室器物之有公道者,惟墙壁一种,其余一切皆为我之学也。然国之宜固者城池,城池固而国始固;家之宜坚者墙壁,墙壁坚而家始坚。其实为人即是为己,人能以治墙壁之一念治其身心,则无往而不利矣。人笑予止务闲情,不喜谈禅讲学,故偶为是说以解嘲,未审有当于理学名贤及善知识否也②。

① 家徒壁立:谓家中一无所有。《汉书·司马相如传上》:"文君夜亡奔相如,相如与驰归成都,家徒四壁立。"

② 理学名贤:理学名家。 善知识:佛教语。谓了解一切知识,高明出众之人。《释氏要览》引《摩诃般多经》:"能说空、无相、无作、无生、无灭法及一切种智,令人心入欢喜信乐,是名善知识。"

界　墙

界墙者，人我公私之畛域[①]，家之外廓是也。莫妙于乱石垒成，不限大小方圆之定格。垒之者人工，而石则造物生成之本质也。其次则为石子。石子亦系生成，而次于乱石者，以其有圆无方，似执一见，虽属天工，而近于人力故耳。然论二物之坚固，亦复有差；若云美观入画，则彼此兼擅其长矣。此惟傍山邻水之处得以有之，陆地平原，知其美而不能致也。予见一老僧建寺，就石工斧凿之余，收取零星碎石几及千担，垒成一壁，高广皆过十仞，嶙峋崭绝，光怪陆离，大有峭壁悬崖之致。此僧诚韵人也。迄今三十余年，此壁犹时时入梦，其系人思念可知。砖砌之墙，乃八方公器，其理其法，是人皆知，可以置而弗道。至于泥墙土壁，贫富皆宜，极有萧疏雅淡之致，惟怪其跟脚过肥，收顶太窄，有似尖山，又且或进或出，不能如砖墙一截而齐，此皆主人监督之不善也。若以砌砖墙挂线之法，先定高低出入之痕，以他物建标于外，然后以筑板因之，则有旃墙粉堵之风，而无败壁颓垣之象矣。

① 畛域：范围；界限。《庄子·秋水》："泛泛乎，其若四方之无穷，其无所畛域。"

女　墙

《古今注》云:“女墙者,城上小墙。一名‘睥睨’,言于城上窥人也。”予以私意释之,此名甚美,似不必定指城垣,凡户以内之及肩小墙,皆可以此名之。盖“女”者,妇人未嫁之称,不过言其纤小,若定指城上小墙,则登城御敌,岂妇人女子之事哉?至于墙上嵌花或露孔,使内外得以相视,如近时园圃所筑者,益可名为“女墙”,盖仿睥睨之制而成者也。其法穷奇极巧,如《园冶》所载诸式[①],殆无遗义矣。但须择其至稳极固者为之,不则一砖偶动,则全壁皆倾,往来负荷者,保无一时误触之患乎?坏墙不足惜,伤人实可虑也。予谓自顶及脚,皆砌花纹,不惟极险,亦且大费人工。其所以洞彻内外者,不过使代琉璃屏,欲人窥见室家之好耳。止于人眼所瞩之处,空二三尺,使作奇巧花纹,其高乎此及卑乎此者,仍照常实砌,则为费不多,而又永无误触致崩之患。此丰俭得宜,有利无害之法也。

① 《园冶》:又名《园牧》,古代造园名著。明崇祯时吴江计成著,共三卷,对造园的理论技术有详细阐述。

厅 壁

厅壁不宜太素，亦忌太华。名人尺幅自不可少，但须浓淡得宜，错综有致。予谓裱轴不如实贴。轴虑风起动摇，损伤名迹；实贴则无是患，且觉大小咸宜也。实贴又不如实画，"何年顾虎头，满壁画沧州"①，自是高人韵事。予斋头偶仿此制，而又变幻其形，良朋至止，无不耳目一新，低回留之不能去者。因予性嗜禽鸟，而又最恶樊笼，二事难全，终年搜索枯肠，一悟遂成良法。乃于厅旁四壁，倩四名手，尽写着色花树，而绕以云烟，即以所爱禽鸟，蓄于虬枝老干之上。画止空迹，鸟有实形，如何可蓄？曰：不难，蓄之须自鹦鹉始。从来蓄鹦鹉者必用铜架，即以铜架去其三面，止存立脚之一条，并饮水啄粟之二管。先于所画松枝之上，穴一小小壁孔，后以架鹦鹉者插入其中，务使极固，庶往来跳跃，不致动摇。松为着色之松，鸟亦有色之鸟，互相映发，有如一笔写成。良朋至止，仰观壁画，忽见枝头鸟动，叶底翎张，无不色变神飞，诧为仙笔；乃惊疑未定，又复载飞载鸣，似欲翱翔而下矣。谛观熟视，方知个里情形，有不抵掌叫绝，而称巧夺天工者乎？若四壁尽蓄鹦鹉，又忌雷同，势必间以他鸟。鸟之善鸣者，推画眉第一。然鹦鹉之笼可去，画眉之笼不可去也，将奈之何？予又有一法：取树枝之拳曲似龙者，截取一段，密者听其自如，疏者网以铁线，不使太疏，亦不使太密，总以不致飞脱为主。蓄画眉于中，插之亦如前法。此声方歇，彼喙复开；翠羽初收，丹睛复转。因禽鸟之善鸣善啄，觉花树之亦动亦摇；流水不鸣而似鸣，高山是寂而非寂。座客别去者，皆作殷浩书空，谓咄咄怪事[②]，无有过此者矣。

① “何年”二句：语出杜甫诗《题玄武禅师屋壁》。顾虎头，即顾恺之，字长康，小字虎头，东晋大画家。沧州，水滨之所。古时常用以称隐士所居。此指壁画上高人隐士居住之地。

② “皆作”二句：南朝宋刘义庆《世说新语·黜免》：“殷中军（殷诰）被废，在信安，终日恒书空作字。扬州吏民寻义逐之，窃视，唯作‘咄咄怪事’四字而已。”后常用以形容出乎意料、令人惊异之事。

书　房　壁

书房之壁，最宜潇洒；欲其潇洒，切忌油漆。油漆二物，俗物也，前人不得已而用之，非好为是沾沾者。门户窗棂之必须油漆，蔽风雨也；厅柱榱楹之必须油漆，防点污也。若夫书室之内，人迹罕至，阴雨弗浸，无此二患而亦蹈此辙，是无刻不在桐腥漆气之中，何不并漆其身而为厉乎？石灰垩壁，磨使极光，上着也；其次则用纸糊。纸糊可使屋柱窗楹共为一色，即壁用灰垩，柱上亦须纸糊，纸色与灰，相去不远耳。壁间书画自不可少，然粘贴太繁，不留余地，亦是文人俗态。天下万物，以少为贵。步幛非不佳[①]，所贵在偶尔一见，若王恺之四十里，石崇之五十里[②]，则是一日中哄市，锦绣罗列之肆廛而已矣。看到繁缛处，有不生厌倦者哉？昔僧玄览住荆州陟屺寺，张璪画古松于斋壁,符载赞之,卫象诗之,亦一时三绝,览悉加垩焉。人问其故,览曰:“无事疥吾壁也[③]。”诚高僧之言,然未免太甚。若近时斋壁,长笺短幅尽贴无遗,似冲繁道上之旅肆,往来过客无不留题,所少者只有一笔。一笔维何?“某年月日某人同某在此一乐”是也。此真疥壁,吾请以玄览之药药之。

糊壁用纸,到处皆然,不过满房一色白而已矣。予怪其物而不化,窃欲新之。新之不已,又以薄蹄变为陶冶[④],幽斋化为窑器,虽居室内,如在壶中[⑤],又一新人观听之事也。先以酱色纸一层,糊壁作底,后用豆绿云母笺,随手裂作零星小块,或方或扁,或短或长,或三角或四五角,但勿使圆,随手贴于酱色纸上,每缝一条,必露出酱色纸一线,务令大小错杂,斜正参差,则贴成之后,满房皆冰裂碎纹,有如哥窑美器[⑥]。其块之大者,亦可题诗作画,置于零星小块之间,有如铭钟勒卣[⑦],盘上作铭,无一不成韵事。问予所费几何,不过于寻常纸价之外,多一二剪合之工而已。同一费钱,而有庸腐新奇之别,止在稍用其心。“心之官则思”[⑧],如其不思,则焉用此心为哉?

糊纸之壁,切忌用板。板干则裂,板裂而纸碎矣。用木条纵横作槅,如围屏之骨子然。前人制物备用,皆经屡试而后得之,屏不用板而用木槅,即是故也。即如糊刷用棕,不用他物,其法亦经屡试,舍此而另换一物,则纸与糊两不相能,非厚薄之不均,即刚柔之太过,是天生此物以备此用,非人不能取而予之。人知巧莫巧于古人,孰知古人于此亦大费辛勤,皆学而知之,非生而知之者也。

壁间留隙地,可以代橱。此仿伏生藏书于壁之义[⑨],大有古风,但所用有不合于古者。此地可置他物,独不可藏书,以砖土性湿，容易发潮；潮则生蠹，且防朽烂故也。然则古人藏书于壁，殆虚语乎？曰：不然。东南西北，地气不同，此法止宜于西北，不宜于东南。西北地高而风烈，有穴地数丈而始得泉者，湿从水出，水既不得，湿从何来？即使有极潮之地，而加以极烈之风，未有不返湿为燥者。故壁间藏书，惟燕赵秦晋则可，此外皆应避之。即藏他物，亦宜时开时阖，使受风吹；久闭不开，亦有霾湿生虫之患。莫妙于空洞其中，止设托板，不立门扇，仿佛书架之形，有其用而不侵吾地，且有磐石之固，莫能摇动。此妙制善算，居家必不可无者。　　予又有壁内藏灯之法，可以养目，可以省膏，可以一物而备两室之用，取以公世，亦贫士利人之一端也。我辈长夜读书，灯光射目，最耗元神。有用瓦灯贮火，留一隙之光，仅照书本，余皆闭藏于内而不用者。予怪以有用之光置无用之地，犹之暴殄天物，因效匡衡凿壁之义⑩，于墙上穴一小孔，置灯彼屋而光射此房，彼行彼事，我读我书，是一灯也，而备全家之用，又使目力不竭于焚膏⑪，较之瓦灯，其利奚止十倍？以赠贫士，可当分财。使予得拥厚资，其不吝亦如是也。

① 步幛：用以遮蔽风尘或视线的屏幕。

② “若王恺之”二句：王恺，字君夫，晋武帝的舅舅，性豪侈，日用无度。石崇，字季伦，晋人，生活奢侈。两人不服气，常在一起斗富。《世说新语·汰侈》载：“君夫作紫丝布步幛碧绫里四十里，石崇作锦步幛五十里以敌之。”

③ “昔僧玄览”九句：事见唐段成式《酉阳杂俎》十二“语资”。言唐大历末事。

④ 薄蹄：这里指用纸糊一层。见《易·说卦》：“为薄蹄。”正义谓：“取其水流迫地而行也。”

⑤ 壶中:用汉老翁卖药于市,藏身壶中事。后被道家用指仙境,或泛称超凡脱俗之境界。

⑥ 哥窑:宋代著名瓷窑之一。相传南宋时有章姓兄弟二人在龙泉烧治瓷器,兄名生一,所烧者称哥窑;弟名生二,所烧者称弟窑。所烧瓷器有冰裂纹为哥窑特色。

⑦ 卣:古代酒器。青铜制。椭圆口、深腹、圈足,有盖和提梁。也有作圆筒形的,器形变化较多。盛行于商代和西周初期。

⑧ 心之官则思:意为心的功能是用来思考的,语出《孟子·告子》。

⑨ 伏生:名胜,字子贱,秦朝博士,始皇焚书时,他将《尚书》藏于屋壁中。汉时上遗书29篇,教于齐鲁间。

⑩ 匡衡凿壁:典出晋葛洪《西京杂记》:"匡衡,字稚圭。勤学而无烛,邻舍有烛而不逮,衡乃穿壁引其光以书映光而读之。"

⑪ 焚膏:点燃的油灯。膏,油脂,此指油灯。

联匾第四

堂联斋匾,非有成规。不过前人赠人以言,多则书于卷轴,少则挥诸扇头;若止一二字、三四字,以及偶语一联,因其太少也,便面难书,方策不满,不得已而大书于木。彼受之者,因其坚巨难藏,不便纳之笥中,欲举以示人,又不便出诸怀袖,亦不得已而悬之中堂,使人共见。此当日作始者偶然为之,非有成格定制,画一而不可移也。讵料一人为之,千人万人效之，自昔徂今，莫知稍变。夫礼乐制自圣人，后世莫敢窜易，而殷因夏礼，周因殷礼，尚有损益于其间[①]，矧器玩竹木之微乎？予亦不必大肆更张，但效前人之损益可耳。锢习繁多，不能尽革，姑取斋头已设者，略陈数则，以例其余。非欲举世则而效之，但望同调者各出新裁，其聪明什佰于我。投砖引玉，正不知导出几许神奇耳。

有诘予者曰：观子联匾之制，佳则佳矣，其如挂一漏万何？由子所为者而类推之，则《博古图》中，如樽罍[②]、琴瑟、几杖、盘盂之属，无一不可肖象而为之，胡仅以寥寥数则为也？予曰：不然。凡予所为者，不徒取异标新，要皆有所取义。凡人操觚握管，必先择地而后书之，如古人种蕉代纸[③]，刻竹留题，册上挥毫，卷头染翰，剪桐作诏[④]，选石题诗，是之数者，皆书家固有之物，不过取而予之，非有蛇足于其间也。若不计可否而混用之，则将来牛鬼蛇神无一不备，予其作俑之人乎！图中所载诸名笔，系绘图者勉强肖之，非出其人之手。缩巨为细，自失原神，观者但会其意可也。

① “而殷因”三句：语出《论语·为政》：“子曰：‘殷因于夏礼，所损益可知也。周曰于殷礼，所损益可知也。”因，沿袭，继承。

② 罍：古代器名。青铜制或陶制。圆形或方形。小口、广肩、深腹、圈足，有盖，肩部有两环耳，腹下又有一鼻。用以盛酒和水。盛行于商周时期。

③ 种蕉代纸：相传唐代书法家怀素种芭蕉万余株，以蕉叶代纸练习书法。

④ 剪桐作诏：周成王用桐叶做圭，对其弟叔虞说：“我用这封你。”结果封叔虞于唐，成为晋的始祖。事见《史记·晋世家》。圭，古代作为瑞信的玉。

蕉 叶 联

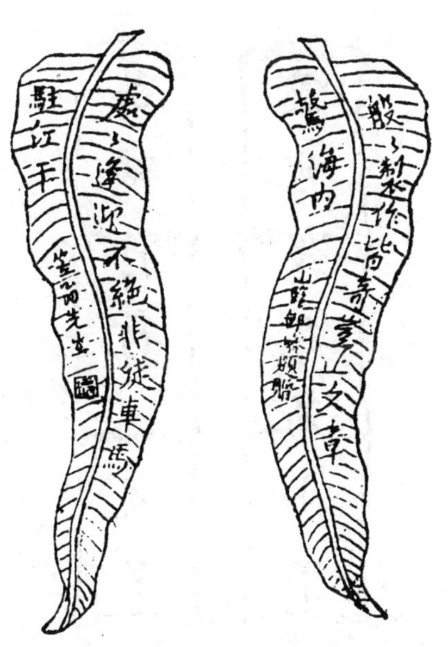

蕉叶题诗，韵事也；状蕉叶为联，其事更韵。但可置于平坦贴服之处，壁间门上，皆可用之，以之悬柱则不宜，阔大难掩故也。其法先画蕉叶一张于纸上，授木工以板为之，一样二扇，一正一反，即不雷同。后付漆工，令其满灰密布，以防碎裂。漆成后，始书联句，并画筋纹。蕉色宜绿，筋色宜黑，字则宜填石黄，始觉陆离可爱，他色皆不称也。用石黄乳金更妙，全用金字则太俗矣。此匾悬之粉壁，其色更显，可称“雪里芭蕉”。

此　君　联①

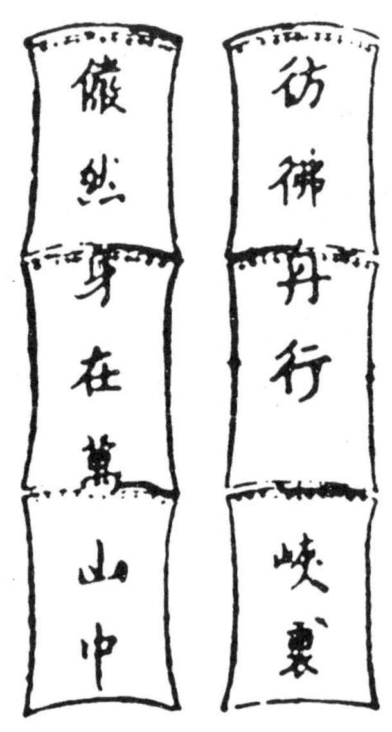

“宁可食无肉，不可居无竹②。”竹可须臾离乎？竹之可为器也，自楼阁几榻之大，以至笥奁杯箸之微，无一不经采取，独至为联为匾诸韵事弃而弗录，岂此君之幸乎？用之请自予始。截竹一筒，剖而为二，外去其青，内铲其节，磨之极光，务使如镜。然后书以联句，令名手镌之，掺以石青或石绿，即墨字亦可。以云乎雅，则未有雅于此者；以云乎俭，亦未有俭于此者。不宁惟是，从来柱上加联，非板不可，柱圆板方，柱窄板阔，彼此抵牾，势难贴服，何如以圆合圆，纤毫不谬，有天机凑泊之妙乎？此联不用铜钩挂柱，用则多此一物，是为赘瘤。止用铜钉上下二枚，穿眼实钉，勿使动移。其穿眼处，反择有字处穿之，钉钉后，仍用掺字之色补于钉上，混然一色，不见钉形尤妙。钉蕉叶联亦然。

① 此君：即竹。《世说新语·任诞》载王徽之曾指着竹子说："何可一日无此君！"后遂有此称呼。

② "宁可"二句：语出苏轼《於潜僧绿竹轩》诗。

碑　文　额

三字额，平书者多，间有直书者，匀作两行。匾用方式，亦偶见之。然皆白地黑字，或青绿字。兹效石刻为之，嵌于粉壁之上，谓之匾额可，谓之碑文亦可。名虽石，不果用石。用石费多而色不显，不若以木为之。其色亦不仿墨刻之色，墨刻色暗，而远视不甚分明。地用黑漆，字填白粉，若是则值既廉，又使观者耀目。此额惟墙上开门者宜用之，又须风雨不到之处。客之至者，未启双扉，先立漆书壁经之下，不待搴帷入室，已知为文士之庐矣。

手 卷 额

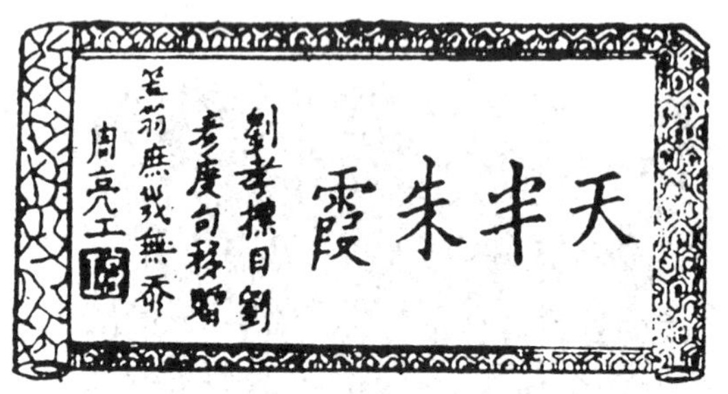

额身用板，地用白粉，字用石青石绿，或用炭灰代墨，无一不可。与寻常匾式无异，止增圆木二条，缀于额之两旁，若轴心然。左画锦纹，以像装潢之色；右则不宜太工，但像托画之纸色而已。天然图卷，绝无穿凿之痕；制度之善，庸有过于此者乎？眼前景，手头物，千古无人计及，殊可怪也。

册　页　匾

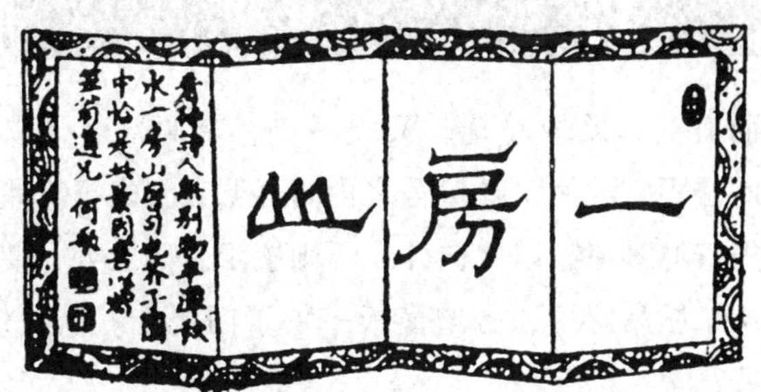

用方板四块,尽寸相同,其后以木绾之。断而使续,势取乎曲,然勿太曲。边画锦纹,亦像装潢之色。止用笔画,勿用刀镌;镌者粗略,反不似笔墨精工;且和油入漆,着色为难,不若画色之可深可浅,随取随得也。字则必用剞劂。各有所宜,混施不可。

虚　白　匾

“虚室生白”①，古语也。且无事不妙于虚，实则板矣。用薄板之坚者，贴字于上，镂而空之，若制糖食果馅之木印。务使二面相通，纤毫无障。其无字处，坚以灰布，漆以退光。俟既成后，贴洁白绵纸一层于字后。木则黑而无泽，

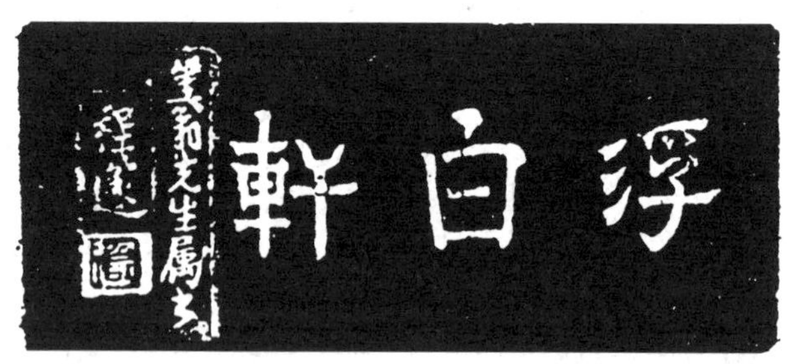

字则白而有光，既取玲珑，又类墨刻，有匾之名，去其迹矣。但此匾不宜混用，择房舍之内暗外明者置之。若屋后有光，则先穴通其屋，以之向外，不则置于入门之处，使正面向内。从来屋高门矮，必增横板一块于门之上。以此代板，谁曰不佳？

① 虚室生白：语出《庄子·人间世》。白，日光所照；室，喻指心。所谓心能空虚，则纯白独生。后常用于形容一种澄澈明朗的境界。

石 光 匾

即"虚白"一种，同实而异名。用于磊石成山之地，择山石偶断处，以此续之。亦用薄板一块，镂字既成，用漆涂染，与山同色，勿使稍异。其字旁凡有隙地，即以小石补之，粘以生漆，勿使见板。至板之四围，亦用石补，与山石合成一片，无使有襞襀之痕[①]，竟似石上留题，为后人凿穿以存其迹者。字后若无障碍，则使通天，不则亦贴绵纸，取光明而塞障碍。

① 襞襀：衣服上的褶子。

秋 叶 匾

御沟题红[①]，千古佳事；取以制匾，亦觉有情。但制红叶与制绿蕉有异：蕉叶可大，红叶宜小；匾取其横，联妙在直。是亦不可不知也。

① 御沟题红：又称“红叶题诗”。唐宣宗时，舍人卢渥从御沟（宫墙下的护城河）中拾得一片红叶，上题一诗：“流水何太急，深宫尽日闲。殷勤谢红叶，好去到人间。”后宣宗放宫女，卢渥刚好得到当初在红叶上题诗的那位，一时传为佳话。事见唐范摅《云溪友议》等书。

山石第五

幽斋磊石，原非得已。不能致身岩下，与木石居，故以一卷代山，一勺代水，所谓无聊之极思也。然能变城市为山林，招飞来峰使居平地[①]，自是神仙妙术，假手于人以示奇者也，不得以小技目之。且磊石成山，另是一种学问，别是一番智巧。尽有丘壑填胸[②]、烟云绕笔之韵士，命之画水题山，顷刻千岩万壑，乃倩磊斋头片石，其技立穷，似向盲人问道者。故从来叠山名手，俱非能诗善绘之人。见其随举一石，颠倒置之，无不苍古成文，纡回入画，此正造物之巧于示奇也。譬之扶乩召仙[③]，所题之诗与所判之字，随手便成法帖，落笔尽是佳词，询之召仙术士，尚有不明其义者。若出自工书善咏之手,焉知不自人心捏造?妙在不善咏者使咏,不工书者命书,然后知运动机关,全由神力。其叠山磊石,不用文人韵士,而偏令此辈擅长者,其理亦若是也。然造物鬼神之技,亦有工拙雅俗之分,以主人之去取为去取。主人雅而喜工,则工且雅者至矣;主人俗而容拙,则拙而俗者来矣。有费累万金钱,而使山不成山、石不成石者,亦是造物鬼神作祟,为之摹神写像,以肖其为人也。一花一石,位置得宜,主人神情已见乎此矣,奚俟察言观貌,而后识别其人哉?

① 飞来峰:在杭州市灵隐寺前。田汝成《西湖游览志》:"飞来峰,介乎灵隐、天竺两山之间……晋咸和元年,西僧慧理登而叹曰:'此乃中天竺国灵鹫山之小岭,不知何以飞来,仙灵隐窟,今复尔否?'因树锡结庵,名曰灵隐。命其峰曰飞来。"

② 丘壑填胸:黄庭坚《题子瞻枯木》诗:"胸中元自有丘壑,故作老木蟠风霜。"原意是说画家的布局构思,后常用以比喻深远的意境。

③ 扶乩:一种迷信。"扶"即"扶架子","乩"指占卜。扶乩之时,将木制丁字架置于沙盘上,依法请神,木架的下垂部即在沙上画出文字,作为神的启示。旧时农历正月十五夜民间常有扶乩活动。起于唐代,明清时盛行于士大夫间,亦称"扶鸾"。

大　山

山之小者易工,大者难好。予遨游一生,遍览名园,从未见有盈亩累丈之山,能无补缀穿凿之痕,遥望与真山无异者。犹之文章一道,结构全体难,敷陈零段易。唐宋八大家之文,全以气魄胜人,不必句栉字篦,一望而知为名作。以其先有成局,而后修饰词华,故粗览细观同一致也。若夫间架未立,才自笔生,由前幅而生中幅,由中幅而生后幅,是谓以文作文,亦是水到渠成之妙境;然但可近视,不耐远观,远观则襞襀缝纫之痕出矣。书画之理亦然。名流墨迹,悬在中堂,隔寻丈而观之,不知何者为山,何者为水,何处是亭台树木,即字之笔画杳不能辨,而只览全幅规模,便足令人称许。何也?气魄胜人,而全体章法之不谬也。至于累石成山之法,大半皆无成局,犹之以文作文,逐段滋生者耳。名手亦然,矧庸匠乎?然则欲累巨石者,将如何而可?必俟唐宋诸大家复出,以八斗才人,变为五丁力士[①],而后可使运斤乎?抑分一座大山为数十座小山,穷年俯视,以藏其拙乎?曰:不难。用以土代石之法,既减人工,又省物力,且有天然委曲之妙。混假山于真山之中,使人不能辨者,其法莫妙于此。累高广之山,全用碎石,则如百衲僧衣,求一无缝处而不得,此其所以不耐观也。以土间之,则可泯然无迹,且便于种树。树根盘固,与石比坚,且树大叶繁,混然一色,不辨其为谁石谁土。立于真山左右,有能辨为积累而成者乎?此法不论石多石少,亦不必定求土石相半,土多则是土山带石,石多则是石山带土。土石二物,原不相离,石山离土,则草木不生,是童山矣[②]。

① 五丁力士:汉扬雄《蜀王本纪》:"天为蜀王生五丁力士,能献山,秦王献美女与蜀王,蜀王遣五丁迎女。见一大蛇入山穴中,五丁引蛇,山崩,秦五女皆上山,化为石。"后用作大力士的别名。

② 童山:即不生草木的山。《管子·国准》:"有虞之王,枯泽童山。"

小　　山

小山亦不可无土，但以石作主，而土附之。土之不可胜石者，以石可壁立，而土则易崩，必仗石为藩篱故也。外石内土，此从来不易之法。

言山石之美者，俱在透、漏、瘦三字。此通于彼，彼通于此，若有道路可行，所谓透也；石上有眼，四面玲珑，所谓漏也；壁立当空，孤峙无倚，所谓瘦也。然透、瘦二字在在宜然，漏则不应太甚。若处处有眼，则似窑内烧成之瓦器，有尺寸限在其中，一隙不容偶闭者矣。塞极而通，偶然一见，始与石性相符。

瘦小之山，全要顶宽麓窄，根脚一大，虽有美状，不足观矣。

石眼忌圆，即有生成之圆者，亦粘碎石于旁，使有棱角，以避混全之体。

石纹石色，取其相同。如粗纹与粗纹当并一处，细纹与细纹宜在一方，紫碧青红，各以类聚是也。然分别太甚，至其相悬接壤处，反觉异同，不若随取随得，变化从心之为便。至于石性，则不可不依；拂其性而用之，非止不耐观，且难持久。石性维何？斜正纵横之理路是也。

石　　壁

假山之好，人有同心；独不知为峭壁，是可谓叶公之好龙矣①。山之为地，非宽不可；壁则挺然直上，有如劲竹孤桐，斋头但有隙地，皆可为之。且山形曲折，取势为难，手笔稍庸，便贻大方之诮②。壁则无他奇巧，其势有若累墙，但稍稍纡回出入之，其体嶙峋，仰观如削，便与穷崖绝壑无异。且山之与壁，其势相因，又可并行而不悖者。凡累石之家，正面为山，背面皆可作壁。匪特前斜后直，物理皆然，如椅榻舟车之类；即山之本性，亦复如是。逶迤其前者，未有不崭绝其后，故峭壁之设，诚不可已。但壁后忌作平原，令人一览而尽。须有一物焉蔽之，使座客仰观不能穷其颠末，斯有万丈悬岩之势，而绝壁之名为不虚矣。蔽之者维何？曰：非亭即屋。或面壁而居，或负墙而立，但使目与檐齐，不见石丈人之脱巾露顶③，则尽致矣。

石壁不定在山后，或左或右，无一不可，但取其地势相宜。或原有亭屋，而以此壁代照墙，亦甚便也。

① 叶公之好龙：相传叶公平时标榜好龙，屋室处处以龙为饰，但一旦真龙降临，却吓得面无人色。事见汉刘向《新序·杂事五》。后喻表面上爱好某种事物，而实际并非如此。

② 大方：《庄子·秋水》："吾长见笑于大方之家。"成玄英疏："方犹道也。"后泛指见识广博者或某一方面的专家。

③ 石丈人：宋米芾好石，知无为军，入州廨，见立石甚奇，即命袍笏拜之，呼为石丈。

石　洞

假山无论大小，其中皆可作洞。洞亦不必求宽，宽则藉以坐人。如其太小，不能容膝，则以他屋联之。屋中亦置小石数块，与此洞若断若连，是使屋与洞混而为一，虽居屋中，与坐洞中无异矣。洞中宜空少许，贮水其中而故作漏隙，使涓滴之声从上而下，旦夕皆然。置身其中者，有不六月寒生，而谓真居幽谷者，吾不信也。

零星小石

贫士之家，有好石之心而无其力者，不必定作假山。一卷特立，安置有情，时时坐卧其旁，即可慰泉石膏肓之癖[①]。若谓如拳之石亦须钱买，则此物亦能效用于人，岂徒为观瞻而设？使其平而可坐，则与椅榻同功；使其斜而可倚，则与栏杆并力；使其肩背稍平，可置香炉茗具，则又可代几案。花前月下，有此待人，又不妨于露处，则省他物运动之劳，使得久而不坏，名虽石也，而实则器矣。且捣衣之砧，同一石也，需之不惜其费；石虽无用，独不可作捣衣之砧乎？王子猷劝人种竹[②]，予复劝人立石；有此君不可无此丈。同一不急之务，而好为是谆谆者，以人之一生，他病可有，俗不可有。得此二物，便可当医，与施药饵济人，同一婆心之自发也。

① 泉石膏肓之癖：爱好山水如病入膏肓。《旧唐书·田游岩传》记高宗幸嵩山，问田游岩山居佳否，游岩曰："臣泉白膏肓，烟霞痼疾。"

② 王子猷：即王徽之，字子猷，王献之之兄，晋代会稽人，性卓尔不群，爱竹。《晋书》本传谓其尝寄居空宅中，便令种竹。或问其故，徽之但啸咏指竹曰："何可一日无此君邪？"

器玩部

制度第一

人无贵贱，家无贫富，饮食器皿，皆所必需。“一人之身，百工之所为备①。”子舆氏尝言之矣。至于玩好之物，惟富贵者需之，贫贱之家，其制可以不问。然而粗用之物，制度果精，入于王侯之家，亦可同乎玩好；宝玉之器，磨砻不善，传于子孙之手，货之不值一钱。知精粗一理，即知富贵贫贱，同一致也。予生也贱，又罹奇穷，珍物宝玩虽云未尝入手，然经寓目者颇多。每登荣朊之堂②，见其辉煌错落者星布棋列，此心未尝不动，亦未尝随见随动，因其材美，而取材以制用者未尽善也。至入寒俭之家，睹彼以柴为扉，以瓮作牖，大有黄虞三代之风③，而又怪其纯用自然，不加区画。如瓮可为牖也，取瓮之碎裂者联之，使大小相错，则同一瓮也，而有哥窑冰裂之纹矣。柴可为扉也，取柴之入画者为之，使疏密中窾，则同一扉也，而有农户儒门之别矣。人谓变俗为雅，犹之点铁成金，惟具山林经济者能此④，乌可责之一切？予曰：垒雪成狮，伐竹为马，三尺童子皆优为之，岂童子亦抱经济乎？有耳目，即有聪明；有心思,即有智巧。但苦自画为愚,未尝竭思穷虑以试之耳。

① “一人”二句:语出《孟子·滕文公》。是孟子批驳许行凡物皆自为而后用的观点。

② 朊:美,厚。一本作“富”。

③ 黄虞三代:代指远古社会。黄,黄帝;虞,古代部落名,即有虞氏,舜为其首领。

④ 经济:指治国安民的理想、才干。

几　案

予初观《燕几图》[①],服其人之聪明什佰于我,因自置无力,遍求置此者,讯其果能适用与否,卒之未得其人。夫我竭此大段心思,不可不谓经营惨淡,而人莫之则效者,其故何居?以其太涉繁琐,而且无此极大之屋,尽列其间,以观全势故也。凡人制物,务使人人可备,家家可用,始为布帛菽粟之才,不则售冕旒而沽玉食,难乎其为购者矣。故予所言,务舍高远而求卑近。几案之设,予以庀材无资,尚未经营及此。

但思欲置几案,其中有三小物必不可少。一曰抽替[②]。此世所原有者也,然多忽略其事,而有设有不设。不知此一物也,有之斯逸,无此则劳,且可藉为容懒藏拙之地。文人所需,如简牍刀锥、丹铅胶糊之属,无一可少,虽曰司之有人,藏之别有其处,究竟不能随取随得,役之如左右手也。予性卞急,往往呼童不至,即自任其劳。书室之地,无论远近迂捷,总以举足为烦。若抽替一设,则凡卒急所需之物,尽纳其中,非特取之如寄,且若有神物俟乎其中,以听主人之命者。至于废稿残牍,有如落叶飞尘,随扫随有,除之不尽,颇为明窗净几之累,亦可暂时藏纳,以俟祝融,所谓容懒藏拙之地是也。知此,则不独书案为然,即抚琴观画、供佛延宾之座,俱应有此。一事有一事之需,一物备一物之用。《诗》云:"童子佩觿"[③],《鲁论》云:"去丧无所不佩[④]。"人身且然,况为器乎?

一曰隔板,此予所独置也。冬月围炉,不能不设几席。火气上炎,每致桌面台心为之碎裂,不可不预为计也。当于未寒之先,另设活板一块,可用可去,衬于桌面之下,或以绳悬,或以钩挂,或于造桌之时,先作机彀以待之[⑤],使之待受火气,焦则另换,为费不多。此珍惜器具之婆心,虑其暴殄天物[⑥],以惜福也。

一曰桌撒。此物不用钱买,但于匠作挥斤之际,主人费启口之劳,僮仆用举手之力,即可取之无穷,用之不竭。从来几案与地不能两平,挪移之时,必相高低长短,而为桌撒,非特寻砖觅瓦,时费辛勤,而且相称为难。非损高以就低,即截长而补短。此虽极微极琐之事,然亦同于临渴凿井,天下古今之通病也。请为世人药之:凡人兴造之际,竹头木屑,何地无之?但取其长不逾寸,宽不过指,而一头极薄、一头稍厚者,拾而存之,多多益善,以备挪台撒脚之用。如台脚所虚者少,则止入薄者,而留其有余者于脚外,不则尽数入之。是止一寸之木,而备高低长短数则之用,又未尝费我一钱,岂非极便于人之事乎?但须加以油漆,勿露竹头木屑之本形。何也?一则使之与桌同色,虽有若无;一则恐童子扫地之时,不能记忆,仍谬认为竹头木屑而去之,势必朝朝更换,将亦不胜其烦;加以油漆,则知为有用之器而存之矣。只此极细一着,而有两意存焉,况大者乎?劳一人以逸天下,予非无功于世者也。

① 《燕几图》:宋黄长睿撰。燕几为一种可以错综分合的案儿,初为六儿,称“骰子桌”。后增一小儿,合称“七星”。纵横排列,使成各种几何图形,按图设席,以娱宾客。今七巧板即由《燕几图》发展而来。

② 抽替:即抽屉。

③ 童子佩觿:语出《诗经·卫风·芄兰》。觿,古人解结用具,象骨制成,亦作佩饰用。

④ “去丧”句:语出《论语·乡党》。意为丧期已满,没有什么不可佩带。

⑤ 机彀:机关。

⑥ 暴殄天物:残害灭绝天生之物。《书·武城》:“今商王受无道,暴殄天物,害虐烝民。”后亦指任意糟蹋物品。

椅　　杌[1]

器之坐者有三:曰椅,曰杌,曰凳。三者之制,以时论之,今胜于古。以地论之,北不如南。维扬之木器,姑苏之竹器,可谓甲于古今,冠乎天下矣,予何能赘一词哉?但有二法未备,予特创而补之:一曰暖椅,一曰凉杌。予冬月著书,身则畏寒,砚则苦冻,欲多设盆炭,使满室俱温,非止所费不资,且几案易于生尘,不终日而成灰烬世界。若止设大小二炉以温手足,则厚于四肢而薄于诸体,是一身而自分冬夏,并耳目心思,亦可自号孤臣孽子矣[2]。计万全而筹尽适,此暖椅之制所由来也。制法列图于后。一物而充数物之用,所利于人者,不止御寒而已也。

盛暑之月,流胶铄金,以手按之,无物不同汤火,况木能生此者乎?凉杌亦同他杌,但杌面必空其中,有如方匣,四围及底俱以油灰嵌之,上覆方瓦一片。此瓦须向窑内定烧,江西福建为最,宜兴次之③,各就地之远近,约同志数人,敛出其资,倩人携带,为费亦无多也。先汲凉水贮杌内,以瓦盖之,务使下面着水,其冷如冰,热复换水,水止数瓢,为力亦无多也。其不为椅而为杌者,夏月少近一物,少受一物之暑气。四面无障,取其透风。为椅则上段之料势必用木,两胁及背又有物以障之,是止顾一臀而周身皆不问矣。此制易晓,图说皆可不备。

① 杌:小矮凳。

② 孤臣孽子:原指失势的臣子与失宠的庶人,后泛指不受重用但

仍怀忠心之人。《孟子·尽心上》:“独孤臣孽子,其操心也危,其虑患也深,故达。”此为诙谐语。

③ 宜兴:在今江苏省无锡市西南,以产紫砂陶器著名。

暖椅式

如太师椅而稍宽,彼止取容臀,而此则周身全纳故也。如睡翁椅而稍直,彼止利于睡,而此则坐卧咸宜,坐多而卧少也。前后置门,两旁实镶以板,臀下足下俱用栅。用栅者,透火气也;用板者,使暖气纤毫不泄也;前后置门者,前进人而后进火也。然欲省事,则后门可以不设,进人之处亦可以进火。此椅之妙,全在安抽替于脚栅之下。只此一物,御尽奇寒,使五官四肢均受其利而弗觉。另置扶手匣一具,其前后尺寸,倍于轿内所用者。入门坐定,置此匣于前,以代几案。倍于轿内所用者,欲置笔砚及书本故也。抽替以板为之,底嵌薄砖,四围镶铜。所贮之灰,务求极细,如炉内烧香所用者。置炭其中,上以灰覆,则火气不烈而满座皆温,是隆冬时别一世界。况又为费极廉,自朝抵暮,止用小炭四块,晓用二块至午,午换二块至晚。此四炭者,秤之不满四两,而一日之内,可享室暖无冬之福,此其利于身者也。若至利于身而无益于事,仍是宴安之具,此则不然。扶手用板,镂去掌大一片,以极薄端砚补之,胶以生漆,不问而知火气上蒸,砚石常暖,永无呵冻之劳,此又利于事者也。不宁惟是,炭上加灰,灰上置香,坐斯椅也,扑鼻而来者,只觉芬芳竟日。是椅也,而又可以代炉。炉之为香也散,此之为香也聚。由是观之,不止代炉,而且差胜于炉矣。有人斯有体,有体斯有衣。焚此香也,自下而升者,能使氤氲透骨,是椅也,而又可代薰笼①。薰笼之受衣也,止能数件;

此物之受衣也，遂及通身。迹是论之，非止代一薰笼，且代数薰笼矣。倦而思眠，倚枕可以暂息，是一有座之床。饥而就食，凭几可以加餐，是一无足之案。游山访友，何烦另觅肩舆，只须加以柱杠，覆以衣顶，则冲寒冒雪，体有余温，子猷之舟可弃也②，浩然之驴可废也③，又是一可坐可眠之轿。日将暮矣，尽纳枕簟于其中，不须臾而被窝尽热；晓欲起也，先置衣履于其内，未转睫而襦裤皆温。是身也，事也，床也，案也，轿也，炉也，薰笼也，定省晨昏之孝子也，送暖偎寒之贤妇也，总以一物焉代之。苍颉造字而天雨粟，鬼夜哭④，以造化灵秘之气泄尽而无遗也。此制一出，得无重犯斯忌，而重杞人之忧乎⑤？

① 薰笼：香炉。

② 子猷之舟：子猷，即王徽之，王羲之子。《世说新语》载其雪夜乘舟访戴逵，至门口又折回，人问其故，答曰：吾本乘兴而行，兴尽而返，何必见戴？

③ 浩然之驴：浩然，即孟浩然(689—740)，唐襄州襄阳(今属湖北)人，著名诗人，诗风清淡，多反映隐逸生活。相传其曾骑驴云游四方。

④ “苍颉”二句：《淮南子·本经》：“昔者苍颉作书而天雨粟，鬼夜哭。”苍颉，亦作“仓颉”，传说中的汉字创造者。

⑤ 杞人之忧：《列子·天瑞》载杞国有人担心天地崩坠，经常废寝忘食。后以“杞人忧天”来比喻不必要或没有根据的忧虑。

床帐

人生百年，所历之时，日居其半，夜居其半。日间所处之地，或堂或庑[①]，或舟或车，总无一定之在；而夜间所处，则止有一床。是床也者，乃我半生相共之物，较之结发糟糠[②]，犹分先后者也。人之待物，其最厚者，当莫过此。然怪当世之人，其于求田问舍[③]，则性命以之，而寝处晏息之地，莫不务从苟简，以其只有已见，而无人见故也。若是，则妻妾婢媵，是人中之榻也，亦因己见而人不见，悉听其为无盐嫫姆[④]，蓬头垢面而莫之讯乎？予则不然。每迁一地，必先营卧榻而后及其他，以妻妾为人中之榻，而床笫乃榻中之人也。欲新其制，苦乏匠资；但于修饰床帐之具，经营寝处之方，则未尝不竭尽绵力，犹之贫士得妻，不能变村妆为国色，但令勤加盥栉，多施膏沐而已。

其法维何？一曰床令生花，二曰帐使有骨，三曰帐宜加锁，四曰床要着裙。曷云床令生花？夫瓶花盆卉，文人案头所时有也，日则相亲，夜则相背，虽有天香扑鼻，国色昵人，一至昏黄就寝之时，即欲不为纨扇之捐[⑤]，不可得矣。殊不知白昼闻香，不若黄昏嗅味。白昼闻香，其香仅在口鼻；黄昏嗅味，其味直入梦魂。法于床帐之内，先设托板，以为坐花之具；而托板又勿露板形，妙在鼻受花香，俨若身眠树下，不知其为妆造也者。先为小柱二根，暗钉床后，而以帐悬其外。托板不可太大。长止尺许，宽可数寸。其下又用小木数段，制为三角架子，用极细之钉，隔帐钉于柱上，而后以板架之，务使极固。架定之后，用彩色纱罗，制成一物，或像怪石一卷，或作彩云数朵，护于板外，以掩其形。中间高出数寸，三面使与帐平，而以线缝其上，竟似帐上绣出之物，似吴门堆花之式是也。若欲全体相称，则或画或绣，满帐俱作梅花，而以托板为虬枝老干，或作悬崖突出之石，无一不可。帐中有此，凡得名花异卉，可作清供者，日则与之同堂，夜则携之共寝。即使群芳偶缺，万卉将穷，又有炉内龙涎⑥、盘中佛手⑦，与木瓜、香楠等物⑧，可以相继。若是，则身非身也，蝶也。飞眠宿食，尽在花间；人非人也，仙也，行起坐卧，无非乐境。予尝于梦酣睡足、将觉未觉之时，忽嗅蜡梅之香，咽喉齿颊尽带幽芬，似从脏腑中出，不觉身轻欲举，谓此身必不复在人间世矣。既醒，语妻孥曰："我辈何人，遽有此乐，得无折尽平生之福乎？"妻孥曰："久贱常贫，未必不由于此。"此实事，非欺人语也。

曷云帐使有骨？床居外，帐居内，常也。亦有反此旧制，而使帐出床外者，善则善矣，其如夏月驱蚊，匿于床栏曲折之处，有若负嵎⑨，欲求美观，而以膏血殉之，非长策也，不若仍从旧制。其不从旧制，而使帐出床外者，以床有端正之体，帐无方直之形，百计撑持，终难服贴。总以四角之近柱者软而无骨，不能肖柱以为形，有犄角抵牾之势也⑩。故须别为赋形，而使之有骨。用不粗不细之竹，制为一顶及四柱，俟帐已挂定而后撑之，是床内有床，旧制之便与新制之精，二者兼而有之矣。床顶及柱，令置轿者为之，其价颇廉，仅费中人一饭之资耳。

曷云帐宜加锁？设帐之故有二：蔽风、隔蚊是也。蔽风之利十之三，隔蚊之功十之七。然隔蚊以此，闭蚊于中而使之不得出者亦以此。蚊之为物也，体极柔而性极勇，形极微而机极诈。薄暮而驱，彼宁受奔驰之苦，挞伐之危，守死而弗去者十之八九。及其去也，又必择地而攻，乘虚以入。昆虫庶类之善用兵法者，莫过于蚊。其择地也，每弃后而攻前；其乘虚也，必舍垣而窥户。帐前两幅之交接处，皆其据险扼要、伏兵伺我之区也。或于风动帐开之际，或于取器入溺之时，一隙可乘，遂鼓噪而入。法于门户交关之地，上、中、下共设三纽，若妇人之衣扣然。至取溺器时，先以一手绾帐，勿使大开，以一手提之使入，其出亦然。若是，则坚壁固垒，彼虽有奇勇异诈，亦无所施其能矣。至于驱除之法，当使人在帐中，空洞其外，始能出而无阻。世人逐蚊，皆立帐檐之下，使所开之处蔽其大半，是欲其出而闭之门也。犯此弊者，十人而九，何其习而不察，亦至此乎？

曷云床要着裙？爱精美者，一物不使稍污。常有绮罗作帐，精其始而不能善其终，美其上而不得不污其下者，以贴枕着头之处，在妇人则有膏沐之痕，在男子亦多脑汗之迹，日积月累，无瑕者玷，而可爱者憎矣，故着裙之法不可少。此法与增添顶柱之法相为表里。欲令着裙，先必使之生骨，无力不能胜衣也。即于四竹柱之下，各穴一孔，以三横竹内之，去簟尺许，与枕相平，而后以布作裙，穿于其上，则裙污而帐不污，裙可勤涤，而帐难频洗故也。至于枕簟被褥之设，不过取其夏凉冬暖，请以二语概之，曰：求凉之法，浇水不如透风；致暖之方，增细不如加布。是予贫士所知者。至于羊羔美酒，亦足御寒，广厦重冰，尽堪避暑，理则固然，未尝亲试。“知之为知之，不知为不知”[11]，此圣贤无欺之学，不敢以细事而忽之也。

① 庑:堂下周围的廊屋。

② 结发:古人成婚之夕,要将男女二人的头发连结在一起,以示永不分离。后以此代称正妻。 糟糠:患难妻子。《后汉书·宋弘传》载弘语"臣闻贫贱之知不可忘,糟糠之妻不下堂"。

③ 求田问舍:指买田置屋,常用以比喻忙于俗务,缺乏远大志向。《三国志·魏志·陈登传》:"(刘)备曰:君有国士之名,今天下大乱,帝主失所,望君忧国忘家,有救世之意;而君求田问舍,言无可采。"

④ 无盐:战国齐宣王后,貌极丑,因家住无盐邑,而称。 嫫姆:古代传说中黄帝时的丑妇。

⑤ 纨扇之捐:汉班婕妤《纨扇诗》(一作《怨歌行》)以团扇的夏用秋弃。喻妇女见弃。此借指睡觉后无法闻到花香。

⑥ 龙涎:即龙涎香,为名贵香料,香气持久。原为抹香鲸肠胃的病态分泌物,类似钻石,加热后软化为液体。

⑦ 佛手:亦称"佛手柑"。芸香科。果实上部分裂如掌,成手指状,果肉几乎完全退化,香气浓郁。我国南方各省皆有栽培。可入药。

⑧ 木瓜:中药名。性温,味酸涩,功能舒筋,祛风湿。 香楠:即楠木,樟科,常绿乔木,因其木材富于香气,故称"香楠"。

⑨ 负嵎:亦作"负隅"。嵎,山弯。负,凭依。《孟子·尽心下》:"有众逐虎,虎负隅,莫之敢撄。"后多指残敌凭险顽抗。

⑩ 抵牾:亦作"抵梧",意为抵触,矛盾。

⑪ "知之"二句:语出《论语·为政》。

橱 柜

造橱立柜,无他智巧,总以多容善纳为贵。尝有制体极大而所容甚少,反不若渺小其形而宽大其腹,有事半功倍之势者。制有善不善也。善制无他，止在多设搁板。橱之大者，不过两层、三层，至四层而止矣。若一层止备一层之用，则物之高者大者容此数件，而低者小者亦止容此数件矣。实其下而虚其上，岂非以上段有用之隙，置之无用之地哉？当于每层之两旁，别钉细木二条，以备架板之用。板勿太宽，或及进身之半，或三分之一，用则活置其上，不则撤而去之。如此层所贮之物，其形低小，则上半截皆为余地，即以此板架之，是一层变为二层。总而计之，则一橱变为两橱，两柜合成一柜矣，所裨不亦多乎？或所贮之物，其形高大，则去而容之，未尝为板所困也。此是一法。

至于抽替之设，非但必不可少，且自多多益善。而一替之内，又必分为大小数格，以便分门别类，随所有而藏之，譬如生药铺中，有所谓“百眼橱”者。此非取法于物，乃朝廷设官之遗制，所谓五府六部群僚百执事，各有所居之地与所掌之簿书钱谷是也。医者若无此橱，药石之名盈千累百，用一物寻一物，则卢医扁鹊无暇疗病①，止能为刻舟求剑之人②矣。此橱不但宜于医者，凡大家富室，皆当则而效之。至学士文人，更宜取法。能以一层分作数层，一格画为数格，是省取物之劳，以备作文著书之用。则思之思之，鬼神通之；心无他役，而鬼神得效其灵矣。

① 卢医扁鹊：《史记·扁鹊仓公列传》：“扁鹊者，渤海郡郑人也，姓秦氏，名越人。”张守节正义：“又家于卢国，因命之曰卢医也。”后遂以卢医作扁鹊之代称，有时亦将卢医、扁鹊并列，作古代名医之称谓。

② 刻舟求剑：古寓言故事，比喻拘泥固执，不知变通。据《吕氏春秋·察今》载，楚人有过江者，其剑坠水而不入求，只在舟上刻记号，认为

舟停后仍能按所刻记号找到宝剑。

箱 笼 箧 笥

随身贮物之器,大者名曰箱笼,小者称为箧笥。制之之料,不出革、木、竹三种;为之关键者,又不出铜、铁二项。前人所制,亦云备矣。后之作者,未尝不竭尽心思,务为奇巧,总不出前人之范围;稍出范围即不适用,仅供把玩而已。予于诸物之体,未尝稍更,独怪其枢钮太庸,物而不化,尝为小变其制,亦足改观。法无他长,惟使有之若无,不见枢钮之迹而已。止备二式者,腹稿虽多,未经尝试,不敢以待验之方误人也。

予游东粤,见市廛所列之器,半属花梨、紫檀,制法之佳,可谓穷工极巧;止怪其镶铜裹锡,清浊不伦。无论四面包镶,锋棱埋没,即于加锁置键之地,务设铜枢,虽云制法不同,究竟多此一物。譬如一箱也,磨砻极光,照之如镜,镜中可使着屑乎?一笥也,攻治极精,抚之如玉,玉上可使生瑕乎?有人赠我一器,名"七星箱",以中分七格,每格一替,有如星列故也。外系插盖,从上而下者。喜其不钉铜枢,尚未生瑕着屑,因筹所以关闭之。遂付工人,命于中心置一暗闩,以铜为之,藏于骨中而不觉,自后而前,抵于箱盖。盖上凿一小孔,勿透于外,止受暗闩少许,使抽之不动而已。乃以寸金小锁,锁于箱后。置之案上,有如浑金粹玉,全体昭然,不为一物所掩。觅关键而不得,似于无锁;窥中藏而不能,始求用钥。此其一也。

后游三山,见所制器皿无非雕漆,工则细巧绝伦,色则陆离可爱,亦病其设关置键之地难免赘瘤,以语工师,令其稍加交易。工师曰:“吾地般、倕颇多[①],如其可变,不自今日始矣。欲泯其迹,必使无关键而后可。”予曰:“其然,岂其然乎?”因置暖椅告成,欲增一匣置于其上,以代几案,遂使为之。上下四旁,皆听工人自为雕漆,俟其成后,就所雕景物而区画之。前面有替可抽者,所雕系“博古图”[②],樽罍钟磬之属是也;后面无替而平者,系折枝花卉,兰菊竹石是也。皆备五彩,视之光怪陆离。但抽替太阔,开闭时多不合缝,非左进右出,即右进左出。予顾而筹之,谓必一法可当二用,既泯关键之迹,又免出入之疵,使适用美观均收其利而后可。乃命工人亦制铜闩一条,贯于抽替之正中,而以薄板掩之,此板即作分中之界限。夫一替分为二格,乃物理之常,乌知有一物焉贯于其中,为前后通身之把握哉?得此一物贯于其中,则抽替之出入皆直如矢,永无左出右入、右出左入之患矣。前面所雕“博古图”,中系三足之鼎,列于两旁者一瓶一炉。予鼓掌大笑曰:“‘执柯伐柯,其则不远[③]。’即以其人之道,反治其身足矣!”遂付铜工,令依三物之成式,各制其一,钉于本等物色之土。鼎与炉瓶皆铜器也,尚欲肖其形与式而为之,况真者哉?不问而知其酷似矣。鼎之中心穴一小孔,置二小钮于旁,使抽替闭足之时,铜闩自内而出,与钮相平。闩与钮上俱有眼,加以寸金小锁,似鼎上原有之物,虽增而实未尝增也。锁则锁矣,抽开之时,手执何物?不几便于入而穷于出乎?曰:不然。瓶炉之上原当有耳,加以铜圈二枚,执此为柄,抽之不烦余力矣。此区画正面之法也。

铜闩既从内出,必在后面生根,未有不透出本匣之背者,是铜皮一块与联络补缀之痕,俱不能泯矣。乌知又有一法,为天授而非人力者哉！所雕诸卉，菊在其中，菊色多黄，与铜相若，即以铜皮数层，剪千叶菊花一朵，以暗闩之透出者穿入其中，胶之甚固，若是则根深蒂固，谁得而动摇之？予于此一物也，纯用天工，未施人巧，若有鬼物伺乎其中，乞灵于我，为开生面者。

制之既成，工师告予曰："八闽之为雕漆，数百年于兹矣，四方之来购此者，亦百千万亿其人矣，从未见创法立规有如今日之奇巧者，请行此法，以广其传。"予曰："姑迟之，俟新书告成，流布未晚。"窃恐世人先睹其物而后见其书，不知创自何人，反谓剿袭成功以为己有，讵非不白之冤哉？工师为谁？魏姓，字兰如；王姓，字孟明。闽省雕漆之佳，当推二人第一。自不操斤，但善于指使，轻财尚友，雅人也。

① 般：即鲁班。 倕：古代相传的巧匠名。《淮南子·说山训》："人不爱倕之手，而爱己之指。"高诱注："倕，尧之巧工。"

② 博古图：此处指古玩图案。宋有《宣和博古图》，旧题王黼撰，或以为王楚撰。三十卷。书成于宣和五年(1123)后，著录当时皇室在宣和殿所藏古代铜器，共二十类八百三十九件，集宋代青铜器之大成。每类有总说，每器皆摹绘图形、款识，记录大小、容量、重量等。所绘图形较精，且注有比例。

③ "执柯"二句：语出《诗经·豳风·伐柯》。原意是操斧伐木，做斧柄例子就在眼前。后常喻指做事须遵循一定的准则。

骨　董

是编于骨董一项，缺而不备，盖有说焉。崇高古器之风，自汉魏晋唐以来，至今日而极矣。百金贸一卮，数百金购一鼎，犹有病其价廉工俭而不足用者。常有为一渺小之物，而费盈千累万之金钱，或弃整陌连阡之美产，皆不惜也。夫今人之重古物，非重其物，重其年久不坏；见古人所制与古人所用者，如对古人之足乐也。若是，则人与物之相去，又有间矣。设使制用此物之古人至今犹在，肯以盈千累万之金钱与整陌连阡之美产，易之而归，与之坐谈往事乎？吾知其必不为也。予尝谓人曰：物之最古者莫过于书，以其合古人之心思面貌而传者也。其书出自三代，读之如见三代之人；其书本乎黄虞，对之如生黄虞之世；舍此则皆物矣。物不能代古人言，况能揭出心思而现其面貌乎？古物原有可嗜，但宜崇尚于富贵之家，以其金银太多，藏之无具，不得不为长房缩地之法，敛丈为尺，敛尺为寸，如"藏银不如藏金，藏金不如藏珠"之说，愈轻愈小，而愈便收藏故也。矧金银太多，则慢藏诲盗[①]，贸为古董，非特穿窬不取，即误攫入手，犹将掷而去之。迹是而观，则骨董金银为价之低昂，宜其倍蓰而无算也[②]。乃近世贫贱之家，往往效颦于富贵，见富贵者偶尚绮罗，则耻布帛为贱，必觅绮罗以肖之；见富贵者单崇珠翠，则鄙金玉为常，而假珠翠以代之。事事皆然，习以成性，故因其崇旧而黜新，亦不觉生今而反古。有八口晨炊不继，犹舍旦夕而问商周；一身活计茫然，宁遗妻孥而不卖骨董者。人心矫异，讵非世道之忧乎？予辑是编，事事皆崇俭朴，不敢侈谈珍玩，以为末俗扬波。且予窭人也[③]，所置物价，自百文以及千文而止。购新犹患无力，况买旧乎？《诗》云："惟其有之，是以似之[④]。"生平不识骨董，亦借口维风，以藏其拙。

① 慢藏诲盗:收藏财物不慎,无异于引导人来偷窃。语出《易·系辞上》:“慢藏诲盗,冶容诲淫。”

② 倍蓰:五倍。《孟子·滕文公上》:“或相蓓蓰。”

③ 窭人:贫寒之人。窭,贫寒。《诗·邶风·北门》:“终窭且贫,莫知我艰。”

④ “惟其”二句:语出《诗经·小雅·裳裳者华》。意为因为他有能力,就有后人去学他。

炉　　瓶

炉瓶之制,其法备于古人,后世无容蛇足;但护持衬贴之具,不妨意为增减。如香炉既设,则锹箸随之,锹以拨灰,箸以举火,二物均不可少。箸之长短,视炉之高卑,欲其相称,此理易明,人尽知之。若锹之方圆,须视炉之曲直,使勿相左,此理亦易明,而为世人所忽。入炭之后,炉灰高下不齐,故用锹作准以平之,锹方则灰方,锹圆则灰圆。若使近边之地炉直而锹曲,或炉曲而锹直,则两不相能,止平其中,而不能平其外矣。须用相体裁衣之法,配而用之。然以铜锹压灰,究难齐截,且非一锹二锹可了。此非僮仆之事,皆必主人自为之者。

予性最懒,故每事必筹躲懒之法,尝制一木印印灰,一印可代数十锹之用。初不过为省繁惜劳计耳,讵料制成之后,非止省力,且极美观,同志相传,遂以为一定不移之法。譬如炉体属圆,则仿其尺寸,镟一圆板为印,与炉相若,不爽纤毫,上置一柄,以便手持。但宜稍虚其中,以作内昂外低之势,若食物之馒首然。方者亦如是法。加炭之后,先以箸平其灰,后用此板一压,则居中与四面皆平,非止同于刀削,且能与镜比光,共油争滑,是自有香灰以来,未尝现此娇面者也。既光且滑,可谓极精。予顾而思之,犹曰尽美矣,未尽善也,乃命梓人镂之。凡于着灰一面,或作老梅数茎,或为菊花一朵,或刻五言一绝,或雕八卦全形,只须举手一按,现出无数离奇,使人巧天工,两擅其绝,是自有香炉以来,未尝开此生面者也。湖上笠翁实有裨于风雅,非僭词也。请名此物为“笠翁香印”。方之眉公诸制[①],物以人名者,孰高孰下,谁实谁虚,海内自有定评,非予所敢饶舌。用此物者,最宜神速,随按随起,勿迟瞬息,稍一逗留,则气闭火息矣。雕成之后,必加油漆,始不沾灰。焚香必需之物,香锹香箸之外,复有贮香之盒,与插锹箸之瓶之数物者,皆香与炉之股肱手足,不可或无者也。

然此外更有一物,势在必需,人或知之而多不设,当为补入清供。夫以箸拨灰,不能免于狼藉,炉肩鼎耳之上,往往蒙尘,必得一物扫除之。此物不须特制,竟用蓬头小笔一枝,但精其管,使与濡墨者有别,与锹箸二物同插一瓶,以便次第取用,名曰“香帚”。

至于炉有底盖,旧制皆然,其所以用此者,亦非无故。盖以覆灰,使风起不致飞扬;底即座也,用以隔手,使移动之时,执此为柄,以防手汗沾炉,使之有迹,皆有为而设者也。然用底时多,用盖时少。何也?香炉闭之一室,刻刻焚香,无时可闭;无风则灰不自扬,即使有风,亦有窗帘所隔,未有闭熄有用之火,而防未必果至之风者也。是炉盖实为赘瘤,尽可不设。而予则又有说焉:炉盖有时而需,但前人制法未善,遂觉有用为无用耳。盖以御风,固也。独不思炉不贮火,则非特盖可不用，并炉亦可不设；如其必欲置火，则盖之火熄，用盖何为？予尝于花晨月夕及暑夜纳凉，或登最高之台，或居极敞之地，往往携炉自随，风起灰扬，御之无策，始觉前人呆笨，制物而不善区画之，遂使贻患及今也。同是一盖，何不于顶上穴一大孔，使之通气，无风置之高阁，一见风起，则取而覆之，风不得入，灰不致扬，而香气自下而升，未尝少阻，其制不亦善乎？止将原有之物，加以举手之劳，即可变无益为有裨。昔人点铁成金，所点者不必是铁，所成者亦未必皆金，但能使不值钱者变而值钱，即是神仙妙术矣。此炉制也。

瓶以磁者为佳，养花之水清而难浊，且无铜腥气也。然铜者有时而贵，以冬月生冰，磁者易裂，偶尔失防，遂成弃物，故当以铜者代之。然磁瓶置胆，即可保无是患。胆用锡，切忌用铜，铜一沾水即发铜青，有铜青而再贮以水，较之未有铜青时，其腥十倍，故宜用锡。且锡柔易制，铜劲难为，价亦稍有低昂，其便不一而足也。磁瓶用胆，人皆知之，胆中着撒，人则未之行也。插花于瓶，必令中窾，其枝梗之有画意者，随手插入，自然合宜；不则挪移布置之力，不可少矣。有一种倔强花枝，不肯听人指使，我欲置左，彼偏向右，我欲使仰，彼偏好垂，须用一物制之。所谓撒也，以坚木为之，大小其形，勿拘一格。其中则或扁或方，或为三角，但须圆形其外，以便合瓶。此物多备数十，以俟相机取用。总之不费一钱，与桌撒一同拾取，弃于彼者，复收于此。斯编一出，世间宁复有弃物乎？

① 眉公：即陈继儒（1558—1639），明华亭（今上海松江）人。字仲醇，号眉公。工诗善文，兼能绘事，为明末名士。

屏　轴

十年之前，凡作围屏及书画卷轴者，止有巾条、斗方及横批三式[①]。近年幻为合锦，使大小长短以至零星小幅，皆可配合用之，亦可谓善变者矣。然此制一出，天下争趋，所见皆然，转盼又觉陈腐，反不若巾条、斗方诸式，以多时不见为新矣，故体制更宜稍变。变用何法？曰：莫妙于冰裂碎纹，如前云所载糊房之式，最与屏轴相宜，施之墙壁，犹觉精材粗用，未免亵视牛刀耳。法于未书未画之先，画冰裂碎纹于全幅纸上，照纹裂开，各自成幅，征诗索画既毕，然后合而成之。须于画成未裂之先，暗书小号于纸背，使知某属第一，某居第二，某横某直，某角与某角相连，其后照号配成，始无攒凑不来之患。其相间之零星细块，必不可少，若憎其琐屑而不画，则有宽无窄，不成其为冰裂纹矣。但最小者，勿用书画，止以素描间之，若尽有书画，则纹理模糊不清，反为全幅之累。此为先画纸绢，后征诗画者而言，盖立法之初，不得不为其简且易者。迨裱之既熟，随取现成书画，皆可裂作冰纹，亦犹裱合锦之法，不过变四方平正之角，为曲直纵横之角耳。此裱匠之事，我授意而使彼为之者耳。

更有书画合一之法，则其权在我，授意于作书作画之人，裱匠则行其无事者也。“诗中有画，画中有诗”[②]，此古来成语；作画者取诗意命题，题诗者就画意作诗，此亦从来成格。然究竟诗自诗而画自画，未见有混而一之者也。混而一之，请自今始。法于画大幅山水时，每于笔墨可停之际，即留余地以待诗，如峭壁悬崖之下，长松古木之旁，亭阁之中，墙垣之隙，皆可留题作字者也。凡遇名流，即索新句，视其地之宽窄，以为字之大小，或为鹅帖行书③，或作蝇头小楷。即以题画之诗，饰其所题之画，谓当日之原迹可，谓后来之题咏亦可，是“诗中有画，画中有诗”二语，昔作虚文，今成实事，亦游戏笔墨之小神通也。请质高明，定其可否。

① 巾条、斗方、横批：中国书画装裱的三种式样。巾条，亦称“屏条”，画身狭长，为四尺或五尺宣纸对开。斗方，以正方形居多，大小为四尺宣纸的八开或十二开不等。横批，亦称“横披”，画心竖短横长，左右边称“耳”，尺寸相同，并装对称木杆一副。

② “诗中”二句：语出苏轼《书摩诘蓝田烟雨图》：“味摩诘之诗，诗中有画；观摩诘之画，画中有诗。”摩诘，指王维。

③ 鹅帖：即《鹅群贴》，世传为王献之所作，实为南朝宋以后好事者据王羲之以墨迹换鹅一事而伪造。

茶　具

茗注莫妙于砂壶，砂壶之精者，又莫过于阳羡①，是人而知之矣。然宝之过情，使与金银比值，无乃仲尼不为之已甚乎②？置物但取其适用，何必幽渺其说，必至理穷义尽而后止哉！凡制茗壶，其嘴务直，购者亦然，一曲便可忧，再曲则称弃物矣。盖贮茶之物与贮酒不同，酒无渣滓，一斟即出，其嘴之曲直可以不论；茶则有体之物也，星星之叶，入水即成大片，斟泻之时，纤毫入嘴，则塞而不流。啜茗快事，斟之不出，大觉闷人。直则保无是患矣，即有时闭塞，亦可疏通，不似武夷九曲之难力导也③。

贮茗之瓶，止宜用锡。无论磁铜等器，性不相能，即以金银作供，宝之适以祟之耳。但以锡作瓶者，取其气味不泄；而制之不善，其无用更甚于磁瓶。询其所以然之故，则有二焉：一则以制成未试，漏孔繁多。凡锡工制酒壶茶注等物，于其既成，必以水试，稍有渗漏，即加补苴，以其为贮茶贮酒而设，漏即无所用之矣；一到收藏干物之器，即忽视之，犹木工造盆造桶则防漏，置斗置斛则不防漏，其情一也。乌知锡瓶有眼，其发潮泄气反倍于磁瓶，故制成之后，必加亲试，大者贮之以水，小者吹之以气，有纤毫漏隙，立督补成。试之又必须二次，一在将成未镟之时，一在已成既镟之后。何也？常有初时不漏，迨镟去锡时，打磨光滑之后，忽然露出细孔，此非屡验谛视者不知。此为浅人道也。一则以封盖不固，气味难藏。凡收藏香美之物，其加严处全在封口，封口不密，与露处同。吾笑世上茶瓶之盖必用双层，此制始于何人？可谓七窍俱蒙者矣。单层之盖，可于盖内塞纸，使刚柔互效其力，一用夹层，则止靠刚者为力，无所用其柔矣。塞满细缝，使之一线无遗，岂刚而不善屈曲者所能为乎？即靠外面糊纸，而受纸之处又在崎岖凹凸之场，势必剪碎纸条，作蓑衣样式，始能贴服。试问以蓑衣覆物，能使内外不通风乎？故锡瓶之盖，止宜厚不宜双。藏茗之家，凡收藏不即开者，于瓶口向上处，先用绵纸二三层，实褙封固，俟其既干，然后覆之以盖，则刚柔并用，永无泄气之时矣。其时开时闭者，则于盖内塞纸一二层，使香气闭而不泄。

此贮茗之善策也。若盖用夹层，则向外者宜作两截，用纸束腰，其法稍便。然封外不如封内，究竟以前说为长。

① 阳羡：古县名。秦置。治所在今江苏宜兴南。六朝时移治今宜兴。隋改义兴县，以产紫砂陶壶著名。

② 仲尼不为之已甚：语出《孟子·离娄下》。朱熹集注："已，犹太也。杨氏曰：'言圣人所为，本分之外，不加毫末。非孟子真知孔子，不能以是称之。'"

③ 武夷九曲：武夷山为全国著名风景区，在福建崇安城西南10公里。九曲溪为武夷山主要景点之一，以溪水多曲著名。

酒　　具

酒具用金银，犹妆奁之用珠翠，皆不得已而为之，非宴集时所应有也。富贵之家，犀则不妨常设，以其在珍宝之列，而无炫耀之形，犹仕宦之不饰观瞻者。象与犀同类，则有光芒太露之嫌矣。且美酒入犀杯，另是一种香气。唐句云："玉碗盛来琥珀光[①]。"玉能显色，犀能助香，二物之于酒，皆功臣也。至尚雅素之风，则磁杯当首重已。旧磁可爱，人尽知之，无如价值之昂，日甚一日，尽为大力者所有，吾侪贫士，欲见为难。然即有此物，但可作骨董收藏，难充饮器。何也？酒后擎杯，不能保无坠落，十损其一，则如雁行中断，不复成群。备而不用，与不备同。贫家得以自慰者，幸有此耳。然近日冶人，工巧百出，所制新磁，不出成、宣二窑下[②]，至于体式之精异，又复过之。其不得与旧窑争值者,多寡之分耳。吾怪近时陶冶,何不自爱其力,使日作一杯,月制一盏,世人需之不得,必待善价而沽[3],其利与多制滥售等也,何计不出此?曰:不然。我高其技,人贱其能,徒让垄断于捷足之人耳。

① “玉碗”句:语出唐李白七绝《客中作》。原诗为:“兰陵美酒郁金香,玉碗盛来琥珀光。但使主人能醉客,不知何处是他乡。”

② 成、宣二窑:明代宣德、成化年间江西景德镇烧制瓷器的官窑。为明代官窑极盛时期。宣德窑以青花、祭红、甜白、霁青成就最大。成化窑以斗彩最胜。

③ 待善价而沽:等待高价出售。沽,卖。《论语·子罕》:“子贡曰:‘有美玉于斯,韫匵而藏诸,求善贾而沽诸?’子曰:‘沽之哉!沽之哉!我待贾者也。’”

碗　　碟

碗莫精于建窑[1],而苦于太厚。江右所制者,虽窃建窑之名,而美观实出其上,可谓青出于蓝者矣。其次则论花纹,然花纹太繁,亦近鄙俗,取其笔法生动,颜色鲜艳而已。碗碟中最忌用者,是有字一种,如写《前赤壁赋》、《后赤壁赋》之类。此陶人造孽之事,购而用之者,获罪于天地神明不浅。请述其故。“惜字一千,延寿一纪。”此文昌垂训之词[2]。虽云未必果验,然字画出于圣贤,苍颉造字而鬼夜哭,其关乎气数,为天地神明所宝惜,可知也。

用有字之器,不为损福,但用之不久而损坏,势必倾委作践,有不与造孽陶人中分其咎者乎?陶人但司其成,未见其败,似彼罪犹可原耳。字纸委地,遇惜福之人,则收付祝融,因其可焚而焚之也。至于有字之废碗,坚不可焚,一似入火不烬、入水不濡之神物。因其坏而不坏,遂至倾而又倾,道旁见者,虽有惜福之念,亦无所施。有时抛入街衢,遭千万人之践踏;有时倾入溷厕,受千百载之欺凌。文字之罹祸,未有甚于此者。吾愿天下之人,尽以惜福为念,凡见有字之碗,即生造孽之虑。买者相戒不取,则卖者计穷;卖者计穷,则陶人视为畏途而弗造矣。文字之祸,其日消乎?此犹救弊之末着。倘有惜福缙绅,当路于江右者,出严檄一纸,遍谕陶人,使不得于碗上作字,无论《赤壁》等赋不许书磁,即成化、宣德年造,及某斋某居等字,尽皆削去。试问有此数字,果得与成窑、宣窑比值乎?无此数字,较之常值增减半文乎?有此无此,其利相同,多此数笔,徒造千百年无穷之孽耳。制抚藩臬[3],以及守令诸公[4],尽是斯文宗主[5],宦豫章者[6],急行是令,此千百年未造之福,留之以待一人。时哉时哉,乘之勿失!

① 建窑:宋代名窑之一,窑址在福建建阳水吉镇。以烧黑釉瓷闻名于世。小碗最多,胎骨呈乌泥色,故亦称"乌泥窑"。

② 文昌:即文昌帝君,又称"梓潼帝君",道教神名。相传姓张名亚子,居四川七曲山,仕晋战死,后人立庙纪念。道家称文昌帝君掌管"文昌府"及人间功名、禄位事。

③ 制:总督、制台、制军,明清时省以上大区军政长官。 抚:巡抚,明清时省军政长官。 藩:藩台,明清时布政使的别称,省行政长官。 臬:臬司,明清称按察使,省司法、监察长官。

④ 守令:太守、县令。

⑤ 斯文:指文人或儒者。 宗主:旧时指众所共仰的人。

⑥ 豫章:江西别称。

灯　　烛

灯烛辉煌,宾筵之首事也。然每见衣冠盛集,列山珍海错,倾玉醴琼浆,几部鼓吹,频歌叠奏,事事皆称绝畅,而独于歌台色相,稍近模糊。令人快耳快心,而不能大快其目者,非主人吝惜兰膏,不肯多设,只以灯煤作祟,非剔之不得其法,即司之不得其人耳。吾为六字诀以授人,曰:"多点不如勤剪。"勤剪之五,明于不剪之十。原其不剪之故,或以观场念切,主仆相同,均注目于梨园,置晦明于不问;或以奔走太劳,职无专委,因顾彼以失此,致有炬而无光,所谓司之不得其人也。欲正其弊,不过专责一人,择其谨朴老成、不耽游戏者,则二患庶几可免。

然司之得人,剔之不得其法,终为难事。大约场上之灯,高悬者多,卑立者少。剔卑灯易,剔高灯难。非以人就灯而升之使高,即以灯就人而降之使卑,剔一次必须升降一次,是人与灯皆不胜其劳,而座客观之亦觉代为烦苦,常有畏难不剪而听其昏黑者。予创二法以节其劳,一则已试而可自信者,一则未敢遽信而待试于人者。已试维何?长三四尺之烛剪是已。以铁为之,务为极细,粗则重而难举;然举之有法,说在后幅。有此长剪,则人不必升,灯亦不必降,举手即是,与剔卑灯无异矣。未试维何?暗提线索,用傀儡登场之法是已。法于梁上暗作长缝一条,通于屋后,纳挂灯之绳索于中,而以小小轮盘仰承其下,然后悬灯。灯之内柱外幕,分而为二,外幕系定于梁间,不使上下,内柱之索上跨轮盘。欲剪灯煤,则放内柱之索,使之卑以就人,剪毕复上,自投外幕之中,是外幕高悬不移,俨然以静待动。同一灯也,而有劳逸之分,劳所当劳,逸所当逸,较之内外俱下,而且有碍手碍脚之繁者,先踞一筹之胜矣。其不明抽以索,而必暗投梁缝之中,且贯通于屋后者,其故何居?欲埋伏抽索之人于屋后,使不露形,但见轮盘一转,其灯自下,剪毕复上,总无抽拽之形,若有神物厕于梁间者。予创为是法,非有心炫巧,不过善藏其拙。盖场上多立一人,多生一人之障蔽。使以一人剪灯,一人抽索,了此及彼,数数往来,则座客止见人行,无复洗耳听歌之暇矣。故藏人屋后,撤去一半藩篱,耳目之前,何等清静。藏人屋后者,亦不必定在墙垣之外,厅堂必有退步,屏障以后,即其处也。或隔绛纱,或悬翠箔,但使内见外,而外不见内,则人工不露而天巧可施矣。每灯一盏,用索一条,以蜡磨光,欲其不涩。梁间一缝,可容数索,但须预编字号,系以小牌,使抽者便于识认。剪灯者将及某号,即预放某索以待之,此号方升,彼号即降,观其术者,如入山阴道中,明知是人非鬼,亦须诧异惊神,鼓掌而观,又是一番乐事。惜予囊悭无力,未及指使匠工,悬美法以待人,即谓自留余地亦可。

梁上凿缝,势有不能,为悬灯细事而损伤巨料,无此理也。如置此法于造屋之先,则于梁成之后,另镶薄板二条,空洞其中而蒙蔽其下,然后升梁于柱,以俟灯索,此一法也。已成之屋,亦如此法,但先置绳索于中,而后周遭以板。此法之设,不止定为观场,即于元夕张灯,寻常宴客,皆可用之,但比长剪之法为稍费耳。

制长剪之法，视屋之高卑以为长短，短者三尺，长者四五尺，直其身而曲其上，如鸟喙然，总以细巧坚劲为主。然用之有法，得其法则可行，不得其法则虽设而不适于用，犹弃物也。盖以铁为剪，又长数尺，是其体不能不重，只手高擎，势必摇动于上，剪动则灯亦动；灯剪俱动，则他东我西，虽欲剪之，不可得矣。法以右手持剪，左手托之，所托之处，高右手尺许。剪体虽重，不过一二斤，只手孤擎则不足，双手效力则有余；擎而剪之者一手，按之使不动摇者又有一手，其势虽高，何足虑乎？“孤掌难鸣[①]，众擎易举。”天下事，类如是也。

长剪虽佳，予终恶其体重，倘能以坚木为身，止于近灯煤处用铁，则尽美而又尽善矣。思而未制，存其说以俟解人。

长剪难于概用，惟有烛无衣，与四围有衣而空洞其下者可以用之。若明角灯、珠灯，皆无隙可入，虽有长剪，何所用之？至于梁间放索，则是灯皆可。二事亦可并行，行之之法，又与前说相反：灯柱居中不动，而提起外幕以俟剪，剪毕复下。又合居重驭轻之法，听人所好而为之。

① 孤掌难鸣：语本《韩非子·功名》：“一手独拍，虽疾无声。”

笺　简

笺简之制，由古及今，不知几千万变。自人物器玩，以迨花鸟昆虫，无一不肖其形，无日不新其式；人心之巧，技艺之工，至此极矣。予谓巧则诚巧，工则至工，但其构思落笔之初，未免驰高骛远，舍最近者不思，而遍索于九天之上、八极之内，遂使光灿陆离者总成赘物，与书牍之本事无干。予所谓至近者非他，即其手中所制之笺简是也。

既名笺简，则笺简二字中便有无穷本义。鱼书雁帛而外[①]，不有竹刺之式可为乎？书本之形可肖乎？卷册便面，锦屏绣轴之上，非染翰挥毫之地乎？石壁可以留题，蕉叶曾经代纸，岂竟未之前闻，而为予之臆说乎？至于苏蕙娘所织之锦[②]，又后人思之慕之，欲书一字于其上而不可复得者也。我能肖诸物之形似为笺，则笺上所列，皆题诗作字之料也。还其固有，绝其本无，悉是眼前韵事，何用他求？已命奚奴逐款制就[③]，售之坊间，得钱付梓人，仍备剞劂之用，是此后生生不已，其新人见闻，快人挥洒之事，正未有艾。即呼予为薛涛幻身[④]，予亦未尝不受。盖须眉男子之不传，有愧于知名女子者正不少也。

已经制就者，有韵事笺八种，织锦笺十种。韵事者何？题石、题轴、便面、书卷、剖竹、雪蕉、卷子、册子是也。锦纹十种，则尽仿回文织锦之义，满幅皆锦，止留縠纹缺处代人作书，书成之后，与织就之回文无异。十种锦纹各别，作书之地亦不雷同。惨淡经营，事难缕述，海内名贤欲得者，倩人向金陵购之。是集内种种新式，未能悉走寰中，借此一端，以陈大概。售笺之地即售书之地，凡予生平著作，皆萃于此。有嗜痂之癖者，贸此以去，如偕笠翁而归。千里神交，全赖乎此。只今知己遍天下，岂尽谋面之人哉？金陵书铺廊坊间有“芥子园名笺”五字者，即其处也[⑤]。

是集中所载诸新式，听人效而行之；惟笺帖之体裁，则令奚奴自制自售，以代笔耕，不许他人翻梓。已经传札布告，诫之于初矣。倘仍有垄断之豪，或照式刊行，或增减一二，或稍变其形，即以他人之功冒为己有，食其利而抹煞其名者，此即中山狼之流亚也⑥。当随所在之官司而控告焉，伏望主持公道。至于倚富恃强，翻刻湖上笠翁之书者，六合以内，不知凡几。我耕彼食，情何以堪？誓当决一死战，布告当事，即以是集为先声。总之天地生人，各赋以心，即宜各生其智。我未尝塞彼心胸，使之勿生智巧；彼焉能夺吾生计，使不得自食其力哉！

① 鱼书：书信的代称。东汉蔡邕《饮马长城窟行》：“呼儿烹鲤鱼，中有尺素书。” 雁帛：原指系于雁足的帛书，后因以指书信。典出《汉书·苏广李建列传》。

② 苏蕙娘所织之锦：《晋书·窦滔妻苏氏传》载，前秦秦州刺史窦滔被徙流沙，其妻苏氏思之，织锦为回文旋玑图诗以赠滔，可宛转循环读之，词甚凄惋，共三百四十字。

③ 奚奴：本指女奴，后泛指奴隶。

④ 薛涛：唐女诗人。字洪度，长安人。为乐妓，能诗，时称女校书。曾居浣花溪，创制深红小笺写诗，人称薛涛笺。

⑤ 此注翼圣堂本作“金陵承恩寺中有‘芥子园名笺’五字署名者，即其处也”。

⑥ 中山狼：明马中锡所作寓言故事《中山狼传》，说战国时赵简子猎于中山，一狼中箭逃命，被追甚急，适遇东郭先生，乞援得救。危机过后狼反而要吃掉东郭先生。杂剧亦敷演其事。后以“中山狼”喻忘恩负义、恩将仇报之人。

位置第二

器玩未得，则讲购求；及其既得，则讲位置。位置器玩，与位置人才，同一理也。设官授职者，期于人地相宜；安器置物者，务在纵横得当。设以刻刻需用者，而置之高阁，时时防坏者，而列于案头，是犹理繁治剧之材，处清静无为之地，黼黻皇猷之品[①]，作驱驰孔道之官[②]。有才不善用，与空国无人等也。他如方圆曲直，齐整参差，皆有就地立局之方，因时制宜之法。能于此等处展其才略，使人入其户、登其堂，见物物皆非苟设，事事具有深情。非特泉石勋猷，于此足征全豹，即论庙堂经济，亦可微见一斑。未闻有颠倒其家，而能整齐其国者也。

① 黼黻：古代礼服上所绣的花纹。黼，黑白相次，作斧形，刀白身黑；黻，黑青相次，作亞形。

② 孔道：大道，通道。颜师古注《汉书·西域传》："孔道者，穿山险而为道。"以上几句言人有经国济世之大才，却空驰于大道之上，是谓不善用才。

忌 排 偶

“胪列古玩，切忌排偶。”此陈说也。予生平耻拾唾余，何必更蹈其辙。但排偶之中，亦有分别。有似排非排，非偶是偶；又有排偶其名，而不排偶其实者。皆当疏明其说，以备讲求。如天生一日，复生一月，似乎排矣，然二曜出不同时，且有极明微明之别，是同中有异，不得竟以排比目之矣。所忌乎排偶者，谓其有意使然，如左置一物，右无一物以配之，必求一色相俱同者与之相并，是则非偶而是偶，所当急忌者矣。若夫天生一对，地生一双，如雌雄二剑，鸳鸯二壶，本来原在一处者，而我必欲分之，以避排偶之迹，则亦矫揉执滞，大失物理人情之正矣。即避排偶之迹，亦不必强使分开，或比肩其形，或连环其势，使二物合成一物，即排偶其名，而不排偶其实矣。

大约摆列之法，忌作八字形，二物并列，不分前后、不爽分寸者是也；忌作四方形，每角一物，势如小菜碟者是也；忌作梅花体，中置一大物，周遭以小物是也；馀可类推。当行之法，则与时变化，就地权宜，视形体为纵横曲直，非可预设规模者也。如必欲强拈一二，若三物相俱，宜作品字格，或一前二后，或一后二前，或左一右二，或右一左二，皆谓错综；若以三者并列，则犯排矣。四物相共，宜作心字及火字格，择一或高或长者为主，馀前后左右列之，但宜疏密断连，不得均匀配合，是谓参差。若左右各二，不使单行，则犯偶矣。此其大略也，若夫润泽之，则在雅人君子。

贵 活 变

幽斋陈设，妙在日异月新。若使骨董生根，终年匏系一处，则因物多腐象，遂使人少生机，非善用古玩者也。居家所需之物，惟房舍不可动移，此外皆当活变。何也？眼界关乎心境，人欲活泼其心，先宜活泼其眼。即房舍不可动移，亦有起死回生之法。譬如造屋数进，取其高卑广隘之尺寸不甚相悬者，授意匠工，凡作窗棂门扇，皆同其宽窄而异其体裁，以便交相更替。同一房也，以彼处门窗挪入此处，便觉耳目一新，有如房舍皆迁者；再入彼屋，又换一番境界，是不特迁其一，且迁其二矣。房舍犹然，况器物乎？或卑者使高，或远者使近，或二物别之既久，而使一旦相亲，或数物混处多时，而使忽然隔绝，是无情之物变为有情，若有悲欢离合于其间者。但须左之右之，无不宜之，则造物在手，而臻化境矣。人谓朝东夕西，往来仆仆，“何许子之不惮烦乎”①？予曰：陶士行之运甓②，视此犹烦，未有笑其多事者；况古玩之可亲，犹胜于甓。乐此者不觉其疲，但不可为饱食终日、无所用心者道。

古玩中香炉一物，其体极静，其用又妙在极动，是当一日数迁其位，片刻不容胶柱者也。人问其故，予以风帆喻之。舟行所挂之帆，视风之斜正为斜正，风从左而帆向右，则舟不进而且退矣。位置香炉之法亦然。当由风力起见，如一室之中有南北二牖，风从南来，则宜位置于正南，风从北入，则宜位置于正北；若风从东南或从西北，则又当位置稍偏，总以不离乎风者近是。若反风所向,则风去香随,而我不沾其味矣。又须启风来路,塞风去路,如风从南来而洞开北牖,风从北至而大辟南轩,皆以风为过客,而香亦传舍视我矣。须知器玩之中,物物皆可使静,独香炉一物,势有不能。“爱之能勿劳乎[③]?”待人之法也,吾于香炉亦云。

① “何许子”句:语出《孟子·滕文公上》。许子,战国时农家代表许行。他主张“贤者与民并耕而食,饔飧(自理炊事)而治”,引文为孟子的批评语。

② 陶士行:陶侃,字士行,晋代浔阳人。后封长沙郡公,都督八州军事。相传他在广州时每天早晨把一百个坛子搬到室外,夜晚再搬进来,以此磨练意志。

③ “爱之”句:语出《论语·宪问》。

饮馔部

蔬食第一

吾观人之一身，眼耳鼻舌，手足躯骸，件件都不可少。其尽可不设而必欲赋之，遂为万古生人之累者，独是口腹二物。口腹具而生计繁矣，生计繁而诈伪奸险之事出矣，诈伪奸险之事出，而五刑不得不设[1]。君不能施其爱育，亲不能遂其恩私，造物好生，而亦不能不逆行其志者，皆当日赋形不善，多此二物之累也。草木无口腹，未尝不生；山石土壤无饮食，未闻不长养。何事独异其形，而赋以口腹？即生口腹，亦当使如鱼虾之饮水，蜩螗之吸露[2]，尽可滋生气力，而为潜跃飞鸣。若是，则可与世无求，而生人之患熄矣。乃既生以口腹，又复多其嗜欲，使如溪壑之不可厌；多其嗜欲，又复洞其底里，使如江海之不可填。以致人之一生，竭五官百骸之力，供一物之所耗而不足哉！吾反复推详，不能不于造物是咎。亦知造物于此，未尝不自悔其非，但以制定难移，只得终遂其过。甚矣，作法慎初，不可草草定制。

吾辑是编而谬及饮馔，亦是可已不已之事。其止崇俭啬，不导奢靡者，因不得已而为造物饰非，亦当虑始计终，而为庶物弭患。如逞一己之聪明，导千万人之嗜欲，则匪特禽兽昆虫无噍类[3]，吾虑风气所开，日甚一日，焉知不有易牙复出，烹子求荣[4]，杀婴儿以媚权奸[5]，如亡隋故事者哉！一误岂堪再误？吾不敢不以赋形造物，视作覆车。

声音之道，丝不如竹，竹不如肉，为其渐近自然。吾谓饮食之道，脍不如肉[6]，肉不如蔬，亦以其渐近自然也。草衣木食，上古之风，人能疏远肥腻，食蔬蕨而甘之，腹中菜园，不使羊来踏破[7]，是犹作羲皇之民[8]，鼓唐虞之腹[9]，与崇尚古玩同一致也。所怪于世者，弃美名不居，而故异端其说，谓佛法如是，是则谬矣。吾辑《饮馔》一卷，后肉食而首蔬菜，一以崇俭，一以复古；至重宰割而惜生命，又其念兹在兹，而不忍或忘者矣。

① 五刑：五等刑罚，历代各不相同。隋唐以后指死、流、徙、杖、笞。此代指刑罚。

② 蜩螗：蝉的别名。

③ 噍类：活人。语出《汉书·高帝纪上》，注引如淳曰："青州俗呼无孑遗者为无噍类。"此代指禽兽昆虫等生物。

④ "易牙"二句：相传春秋时齐桓公宠臣易牙曾自烹其子为羹以献齐桓公。事见《管子·小称篇》、《韩非子·二柄》等书。

⑤ "杀婴儿"句：陈世熙《唐人说荟·开河记》载隋炀帝时，陶郎儿兄弟拐骗杀戮别家孩子，蒸烹以献权贵麻叔谋。

⑥ 脍：细切的鱼肉，此泛指经过加工制作的肉。

⑦ "腹中"二句：隋侯白《启颜录》："有人常食菜蔬，忽食羊，梦五藏（五脏）神曰：'羊踏破菜园。'"后因以"羊踏菜园"代指因贪吃美味而得腹疾。

⑧ 羲皇：即伏羲氏。古人多认为伏羲时代的人生活无忧无虑，故充满向往。

⑨ 唐虞：传说中远古时的两个部落。尧、舜分别为其领袖。

笋

论蔬食之美者，曰清，曰洁，曰芳馥，曰松脆而已矣。不知其至美所在，能居肉食之上者，只在一字之鲜。《记》曰："甘受和，白受采①。"鲜即甘之所从出也。此种供奉，惟山僧野老躬治园圃者，得以有之，城市之人向卖菜佣求活者，不得与焉。然他种蔬食，不论城市山林，凡宅旁有圃者，旋摘旋烹，亦能时有其乐。至于笋之一物，则断断宜在山林，城市所产者，任尔芳鲜，终是笋之剩义。此蔬食中第一品也，肥羊嫩豖，何足比肩。但将笋肉齐烹，合盛一簋，人止食笋而遗肉，则肉为鱼而笋为熊掌可知矣②。购于市者且然，况山中之旋掘者乎？

食笋之法多端，不能悉纪，请以两言概之，曰："素宜白水，荤用肥猪。"茹斋者食笋，若以他物伴之，香油和之，则陈味夺鲜，而笋之真趣没矣。白煮俟熟，略加酱油，从来至美之物，皆利于孤行，此类是也。以之伴荤，则牛羊鸡鸭等物皆非所宜，独宜于豖，又独宜于肥。肥非欲其腻也，肉之肥者能甘，甘味入笋，则不见其甘；但觉其鲜之至也。烹之既熟，肥肉尽当去之，即汁亦不宜多存，存其半而益以清汤。调和之物，惟醋与酒。此制荤笋之大凡也。

笋之为物，不止孤行并用各见其美，凡食物中无论荤素，皆当用作调和。菜中之笋与药中之甘草,同是必需之物,有此则诸味皆鲜,但不当用其渣滓,而用其精液。庖人之善治具者,凡有焯笋之汤,悉留不去,每作一馔,必以和之。食者但知他物之鲜,而不知有所以鲜之者在也。《本草》中所载诸食物[3],益人者不尽可口,可口者未必益人,求能两擅其长者,莫过于此。东坡云:"宁可食无肉,不可居无竹。无肉令人瘦,无竹令人俗。"不知能医俗者,亦能医瘦,但有已成竹未成竹之分耳。

① 《记》:《礼记》。引文出《礼记·礼器》,疏谓:甘为众味之本,不偏主一味,故得受五味之和;白是五色之本,不偏主一色,故得受五色之采。

② 肉为鱼而笋为熊掌:此句化用《孟子·告子》:"鱼我所欲也,熊掌亦我所欲也,二者不可得兼,舍鱼而取熊掌者也。"

③ 《本草》:即《神农本草经》,因所记各药以草类为多,故称《本草》。原书早佚,历代间有修补重订者。明代李时珍博采众说,加以实地调查,删繁补缺,成《本草纲目》五十二卷。

蕈[1]

求至鲜至美之物于笋之外,其惟蕈乎!蕈之为物也,无根无蒂,忽然而生,盖山川草木之气,结而成形者也,然有形而无体。凡物有体者必有渣滓,既无渣滓,是无体也。无体之物,犹未离乎气也。食此物者,犹吸山川草木之气,未有无益于人者也。其有毒而能杀人者,《本草》云以蛇虫行之故。予曰:不然。蕈大几何,蛇虫能行其上?况又极弱极脆而不能载乎?盖地之下有蛇虫,蕈生其上,适为毒气所钟,故能害人。毒气所钟者能害人,则为清虚之气所钟者,其能益人可知矣。世人辨之原有法,苟非有毒,食之最宜。此物素食固佳,伴以少许荤食尤佳,盖蕈之清香有限,而汁之鲜味无穷。

① 蕈:蘑菇。

莼①

陆之蕈,水之莼,皆清虚妙物也。予尝以二物作羹,和以蟹之黄,鱼之肋,名曰"四美羹"。座客食而甘之,曰:"今而后,无下箸处矣!"

① 莼:即莼菜,亦作"蓴菜",又名"水葵"。睡莲科,多年生水生草木。性喜温暖,宜于清水池生长。春夏季采嫩叶,可作蔬菜。

菜

世人制菜之法,可称百怪千奇。自新鲜以至于腌糟酱腊,无一不曲尽奇能,务求至美;独于起根发轫之事缺焉不讲,予甚惑之。其事维何？有八字诀云："摘之务鲜，洗之务净。"务鲜之论，已悉前篇。蔬食之最净者，曰笋，曰蕈，曰豆芽；其最秽者，则莫如家种之菜。灌肥之际，必连根带叶而浇之；随浇随摘，随摘随食，其间清浊，多有不可问者。洗菜之人，不过浸入水中，左右数漉，其事毕矣。孰知污秽之湿者可去，干者难去。日积月累之粪，岂顷刻数漉之所能尽哉？故洗菜务得其法，并须务得其人。以懒人、性急之人洗菜，犹之乎弗洗也。洗菜之法，入水宜久，久则干者浸透而易去；洗叶用刷，刷则高低曲折处皆可到，始能涤尽无遗。若是，则菜之本质净矣。本质净而后可加作料，可尽人工，不然，是先以污秽作调和，虽有百和之香，能敌一星之臭乎？噫，富室大家食指繁盛者，欲保其不食污秽，难矣哉！

菜类甚多，其杰出者则数黄芽。此菜萃于京师，而产于安肃[①]，谓之"安肃菜"，此第一品也。每株大者可数斤，食之可忘肉味。不得已而思其次，其惟白下之水芹乎[②]！予自移居白门，每食菜、食葡萄，辄思都门；食笋、食鸡豆，辄思武陵[③]。物之美者，犹令人每食不忘，况为适馆授餐之人乎？

菜有色相最奇，而为《本草》、《食物志》诸书之所不载者，则西秦所产之头发菜是也[④]。予为秦客，传食于塞上诸侯。一日脂车将发[⑤]，见炕上有物，俨然乱发一卷，谬谓婢子栉发所遗，将欲委之而去。婢子曰："不然，群公所饷之物也。"询之土人，知为头发菜。浸以滚水，拌以姜醋，其可口倍于藕丝、鹿角等菜。携归饷客，无不奇之，谓珍错中所未见。此物产于河西，为值甚贱，凡适秦者皆争购异物，因其贱也而忽之，故此物不至通都，见者绝少。由是观之，四方贱物之中，其可贵者不知凡几，焉得人人物色之？发菜之得至江南，亦千载一时之至幸也。

① 安肃:今河北省徐水县。

② 白下:南京的别称。下句之“白门”亦指南京。

③ 武陵:今湖南常德。

④ 西秦:今陕西省。

⑤ 脂车:以脂油涂车轴,利于运转。借指驾车出行。

瓜 茄 瓠 芋 山药

瓜、茄、瓠、芋诸物,菜之结而为实者也。实则不止当菜,兼作饭矣。增一簋菜,可省数合粮者,诸物是也。一事两用,何俭如之?贫家购此,同于籴粟。但食之各有其法:煮冬瓜、丝瓜忌太生,煮王瓜、甜瓜忌太熟;煮茄、瓠利用酱醋,而不宜于盐;煮芋不可无物伴之,盖芋之本身无味,借他物以成其味者也;山药则孤行并用,无所不宜,并油盐酱醋不设,亦能自呈其美,乃蔬食中之通材也。

葱 蒜 韭

葱、蒜、韭三物,菜味之至重者也。菜能芬人齿颊者,香椿头是也;菜能秽人齿颊及肠胃者,葱、蒜、韭是也。椿头明知其香而食者颇少，葱、蒜、韭尽识其臭而嗜之者众，其故何欤？以椿头之味，虽香而淡，不若葱、蒜、韭之气甚而浓。浓则为时所争尚，甘受其秽而不辞；淡则为世所共遗，自荐其香而弗受。吾于饮食一道，悟善身处世之难。一生绝三物不食，亦未尝多食香椿，殆所谓"夷、惠之间"者乎①？

予待三物有差。蒜则永禁弗食；葱虽弗食，然亦听作调和；韭则禁其终而不禁其始，芽之初发，非特不臭，且具清香，是其孩提之心之未变也。

① 夷惠之间：汉扬雄《法言·渊骞》："'其为人也奈何?'曰：'不屈其意，不累其身。'曰：'是夷惠之徒与?'曰：'不夷不惠，可否之间也。'"夷，伯夷，商周时人，耻食周粟，饿死首阳山。惠，柳下惠，春秋时鲁大夫，美女坐怀不乱。二人皆为古代廉正之士。

萝　卜

生萝卜切丝作小菜，伴以醋及他物，用之下粥最宜。但恨其食后打嗳，嗳必秽气。予尝受此厄于人，知人之厌我，亦若是也，故亦欲绝而弗食。然见此物大异葱蒜，生则臭，熟则不臭，是与初见似小人，而卒为君子者等也。虽有微过，亦当恕之，仍食勿禁。

芥辣汁

菜有具姜桂之性者乎？曰：有，辣芥是也。制辣汁之芥子，陈者绝佳，所谓愈老愈辣是也。以此拌物，无物不佳。食之者如遇正人，如闻谠论[①]，困者为之起倦，闷者以之豁襟，食中之爽味也。予每食必备，窃比于夫子之不撤姜也[②]。

① 谠论：正直的言论。

② 夫子不撤姜：《论语·乡党》："不撤姜食，不多食。"孔疏谓：齐禁薰物，姜辛不臭，故不去。

谷食第二

食之养人，全赖五谷。使天止生五谷而不产他物，则人身之肥而寿也，较此必有过焉，保无疾病相煎、寿夭不齐之患矣。试观鸟之啄粟，鱼之饮水，皆止靠一物为生，未闻于一物之外，又有为之肴馔酒浆、诸饮杂食者也。乃禽鱼之死，皆死于人，未闻有疾病而死，及天年自尽而死者。是止食一物，乃长生久视之道也。人则不幸而为精腆所误[①]，多食一物，多受一物之损伤；少静一时，少安一时之淡泊。其疾病之生，死亡之速，皆饮食太繁、嗜欲过度之所致也。此非人之自误，天误之耳。天地生物之初，亦不料其如是。原欲利人口腹，孰意利之反以害之哉！然则人欲自爱其生者，即不能止食一物，亦当稍存其意，而以一物为君。使酒肉虽多，不胜食气，即使为害，当亦不甚烈耳。

① 精腆：精美、丰厚。

饭　　粥

粥饭二物，为家常日用之需，其中机彀，无人不晓，焉用越俎者强为致词？然有吃紧二语，巧妇知之而不能言者，不妨代为喝破，使姑传之媳，母传之女，以两言代千百言，亦简便利人之事也。先就粗者言之：饭之大病，在内生外熟，非烂即焦；粥之大病，在上清下淀，如糊如膏。此火候不均之故，惟最拙最笨者有之，稍能炊爨者，必无是事。然亦有刚柔合道，燥湿得宜，而令人咀之嚼之，有粥饭之美形，无饮食之至味者。其病何在？曰：挹水无度、增减不常之为害也。其吃紧二语，则曰："粥水忌增，饭水忌减。"米用几何，则水用几何，宜有一定之度数。如医人用药，水一钟或钟半，煎至七分或八分，皆有定数。若以意为增减，则非药味不出，即药性不存，而服之无效矣。不善执爨者，用水不均，煮粥常患其少，煮饭常苦其多。多则逼而去之,少则增而入之。不知米之精液全在于水,逼去饭汤者,非去饭汤,去饭之精液也。精液去则饭为渣滓,食之尚有味乎?粥之既熟,水米成交,犹米之酿而为酒矣。虑其太厚而入之以水,非入水于粥,犹入水于酒也。水入而酒成糟粕,其味尚可咀乎?故善主中馈者,挹水时必限以数,使其勺不能增,滴无可减,再加以火候调匀,则其为粥为饭,不求异而异乎人矣。

宴客者有时用饭,必较家常所食者稍精。精用何法?曰:使之有香而已矣。予尝授意小妇,预设花露一盏,俟饭之初熟而浇之,浇过稍闭,拌匀而后入碗。食者归功于谷米,诧为异种而讯之,不知其为寻常五谷也。此法秘之已久,今始告人。行此法者,不必满釜浇遍,遍则费露甚多,而此法不行于世矣。止以一盏浇一隅,足供佳客所需而止。露以蔷薇、香橼[①]、桂花三种为上,勿用玫瑰,以玫瑰之香,食者易辨,知非谷性所有。蔷薇、香橼、桂花三种,与谷性之香者相若,使人难辨,故用之。

① 香橼:木名。果实入药,性平,味苦,功能理气化痰。

汤

汤即羹之别名也。羹之为名,雅而近古;不曰羹而曰汤者,虑人古雅其名,而即郑重其实,似专为宴客而设者。然不知羹之为物,与饭相俱者也。有饭即应有羹,无羹则饭不能下。设羹以下饭,乃图省俭之法,非尚奢靡之法也。古人饮酒,即有下酒之物;食饭,即有下饭之物。世俗改下饭为“厦饭”,谬矣。前人以读史为下酒物,岂下酒之“下”,亦从“厦”乎?“下饭”二字,人谓指肴馔而言,予曰:不然。肴馔乃滞饭之具,非下饭之具也。食饭之人见美馔在前,匕箸迟疑而不下,非滞饭之具而何?饭犹舟也,羹犹水也;舟之在滩,非水不下,与饭之在喉,非汤不下,其势一也。且养生之法,食贵能消;饭得羹而即消,其理易见。故善养生者,吃饭不可无羹;善作家者,吃饭亦不可无羹。宴客而为省馔计者,不可无羹;即宴客而欲其果腹始去,一馔不留者,亦不可无羹。何也?羹能下饭,亦能下馔故也。近来吴越张筵,每馔必注以汤,大得此法。吾谓家常自膳,亦莫妙于此。宁可食无馔,不可饭无汤。有汤下饭,即小菜不设,亦可使哺啜如流;无汤下饭,即美味盈前,亦有时食不下咽。予以一赤贫之士,而养半百口之家,有饥时而无馑日者,遵是道也。

糕　饼

谷食之有糕饼,犹肉食之有脯脍。《鲁论》云:“食不厌精,脍不厌细。”制糕饼者,于此二句,当兼而有之。食之精者,米麦是也;脍之细者,粉面是也。精细兼长,始可论及工拙。求工之法,坊刻所载甚详,予使拾而言之,以作制饼制糕之印板,则观者必大笑曰:“笠翁不拾唾余,今于饮食之中,现增一副依样葫芦矣!”冯妇下车①,请戒其始。只用二语括之,曰:“糕贵乎松,饼利于薄。”

① 冯妇下车:典出《孟子·尽心》:“晋人有冯妇者,善搏虎,卒为善士;则之野,有众逐虎,虎负隅,莫之敢撄;望见冯妇,趋而迎之。冯妇攘臂下车,众皆悦之,其为士者笑之。”后以此典称人重操旧业。

面

南人饭米,北人饭面,常也。《本草》云:“米能养脾,麦能补心。”各有所裨于人者也。然使竟日穷年止食一物,亦何其胶柱口腹,而不肯兼爱心脾乎?予南人而北相,性之刚直似之,食之强横亦似之。一日三餐,二米一面,是酌南北之中,而善处心脾之道也。但其食面之法,小异于北,而且大异于南。北人食面多作饼,予喜条分而缕析之,南人之所谓“切面”是也。南人食切面,其油盐酱醋等作料,皆下于面汤之中,汤有味而面无味,是人之所重者不在面而在汤,与未尝食面等也。予则不然,以调和诸物,尽归于面,面具五味而汤独清,如此方是食面,非饮汤也。

所制面有二种,一曰“五香面”,一曰“八珍面”。五香膳己,八珍饷客,略分丰俭于其间。五香者何?酱也,醋也,椒末也,芝麻屑也,焯笋或煮蕈煮虾之鲜汁也。先以椒末、芝麻屑二物拌入面中,后以酱醋及鲜汁三物和为一处,即充拌面之水,勿再用水。拌宜极匀,擀宜极薄,切宜极细,然后以滚水下之,则精粹之物尽在面中,尽勾咀嚼,不似寻常吃面者,面则直吞下肚，而止咀咂其汤也。八珍者何？鸡、鱼、虾三物之肉，晒使极干，与鲜笋、香蕈、芝麻、花椒四物，共成极细之末，和入面中，与鲜汁共为八种。酱醋亦用，而不列数内者，以家常日用之物，不得名之以珍也。鸡鱼之肉，务取极精，稍带肥腻者弗用，以面性见油即散，擀不成片，切不成丝故也。但观制饼饵者，欲其松而不实，即拌以油，则面之为性可知已。鲜汁不用煮肉之汤，而用笋、蕈、虾汁者，亦以忌油故耳。所用之肉，鸡、鱼、虾三者之中，惟虾最便，屑米为面，势如反掌，多存其末，以备不时之需；即膳已之五香，亦未尝不可六也。拌面之汁，加鸡蛋青一二盏更宜，此物不列于前而附于后者，以世人知用者多，列之又同剿袭耳。

粉

粉之名目甚多，其常有而适于用者，则惟藕、葛、蕨、绿豆四种。藕、葛二物，不用下锅，调以滚水，即能变生成熟。昔人云：“有仓卒客，无仓卒主人。”欲为仓卒主人，则请多储二物。且卒急救饥，亦莫善于此。驾舟车行远路者，此是糇粮中首善之物。粉食之耐咀嚼者，蕨为上，绿豆次之。欲绿豆粉之耐嚼，当稍以蕨粉和之。凡物入口而不能即下，不即下而又使人咀之有味、嚼之无声者，斯为妙品。吾遍索饮食中，惟得此二物。绿豆粉为汤，蕨粉为下汤之饭，可称二耐。齿牙遇此，殆亦所谓劳而不怨者哉！

肉食第三

“肉食者鄙”①,非鄙其食肉,鄙其不善谋也。食肉之人之不善谋者,以肥腻之精液,结而为脂,蔽障胸臆,犹之茅塞其心,使之不复有窍也。此非予之臆说,夫有所验之矣。诸兽食草木杂物,皆狡猾而有智。虎独食人,不得人则食诸兽之肉,是匪肉不食者,虎也;虎者,兽之至愚者也。何以知之?考诸群书则信矣。“虎不食小儿”,非不食也,以其痴不惧虎,谬谓勇士而避之也。“虎不食醉人”,非不食也,因其醉势猖獗,目为劲敌而防之也。“虎不行曲路,人遇之者,引至曲路即得脱。”其不行曲路者,非若澹台灭明之行不由径②,以颈直不能回顾也。使知曲路必脱,先于周行食之矣。《虎苑》云③:“虎之能搏狗者,牙爪也。使失其牙爪,则反伏于狗矣。”迹是观之,其能降人降物而藉之为粮者,则专恃威猛,威猛之外,一无他能,世所谓“有勇无谋”者,虎是也。予究其所以然之故,则以舍肉之外,不食他物,脂腻填胸,不能生智故也。然则“肉食者鄙,未能远谋”。其说不既有征乎?吾今虽为肉食作俑,然望天下之人,多食不如少食。无虎之威猛而益其愚,与有虎之威猛而自昏其智,均非养生善后之道也。

① 肉食者鄙：语出《左传·庄公十年》曹刿所说“肉食者鄙，未能远谋”。鄙，粗陋，没有见识。

② 澹台灭明：孔子弟子，走路不抄小道，事见《史记·仲尼弟子列传》。

③ 《虎苑》：明太原人王穉登撰。叙古书中及人间虎事。分德政、孝感、贞符等十四门。

猪

食以人传者，“东坡肉”是也[①]。卒急听之，似非豕之肉，而为东坡之肉矣。嘻，东坡何罪，而割其肉，以实千古馋人之腹哉？甚矣，名士不可为，而名士游戏之小术，尤不可不慎也。至数百载而下，糕、布等物，又以眉公得名。取“眉公糕”、“眉公布”之名，以较“东坡肉”三字，似觉彼善于此矣。而其最不幸者，则有溷厕中之一物，俗人呼为“眉公马桶”。嘻，马桶何物，而可冠以雅人高士之名乎？予非不知肉味，而于豕之一物，不敢浪措一词者，虑为东坡之续也。即溷厕中之一物，予未尝不新其制，但蓄之家而不敢取以示人，尤不敢笔之于书者，亦虑为眉公之续也。

① 东坡肉：宋周紫芝《竹坡诗话》载：苏轼在黄州时，戏作《食猪肉》一诗：“黄州好猪肉，价钱如粪土。富者不肯吃，贫者不解煮。慢着火，少着水，火候足时它自美。每日起来打一碗，饱得自家君莫管。”后因有“东坡肉”一菜。

羊

物之折耗最重者，羊肉是也。谚有之曰："羊几贯，帐难算，生折对半熟对半，百斤止剩念余斤，缩到后来只一段。"大率羊肉百斤，宰而割之，止得五十斤，迨烹而熟之，又止得二十五斤，此一定不易之数也。但生羊易消，人则知之；熟羊易长，人则未之知也。羊肉之为物，最能饱人，初食不饱，食后渐觉其饱，此易长之验也。凡行远路及出门作事，卒急不能得食者，啖此最宜。秦之西鄙，产羊极繁，土人日食止一餐，其能不枵腹者，羊之力也。《本草》载羊肉，比人参、黄芪。参芪补气，羊肉补形。予谓补人者羊，害人者亦羊。凡食羊肉者，当留腹中余地，以俟其长。倘初食不节而果其腹，饭后必有胀而欲裂之形，伤脾坏腹，皆由于此，葆生者不可不知。

牛　犬

猪、羊之后，当及牛、犬。以二物有功于世，方劝人戒之之不暇，尚忍为制酷刑乎？略此二物，遂及家禽，是亦以羊易牛之遗意也[①]。

① 以羊易牛：《孟子·梁惠王》载，梁惠王见人牵着牛去宰杀，心

中不忍，命人以羊代牛，以示仁义。

鸡

鸡亦有功之物，而不讳其死者，以功较牛、犬为稍杀。天之晓也，报亦明，不报亦明，不似畎亩、盗贼，非牛不耕，非犬之吠则不觉也。然较鹅鸭二物，则淮阴羞伍绛、灌矣①。烹饪之刑，似宜稍宽于鹅鸭。卵之有雄者弗食，重不至斤外者弗食，即不能寿之，亦不当过夭之耳。

① 淮阴：即韩信，秦末淮阴人，协助刘邦击败项羽，屡立战功，被封为淮阴侯。 绛：指周勃，汉初封绛侯。 灌：指灌婴，汉初封颍阴侯。周、灌二人能武不能文，故韩信羞与为伍。

鹅

鵔鵔之肉无他长①，取其肥且甘而已矣。肥始能甘，不肥则同于嚼蜡。鹅以固始为最②，讯其土人，则曰："豢之之物，亦同于人。食人之食，斯其肉之肥腻亦同于人也。"犹之豕肉以金华为最，婺人豢豕，非饭即粥，故其为肉也甜而腻。然则固始之鹅，金华之豕，均非鹅豕之美，食美之也。食能美物，奚俟人言？归而求之，有余师矣。但授家人以法，彼虽饲以美食,终觉饥饱不时,不似固始、金华之有节,故其为肉也,犹有一间之殊。盖终以禽兽畜之,未尝稍同于人耳。“继子得食,肥而不泽[3]。”其斯之谓欤?

有告予食鹅之法者,曰:昔有一人,善制鹅掌。每豢肥鹅将杀,先熬沸油一盂,投以鹅足,鹅痛欲绝,则纵之池中,任其跳跃。已而复擒复纵,炮瀹如初。若是者数四,则其为掌也,丰美甘甜,厚可径寸,是食中异品也。予曰:惨哉斯言!予不愿听之矣。物不幸而为人所畜,食人之食,死人之事。偿之以死亦足矣,奈何未死之先,又加若是之惨刑乎?二掌虽美,入口即消,其受痛楚之时,则有百倍于此者。以生物多时之痛楚,易我片刻之甘甜,忍人不为,况稍具婆心者乎?地狱之设,正为此人,其死后炮烙之刑[4],必有过于此者。

① 鵔鵔:鹅鸣声,亦借指鹅。

② 固始:县名,今属河南。

③ “继子”二句:后娘养的孩子,吃的东西看上去很肥,实际却没有多少光泽(油水)。

④ 炮烙之刑:商纣王所用酷刑。以碳火烧热铜柱,令人爬行其上,即坠炭上烧死。《荀子·议兵》:“纣刳比干,囚箕子,为炮烙刑。”

鸭

禽属之善养生者,雄鸭是也。何以知之?知之于人之好尚。诸禽尚雌,而鸭独尚雄;诸禽贵幼,而鸭独贵长。故养生家有言:“烂蒸老雄鸭,功效比参芪。”使物不善养生,则精气必为雌者所夺,诸禽尚雌者,以为精气之所聚也。使物不善养生,则情窍一开,日长而日瘠矣。诸禽贵幼者,以其泄少而存多也。雄鸭能愈长愈肥,皮肉至老不变,且食之与参芪比功,则雄鸭之善于养生,不待考核而知之矣。然必俟考核,则前此未之闻也。

野禽　野兽

野味之逊于家味者,以其不能尽肥;家味之逊于野味者,以其不能有香也。家味之肥,肥于不自觅食而安享其成;野味之香,香于草木为家而行止自若。是知丰衣美食,逸处安居,肥人之事也;流水高山,奇花异木,香人之物也。肥则必供刀俎,靡有孑遗;香亦为人朵颐[①],然或有时而免。二者不欲其兼,舍肥从香而已矣。

野禽可以时食,野兽则偶一尝之。野禽如雉、雁、鸠、鸽、黄雀、鹌鹑之属,虽生于野,若畜于家,为可取之如寄也。野兽之可得者惟兔、獐、鹿、熊、虎诸兽,岁不数得。是野味之中,又分难易。难得者何?以其久住深山,不入人境,槛阱之入,是人往觅兽,非兽来挑人也。禽则不然,知人欲弋而往投之,以觅食也,食得而祸随之矣。是兽之死也,死于人;禽之毙也,毙于己。食野味者,当作如是观。惜禽而更当惜兽,以其取死之道为可原也。

① 朵颐:指饮食之事。《易·颐》:"观我朵颐。"孔颖达疏:"朵是动义,如手之捉物谓之朵也。今动其颐,故知嚼也。"

鱼

鱼藏水底,各自为天,自谓与世无求,可保戈矛之不及矣。乌知网罟之奏功,较弓矢罝罘为更捷。无事竭泽而渔[①],自有吞舟不漏之法。然鱼与禽兽之生死,同是一命,觉鱼之供人刀俎,似较他物为稍宜。何也?水族难竭而易繁。胎生卵生之物,少则一母数子,多亦数十子而止矣。鱼之为种也似粟,千斯仓而万斯箱[②],皆于一腹焉寄之。苟无沙汰之人,则此千斯仓而万斯箱者生生不已,又变而为恒河沙数[③]。至恒河沙数之一变再变,以至千百变,竟无一物可以喻之,不几充塞江河而为陆地,舟楫之往来能无恙乎?故渔人之取鱼虾,与樵人之伐草木,皆取所当取,伐所不得不伐者也。我辈食鱼虾之罪,较食他物为稍轻。兹为约法数章,虽难比乎祥刑[④],亦稍差于酷吏。

食鱼者首重在鲜,次则及肥,肥而且鲜,鱼之能事毕矣。然二美虽兼,又有所重在一者。如鲟、如鯚、如鲫、如鲤,皆以鲜胜者也,鲜宜清煮作汤;如鳊、如白、如鲥、如鲢,皆以肥胜者也,肥宜厚烹作脍。烹煮之法,全在火候得宜。先期而食者肉生,生则不松;过期而食者肉死,死则无味。迟客之家,他馔或可先设以待,鱼则必须活养,候客至旋烹。鱼之至味在鲜,而鲜之至味又只在初熟离釜之片刻,若先烹以待,是使鱼之至美，发泄于空虚无人之境；待客至而再经火气，犹冷饭之复炊，残酒之再热，有其形而无其质矣。煮鱼之水忌多，仅足伴鱼而止，水多一口，则鱼淡一分。司厨婢子，所利在汤，常有增而复增，以致鲜味减而又减者。志在厚客，不能不薄待庖人耳⑤。更有制鱼良法，能使鲜肥迸出，不失天真，迟速咸宜，不虞火候者，则莫妙于蒸。置之镟内，入陈酒、酱油各数盏，覆以瓜姜及蕈笋诸鲜物，紧火蒸之极熟。此则随时早暮，供客咸宜，以鲜味尽在鱼中，并无一物能侵，亦无一气可泄，真上着也。

① 竭泽而渔：排干水捕鱼。语出《吕氏春秋·义赏》。

② 千斯仓而万斯箱：言数目之多。语出《诗经·甫田》："乃求千斯仓，乃求万斯箱。"

③ 恒河沙数：比喻数量极多，不可胜数。语出《金刚经·一体同观分》："是诸恒河所有沙数，多世界如是，宁为多不？"

④ 祥刑：用刑详审谨慎。《书·吕刑》："有邦有土，告尔祥刑。"《传》注："有国土诸侯，告汝以善用刑之道。"

⑤ 庖人：厨师。

虾

笋为蔬食之必需，虾为荤食之必需，皆犹甘草之于药也。善治荤食者，以焯虾之汤，和入诸品，则物物皆鲜，亦犹笋汤之利于群蔬。笋可孤行，亦可并用；虾则不能自主，必借他物为君。若以煮熟之虾单盛一簋，非特华筵必无是事，亦且令食者索然。惟醉者糟者,可供匕箸。是虾也者,因人成事之物,然又必不可无之物也。“治国若烹小鲜”[①],此小鲜之有裨于国者。

① “治国”句:语出《老子》:“治大国,若烹小鲜。”小鲜,小鱼。

鳖

“新粟米炊鱼子饭,嫩芦笋煮鳖裙羹。”林居之人述此以鸣得意,其味之鲜美可知矣。予性于水族无一不嗜,独与鳖不相能,食多则觉口燥,殊不可解。一日,邻人网得巨鳖,召众食之,死者接踵,染指其汁者,亦病数月始痊。予以不喜食此,得免于召,遂得免于死。岂性之所在,即命之所在耶?予一生侥幸之事难更仆数。乙未居武林,邻家失火,三面皆焚,而予居无恙。己卯之夏,遇大盗于虎爪山,贿以重资者得免,不则立毙。予囊无一钱,自分必死,延颈受诛,而盗不杀。至于甲申、乙酉之变[①],予虽避兵山中,然亦有时入郭。其至幸者,才徙家而家焚,甫出城而城陷,其出生于死,皆在斯须倏忽之间。噫,予何修而得此于天哉!报施无地,有强为善而已矣。

① 甲申、乙酉之变:指明亡国之变。甲申,1644年,清军入关。乙酉,1645年,清军攻入南京,弘光朝亡。

蟹

予于饮食之美,无一物不能言之,且无一物不穷其想象,竭其幽渺而言之;独于蟹螯一物,心能嗜之,口能甘之,无论终身一日皆不能忘之。至其可嗜可甘与不可忘之故,则绝口不能形容之。此一事一物也者,在我则为饮食中之痴情,在彼则为天地间之怪物矣。予嗜此一生,每岁于蟹之未出时,即储钱以待。因家人笑予以蟹为命,即自呼其钱为"买命钱"。自初出之日始,至告竣之日止,未尝虚负一夕,缺陷一时。同人知予癖蟹,招者饷者,皆于此日,予因呼九月、十月为"蟹秋"。虑其易尽而难继,又命家人涤瓮酿酒,以备糟之醉之之用。糟名"蟹糟",酒名"蟹酿",瓮名"蟹瓮"。向有一婢,勤于事蟹,即易其名为"蟹奴"。今亡之矣,蟹乎!蟹乎!汝于吾之一生,殆相终始者乎!所不能为汝生色者,未尝于有螃蟹无监州处作郡,出俸钱以供大嚼,仅以悭囊易汝。即使日购百筐,除供客外,与五十口家人分食,然则入予腹者有几何哉?蟹乎!蟹乎!吾终有愧于汝矣。

蟹之为物至美,而其味坏于食之之人。以之为羹者,鲜则鲜矣,而蟹之美质何在?以之为脍者,腻则腻矣,而蟹之真味不存。更可厌者,断为两截,和以油、盐、豆粉而煎之,使蟹之色、蟹之香与蟹之真味全失。此皆似嫉蟹之多味,忌蟹之美观,而多方蹂躏,使之泄气而变形者也。世间好物,利在孤行。蟹之鲜而肥,甘而腻,白似玉而黄似金,已造色香味三者之至极，更无一物可以上之。和以他味者，犹之以爝火助日，掬水益河，冀其有裨也，不亦难乎？凡食蟹者，只合全其故体，蒸而熟之，贮以冰盘，列之几上，听客自取自食。剖一筐，食一筐，断一螯，食一螯，则气与味纤毫不漏。出于蟹之躯壳者，即入于人之口腹，饮食之三昧，再有深入于此者哉？凡治他具，皆可人任其劳，我享其逸，独蟹与瓜子、菱角三种，必须自任其劳。旋剥旋食则有味，人剥而我食之，不特味同嚼蜡，且似不成其为蟹与瓜子、菱角，而别是一物者。此与好香必须自焚，好茶必须自斟，僮仆虽多，不能任其力者，同出一理。讲饮食清供之道者，皆不可不知也。

宴上客者，势难全体，不得已而羹之，亦不当和以他物，惟以煮鸡鹅之汁为汤，去其油腻可也。

瓮中取醉蟹，最忌用灯，灯光一照，则满瓮俱沙，此人人知忌者也。有法处之，则可任照不忌。初醉之时，不论昼夜，俱点油灯一盏，照之入瓮，则与灯光相习，不相忌而相能，任凭照取，永无变沙之患矣。（此法都门有用之者。）

零 星 水 族

予担簦二十年[①]，履迹几遍天下。四海历其三，三江五湖则俱未尝遗一[②]，惟九河未能环绕[③]，以其迂僻者多，不尽在舟车可抵之境也。历水既多，则水族之经食者，自必不少，因知天下万物之繁，未有繁于水族者。载籍所列诸鱼名，不过十之六七耳。常有奇形异状，味亦不群，渔人竟日取之，土人终年食之,咨询其名,皆不知为何物者。无论其他,即吴门、京口诸地所产水族之中,有一种似鱼非鱼,状类河豚而极小者,俗名“斑子鱼”,味之甘美,几同乳酪,又柔滑无骨,真至味也。而《本草》、《食物》诸书,皆所不载。近地且然,况寥廓而迂僻者乎?海错之至美,人所艳羡而不得食者,为闽之“西施舌”、“江瑶柱”二种④。“西施舌”予既食之,独“江瑶柱”未获一尝,为入闽恨事。所谓“西施舌”者,状其形也。白而洁,光而滑,入口咂之,俨然美妇之舌,但少朱唇皓齿牵制其根,使之不留而即下耳。此所谓状其形也。若论鲜味,则海错中尽有过之者,未甚奇特,朵颐此味之人,但索美舌而咂之,即当屠门大嚼矣⑤。其不甚著名而有异味者,则北海之鲜鳓,味并鲥鱼,其腹中有肋,甘美绝伦。世人以在鲟鳇腹中者为“西施乳”,若与此肋较短长,恐又有东家西家之别耳。

河豚为江南最尚之物,予亦食而甘之。但询其烹饪之法,则所需之作料甚繁,合而计之,不下十余种,且又不可缺一,缺一则腥而寡味。然则河豚无奇,乃假众美成奇者也。有如许调和之料施之他物,何一不可擅长,奚必假杀人之物以示异乎?食之可,不食亦可。若江南之鲚,则为春馔中妙物。食鲥鱼及鲟鳇有厌时,鲚则愈嚼愈甘,至果腹而犹不能释手者也。

① 担簦:背着伞。引申为奔走、跋涉。《史记·平原君虞卿列传》:“虞卿者,游说之士也,蹑跻担簦,说赵孝成王。”

② 三江五湖:指东南方的三条江与太湖流域一带的湖泊。《淮南子·本经训》:“舜乃使禹疏三江五湖。”三江,众说不一,《国语·越语上》韦昭注以吴江、钱塘江、浦阳江为三江。五湖,亦众说不一,《水经注·沔水》以为五湖指太湖及附近四湖。

③ 九河：指黄河。古代黄河自孟津而北，分为九道，故名。

④ 江瑶柱：亦称“江珧柱”，俗称鲜贝。味鲜美。

⑤ 屠门大嚼：指欣羡之至而无法求得，只凭想象聊以自慰。典出汉桓谭《新论·琴道》：“人闻长安乐，则出门向西而笑；知肉味美，则对屠门而大嚼。”屠门，宰杀牲畜卖肉的店铺。

附：不载果食茶酒说

果者酒之仇，茶者酒之敌，嗜酒之人，必不嗜茶与果，此定数也。凡有新客入座，平时未经共饮，不知其酒量浅深者，但以果饼及糖食验之。取到即食，食而似有踊跃之情者，此即茗客，非酒客也；取而不食，及食不数四而即有倦色者，此必巨量之客，以酒为生者也。以此法验嘉宾，百不失一。予系茗客而非酒人，性似猿猴，以果代食，天下皆知之矣。讯以酒味则茫然，与谈食果饮茶之事，则觉井井有条，滋滋多味。兹既备述饮馔之事，则当于二者加详，胡以缺而不备？曰：惧其略也。性既嗜此，则必大书特书，而且为罄竹之书，若以寥寥数纸终其崖略，则恐笔欲停而心未许，不觉其言之汗漫而难收也。且果可略而茶不可略，茗战之兵法，富于《三略》[①]、《六韬》[②]，岂《孙子》十三篇所能尽其灵秘者哉[③]？是用专辑一编，名为《茶果志》，孤行可，尾于是集之后亦可。至于曲蘖一事，予既自谓茫然，如复强为置吻，则假口他人乎？抑强不知为知，以欺天下乎？假口则仍犯剿袭之戒；将欲欺人，则茗客可欺，酒人不可欺也。倘执其所短而兴问罪之师，吾能以茗战战之乎？不若绝口不谈之为愈耳。

① 《三略》:亦称《黄石公三略》。中国古代著名兵书。相传源出于姜太公,经黄石公推演以授张良。该书着重从政治与军事的关系论述战胜攻取方略,对后世颇有影响。

② 《六韬》:中国古代兵书,旧题姜太公撰。对中国古代军队指挥机构论述尤为具体,为后世所重。全书共六卷。

③ 《孙子》:现存最早的兵书。春秋末孙武作。今存十三篇。

种植部[1]

木本第一

草木之种类极杂，而别其大较有三：木本、藤本、草本是也。木本坚而难痿，其岁较长者，根深故也。藤本之为根略浅，故弱而待扶，其岁犹以年纪。草本之根愈浅，故经霜辄坏，为寿止能及岁。是根也者，万物短长之数也，欲丰其得，先固其根。吾于老农老圃之事，而得养生处世之方焉。人能虑后计长，事事求为木本，则见雨露不喜，而睹霜雪不惊；其为身也，挺然独立，至于斧斤之来，则天数也，岂灵椿古柏之所能避哉？如其植德不力，而务为苟延，则是藤本其身，止可因人成事，人立而我立，人仆而我亦仆矣。至于木槿其生，不为明日计者，彼且不知根为何物，遑计入土之浅深，藏荄之厚薄哉[2]？是即草木之流亚也。噫，世岂乏草木之行，而反木其天年，藤其后裔者哉？此造物偶然之失，非天地处人待物之常也。

① 作者原注："已载群书者，片言不赘。非补未逮之论，即传自念之方。俗睹陈言，请翻诸集。"

② 荄:草根。《汉书·礼乐志》:“青阳开动,根荄以遂。”颜师古注:“草根曰荄。”

牡　　丹

牡丹得王于群花,予初不服是论,谓其色其香,去芍药有几?择其绝胜者与角雌雄,正未知鹿死谁手。及睹《事物纪原》[①],谓武后冬月游后苑,花俱开而牡丹独迟,遂贬洛阳[②],因大悟曰:“强项若此,得贬固宜,然不加九五之尊[③],奚洗八千之辱乎?”韩诗“夕贬潮阳路八千”[④]。物生有候,葭动以时,苟非其时,虽十尧不能冬生一穗;后系人主,可强鸡人使昼鸣乎?如其有识,当尽贬诸卉而独崇牡丹。花王之封,允宜肇于此日。惜其所见不逮,而且倒行逆施。诚哉!其为武后也。

予自秦之巩昌[⑤],载牡丹十数本而归,同人嘲予以诗,有“群芳应怪人情热,千里趋迎富贵花”之句。予曰:“彼以守拙得贬,予载之归,是趋冷非趋热也。”兹得此论,更发明矣。艺植之法,载于名人谱帙者,纤发无遗,予倘及之,又是拾人牙后矣[⑥]。但有吃紧一着,花谱偶载而未之悉者,请畅言之。

是花皆有正面,有反面,有侧面。正面宜向阳,此种花通义也。然他种犹能委曲,独牡丹不肯通融。处以南面即生,俾之他向则死,此其肮脏不回之本性,人主不能屈之,谁能屈之?予尝执此语同人,有迂其说者。予曰:“匪特士民之家,即以帝王之尊,欲植此花,亦不能不循此例。”同人诘予曰:“有所本乎?”予曰:“有本。吾家太白诗云:‘名花倾国两相欢,常得君王带笑看。解释春风无限恨，沉香亭北倚栏杆[7]。’倚栏杆者向北，则花非南面而何？”同人笑而是之。斯言得无定论？

① 《事物纪原》：宋高承撰，十卷，分五十五部，内容包括天地山川、鸟兽花木、阴阳五行、礼乐制度等。纪事达一千八百四十一条，叙述事物起源虽不尽确切，但皆引用原书可供参考。

② “谓武后”三句：唐宋以来，牡丹以洛阳最盛，故有此传说。实则牡丹古已有之，最早载于东汉早期的武威医简，至唐代，京师长安的牡丹已很兴盛。武则天一怒而将其贬至洛阳，此后洛阳牡丹反甲天下。

③ 九五：《易经》中的卦爻位名。九，阳爻；五，第五爻。《易·乾》：“九五，飞龙在天，利见大人。”后因以“九五之尊”指帝位。此为借喻。

④ “夕贬”句：语出韩愈《左迁至蓝关示侄孙湘》。韩愈因阻迎佛骨而触怒唐宪宗，被贬潮州刺史。此比牡丹被贬。

⑤ 巩昌：府名，今属甘肃省。

⑥ 拾人牙后：即“拾人牙慧”，喻拾取别人的一言半语当作自己的话。语出南朝宋刘义庆《世说新语·文学》：“殷中军云：康伯未得我牙后慧。”

⑦ “吾家”五句：指李白《清平调词》三首中的第三首。系李白在长安供奉翰林时，随玄宗与杨妃在兴庆宫沉香亭观赏牡丹，受命而作。

梅

花之最先者梅，果之最先者樱桃。若以次序定尊卑，则梅当王于花，樱桃王于果，犹瓜之最先者曰王瓜。于义理未尝不合，奈何别置品题，使后来居上。首出者不得为圣人，则辟草昧致文明者，谁之力欤？虽然，以梅冠群芳，料舆情必协；但以樱桃冠群果，吾恐主持公道者，又不免为荔枝号屈矣。姑仍旧贯，以免抵牾。

种梅之法，亦备群书，无庸置吻，但言领略之法而已。花时苦寒，既有妻梅之心[①]，当筹寝处之法。否则衾枕不备，露宿为难，乘兴而来者，无不尽兴而返，即求为驴背浩然，不数得也。观梅之具有二：山游者必带帐房，实三面而虚其前，制同汤网[②]，其中多设炉炭，既可致温，复备暖酒之用。此一法也。园居者设纸屏数扇，覆以平顶，四面设窗，尽可开闭，随花所在，撑而就之。此屏不止观梅，是花皆然，可备终岁之用。立一小匾，名曰"就花居"。花间竖一旗帜，不论何花，概以总名曰"缩地花"。此一法也。若家居所植者，近在身畔，远亦不出眼前，是花能就人，无俟人为峰蝶矣。然而爱梅之人，缺陷有二：凡到梅开之时，人之好恶不齐，天之功过亦不等，风送香来，香来而寒亦至，令人开户不得，闭户不得，是可爱者风，而可憎者亦风也。雪助花妍，雪冻而花亦冻，令人去之不可，留之不可，是有功者雪，有过者亦雪也。其有功无过，可爱而不可憎者惟日。既可养花，又堪曝背，是诚天之循吏也。使止有日而无风雪，则无时无日不在花间，布帐纸屏皆可不设，岂非梅花之至幸，而生人之极乐也哉！然而为之天者，则甚难矣。

蜡梅者，梅之别种，殆亦共姓而通谱者欤？然而有此令德，亦乐与联宗。吾又谓别有一花，当为蜡梅之异姓兄弟，玫瑰是也。气味相孚，皆造浓艳之极致，殆不留余地待人者矣。人谓过犹不及，当务适中，然资性所在，一往而深，求为适中，不可得也。

① 妻梅：相传宋代钱塘高士林逋隐居西湖，终身不娶，唯以种梅养鹤为乐，人称“梅妻鹤子”。

② 汤网：《史记·殷本纪》载：商汤施行仁政，将捕鸟人的四面网放开三面，只留一面，仅捕获不听教命之鸟。

桃

凡言草木之花，矢口即称桃李，是桃李二物，领袖群芳者也。其所以领袖群芳者，以色之大都不出红白二种。桃色为红之极纯，李色为白之至洁。“桃花能红李能白”一语，足尽二物之能事。然今人所重之桃，非古人所爱之桃；今人所重者为口腹计，未尝究及观览。大率桃之为物，可目者未尝可口，不能执两端事人。凡欲桃实之佳者，必以他树接之，不知桃实之佳，佳于接，桃色之坏，亦坏于接。桃之未经接者，其色极娇，酷似美人之面，所谓“桃腮”、“桃靥”者，皆指天然未接之桃，非今时所谓碧桃、绛桃、金桃、银桃之类也。即今诗人所咏，画图所绘者，亦是此种。此种不得于名园，不得于胜地，惟乡村篱落之间，牧童樵叟所居之地，能富有之。欲看桃花者，必策蹇郊行[①]，听其所至，如武陵人之偶入桃源[②]，始能复有其乐。如仅载酒园亭，携姬院落，为当春行乐计者，谓赏他卉则可，谓看桃花而能得其真趣，吾不信也。噫，色之极媚者莫过于桃，而寿之极短者亦莫过于桃，“红颜薄命”之说，单为此种。凡见妇人面与相似而色泽不分者，即当以花魂视之，谓别形体不久也。然勿明言，至生涕泣。

① 策蹇:骑跛驴。蹇,跛足,引申为蹇驴。孟浩然《唐城馆中早发寄杨使君》诗:“访人留后信,策蹇赴前程。”

② 武陵人偶入桃源:晋陶渊明撰《桃花源记》,称晋太元中,有武陵人误入桃花源,见到山中居民的生活情景,与外面迥然不同。

李

李是吾家果,花亦吾家花,当以私爱嬖之,然不敢也。唐有天下,此树未闻得封,天子未尝私庇,况庶人乎?以公道论之可已。与桃齐名,同作花中领袖,然而桃色可变,李色不可变也。“邦有道,不变塞焉,强哉矫!邦无道,至死不变,强哉矫”[①]!自有此花以来,未闻稍易其色。始终一操,涅而不淄[②],是诚吾家物也。至有稍变其色,冒为一宗,而此类不收,仍加一字以示别者,则郁李是也。李树较桃为耐久,逾三十年始老。枝虽枯而子仍不细,以得于天者独厚,又能甘淡守素,未尝以色媚人也。若仙李之盘根,则又与灵椿比寿。我欲绳武而不能[③],以著述永年而已矣。

① “邦有道”六句:语出《礼记·中庸》。

② 涅而不淄:至白者染之于涅而不黑。语出《论语·阳货》:“不曰白乎,涅而不淄。”涅,可作黑色染料的一种矿石,此作动词用。

③ 绳武:继承先人遗绪。《诗·大雅·下武》:“绳其祖武。”

杏

种杏不实者，以处子常系之裙系树上，便结子累累。予初不信，而试之果然。是树性喜淫者，莫过于杏，予尝名为“风流树”。噫，树木何取于人，人何亲于树木，而契爱若此，动乎情也？情能动物，况于人乎！其必宜于处子之裙者，以情贵乎专；已字人者，情有所分而不聚也。予谓此法既验于杏，亦可推而广之。凡树木之不实者，皆当系以美女之裳；即男子之不能诞育者，亦当衣以佳人之裤。盖世间慕女色而爱处子，可以情感而使之动者，岂止一杏而已哉！

梨

予播迁四方，所止之地，惟荔枝、龙眼、佛手诸卉，为吴越诸邦不产者，未经种植，其余一切花果竹木，无一不经葺理；独梨花一本，为眼前易得之物，独不能身有其树为楂梨主人，可与少陵不咏海棠，同作一等欠事。然性爱此花，甚于爱食其果。果之种类不一，中食者少，而花之耐看，则无一不然。雪为天上之雪，此是人间之雪；雪之所少者香，此能兼擅其美。唐人诗云：“梅虽逊雪三分白，雪却输梅一段香[①]。”此言天上之雪。料其输赢不决，请以人间之雪，为天上解围。

① "唐人"三句:按所引为宋人卢梅坡《雪梅》诗,全诗为:"梅雪争春未肯降,骚人阁笔费评章。梅虽逊雪三分白,雪却输梅一段香。"(见《千家诗》)。此或为作者记忆有误。

海　　棠

"海棠有色而无香",此《春秋》责备贤者之法①。否则无香者众,胡尽恕之,而独于海棠是咎?然吾又谓海棠不尽无香,香在隐跃之间,又不幸而为色掩。如人生有二技,一技稍粗,则为精者所隐;一术太长,则六艺皆通,悉为人所不道。王羲之善书,吴道子善画,此二人者,岂仅工书善画者哉?苏长公不善棋酒,岂遂一子不拈,一卮不设者哉?诗文过高,棋酒不足称耳。吾欲证前人有色无香之说,执海棠之初放者嗅之,另有一种清芬,利于缓咀,而不宜于猛嗅。使尽无香,则蜂蝶过门不入矣,何以郑谷《咏海棠》诗云②:"朝醉暮吟看不足,羡他蝴蝶宿深枝。"有香无香,当以蝶之去留为证。且香之与臭,敌国也。《花谱》云③:"海棠无香而畏臭,不宜灌粪。"去此者必即彼,若是,则海棠无香之说,亦可备证于前,而稍白于后矣。噫,"大音希声"④,"大羹不和"⑤,奚必如兰如麝,扑鼻薰人,而后谓之有香气乎?

王禹偁《诗话》云⑥:"杜子美避地蜀中,未尝有一诗及海棠,以其生母名海棠也。"生母名海棠,予空疏未得其考,然恐子美即善吟,亦不能物物咏到。一诗偶遗,即使后人议及父母,甚矣,才子之难为也!鼎革以前,吾乡杜姓者,其家海棠绝胜，予岁岁纵览，未尝或遗。尝赠以诗云："此花不比别花来，题破东君着意培。不怪少陵无赠句，多情偏向杜家开。"似可为少陵解嘲。

秋海棠一种，较春花更媚。春花肖美人，秋花更肖美人；春花肖美人之已嫁者，秋花肖美人之待年者；春花肖美人之绰约可爱者，秋花肖美人之纤弱可怜者。处子之可怜，少妇之可爱，二者不可得兼，必将娶怜而割爱矣。相传秋海棠初无是花，因女子怀人不至，涕泣洒地，遂生此花，可为"断肠花"[7]。噫，同一泪也，洒之林中，即成斑竹，洒之地上，即生海棠。泪之为物神矣哉！

春海棠颜色极佳，凡有园亭者不可不备，然贫士之家不能必有，当以秋海棠补之。此花便于贫士者有二：移根即是，不须钱买，一也；为地不多，墙间壁上，皆可植之。性复喜阴，秋海棠所取之地，皆群花所弃之地也。

① 《春秋》责备贤者之法：即"《春秋》笔法"，指秉笔直书而自寓褒贬。

② 郑谷：唐诗人。字守愚，宜春（今属江西）人，僖宗时进士，官都官郎中。其诗多写景咏物之作，风格清新。

③ 《花谱》：记载四季花卉的书。历代皆有人修。此未知其所确指。

④ 大音希声：出自《老子》，见前注。此系为海棠之香辩护。

⑤ 大羹不和：见《礼记·礼器》："大圭不琢，大羹不和。"大羹，肉汁；不和，不调以盐菜杂味。

⑥ 王禹偁(954—1001)：北宋文学家，字元之，山东巨野人。诗文一改宋初浮靡之风，对现实有所揭露。有《小畜集》。

⑦ "相传"五句：见《广群芳谱》引《采兰杂志》。

玉　兰

世无玉树，请以此花当之。花之白者尽多，皆有叶色相乱，此则不叶而花，与梅同致。千干万蕊，尽放一时，殊盛事也。但绝盛之事，有时变为恨事。众花之开，无不忌雨，而此花尤甚。一树好花，止须一宿微雨，尽皆变色，又觉腐烂可憎，较之无花，更为乏趣。群花开谢以时，谢者既谢，开者犹开，此则一败俱败，半瓣不留。语云："弄花一年，看花十日。"为玉兰主人者，常有延伫经年，不得一朝盼望者，讵非香国中绝大恨事？故值此花一开，便宜急急玩赏，玩得一日是一日，赏得一时是一时。若初开不玩而俟全开，全开不玩而俟盛开，则恐好事未行，而杀风景者至矣。噫，天何仇于玉兰，而往往三岁之中，定有一二岁与之为难哉！

辛　夷

辛夷，木笔，望春花，一卉而数异其名，又无甚新奇可取。"名有余而实不足"者，此类是也。园亭极广，无一不备者方可植之，不则当为此花藏拙。

山　　茶

花之最不耐开,一开辄尽者,桂与玉兰是也;花之最能持久,愈开愈盛者,山茶、石榴是也。然石榴之久,犹不及山茶;榴叶经霜即脱,山茶戴雪而荣。则是此花也者,具松柏之骨,挟桃李之姿,历春夏秋冬如一日,殆草木而神仙者乎?又况种类极多,由浅红以至深红,无一不备。其浅也,如粉如脂,如美人之腮,如酒客之面;其深也,如朱如火,如猩猩之血,如鹤顶之朱。可谓极浅深浓淡之致,而无一毫遗憾者矣。得此花一二本,可抵群花数十本。惜乎予园仅同芥子,诸卉种就,不能再纳须弥,仅取盆中小树,植于怪石之旁。噫,善善而不能用,恶恶而不能去,予其郭公也夫[①]!

① 郭公:指傀儡。北齐后主高纬爱好傀儡,人称之为"郭公",因高、郭声相近而致。

紫　　薇

人谓禽兽有知,草木无知。予曰:不然,禽兽草木尽是有知之物,但禽兽之知,稍异于人,草木之知,又稍异于禽兽,渐蠢则渐愚耳。何以知之?知之于紫薇树之怕痒。知痒则知痛，知痛痒则知荣辱利害，是去禽兽不远，犹禽兽之去人不远也。人谓树之怕痒者，只有紫薇一种，余则不然。予曰：草木同性，但观此树怕痒，即知无草无木不知痛痒，但紫薇能动，他树不能动耳。人又问：既然不动，何以知其识痛痒？予曰：就人喻之，怕痒之人，搔之即动，亦有不怕痒之人，听人搔扒而不动者，岂人亦不知痛痒乎？由是观之，草木之受诛锄，犹禽兽之被宰杀，其苦其痛，俱有不忍言者。人能以待紫薇者待一切草木，待一切草木者待禽兽与人，则斩伐不敢妄施，而有疾痛相关之义矣。

绣　　球

天工之巧，至开绣球一花而止矣。他种之巧，纯用天工，此则诈施人力，似肖尘世所为而为者。剪春罗、剪秋罗诸花亦然。天工于此，似非无意，盖曰："汝所能者，我亦能之；我所能者，汝实不能为也。"若是，则当再生一二蹴球之人，立于树上，则天工之斗巧者全矣。其不屑为此者，岂以物可肖，而人不足肖乎？

紫　　荆

紫荆一种，花之可已者也。但春季所开，多红少紫，欲备其色,故间植之。然少枝无叶,贴树生花,虽若紫衣少年,亭亭独立,但觉窄袍紧袂,衣瘦身肥,立于翩翩舞袖之中,不免代为踧踖[1]。

① 踧踖:恭敬而局促不安的样子。《论语·乡党》:"君在,踧踖如也。"

栀　　子

栀子花无甚奇特,予取其仿佛玉兰。玉兰忌雨,而此不忌;玉兰齐放齐凋,而此则开以次第。惜其树小而不能出檐,如能出檐,即以之权当玉兰,而补三春恨事,谁曰不可?

杜鹃　樱桃

杜鹃、樱桃二种,花之可有可无者也。所重于樱桃者,在实不在花;所重于杜鹃者,在西蜀之异种,不在四方之恒种。如名花俱备,则二种开时,尽有快心而夺目者,欲览余芳,亦愁少暇。

石　榴

芥子园之地不及三亩,而屋居其一,石居其一,乃榴之大者,复有四五株。是点缀吾居,使不落寞者,榴也;盘踞吾地,使不得尽栽他卉者,亦榴也。榴之功罪,不几半乎?然赖主人善用,榴虽多,不为赘也。榴性喜压,就其根之宜石者,从而山之,是榴之根即山之麓也;榴性喜日,就其阴之可庇者,从而屋之,是榴之地即屋之天地;榴之性又复喜高而直上,就其枝柯之可傍,而又借为天际真人者[①],从而楼之,是榴之花即吾倚栏守户之人也。此芥子园主人区处石榴之法,请以公之树木者。

① 天际真人:语出《世说新语·容止》:"桓大司马曰:'诸君莫轻道,仁祖企脚北窗下弹琵琶,故自有天际真人想。'"此喻榴树之高美。

木　槿

木槿朝开而暮落,其为生也良苦。与其易落,何如弗开?造物生此,亦可谓不惮烦矣。有人曰:不然。木槿者,花之现身说法以儆愚蒙者也。花之一日,犹人之百年。人视人之百年,则自觉其久,视花之一日,则谓极少而极暂矣。不知人之视人，犹花之视花，人以百年为久，花岂不以一日为久乎？无一日不落之花，则无百年不死之人可知矣。此人之似花者也。乃花开花落之期虽少而暂，犹有一定不移之数，朝开暮落者，必不幻而为朝开午落，午开暮落；乃人之生死，则无一定不移之数，有不及百年而死者，有不及百年之半与百年之二三而死者；则是花之落也必焉，人之死也忽焉。使人亦如木槿之为生，至暮必落，则生前死后之事，皆可自为政矣，无如其不能也。此人之不能似花者也。人能作如是观，则木槿一花，当与萱草并树。睹萱草则能忘忧，睹木槿则能知戒。

桂

秋花之香者，莫能如桂。树乃月中之树，香亦天上之香也。但其缺陷处，则在满树齐开，不留余地。予有《惜桂》诗云："万斛黄金碾作灰，西风一阵总吹来。早知三日都狼藉，何不留将次第开？"盛极必衰，乃盈虚一定之理，凡有富贵荣华一蹴而至者，皆玉兰之为春光，丹桂之为秋色。

合　欢

"合欢蠲忿"，"萱草忘忧"①，皆益人情性之物，无地不宜种之。然睹萱草而忘忧，吾闻其语矣，未见其人也。对合欢而蠲忿，则不必讯之他人，凡见此花者，无不解愠成欢，破涕为笑。是萱草可以不树，而合欢则不可不栽。栽之之法，《花谱》不详，非不详也，以作谱之人，非真能合欢之人也。渔人谈稼事，农父著樵经，有约略其词而已。凡植此树，不宜出之庭外，深闺曲房是其所也。此树朝开暮合，每至昏黄，枝叶互相交结，是名“合欢”。植之闺房者，合欢之花宜置合欢之地，如椿萱宜在承欢之所[2]，荆棣宜在友于之场[3]，欲其称也。此树栽于内室，则人开而树亦开，树合而人亦合。人既为之增愉，树亦因而加茂，所谓人地相宜者也。使居寂寞之境，不亦虚负此花哉？灌勿太肥，常以男女同浴之水，隔一宿而浇其根，则花之芳妍，较常加倍。此予既验之法，以无心偶试而得之。如其不信，请同觅二本，一植庭外，一植闺中，一浇肥水，一浇浴汤，验其孰盛孰衰，即知予言谬不谬矣。

① “合欢”二句：语出三国魏嵇康《养生论》：“合欢蠲忿，萱草忘忧，愚智所共知也。”蠲，通“捐”，除去，减免。

② “如椿萱”句：椿，椿树，古人认为椿树长寿，故以之比父亲。萱，萱草，《诗经·卫风·伯兮》：“焉得萱草？言树之背。”意为于北堂种萱草，北堂为古代母亲所居之地，故以此代称母亲或母亲住处。

③ “荆棣”句：荆，指紫荆。相传古代有兄弟三人，本欲分家，后见三荆同株，枝叶连阴，遂不分家。后世将紫荆作为兄弟和睦的象征。见《续齐谐记》。棣，棠棣，《诗·小雅·常（棠）棣》，是宴请兄弟的诗。友于，兄弟间的友爱，此指兄弟。

木 芙 蓉

水芙蓉之于夏,木芙蓉之于秋,可谓二季功臣矣。然水芙蓉必须池沼,“所谓伊人,在水一方”者①,不可数得。茂叔之好②,徒有其心而已。木则随地可植。况二花之艳,相距不远。虽居岸上,如在水中,谓之秋莲可,谓之夏莲亦可,即自认为三春之花,东皇未去也亦可③。凡有篱落之家,此种必不可少。如或傍水而居,隔岸不见此花者,非至俗之人,即薄福不能消受之人也。

① “所谓”二句:语出《诗经·秦风·蒹葭》。

② 茂叔:即周敦颐,字茂叔,道州营道(今南道县)人,北宋著名哲学家,性喜莲花,曾作《爱莲说》表达高尚情操。

③ 东皇:司春之神。

夹 竹 桃

夹竹桃一种,花则可取,而命名不善。以竹乃有道之士,桃则佳丽之人,道不同不相为谋,合而一之,殊觉矛盾。请易其名为“生花竹”,去一桃字,便觉相安。且松、竹、梅素称三友①,松有花,梅有花,惟竹无花,可称缺典。得此补之,岂不天然凑合？亦女祸氏之五色石也。

① 三友：宋人林景熙《五云梅舍记》即以松、竹、梅为“岁寒三友”。

瑞　　香

茂叔以莲为花之君子，予为增一敌国，曰：瑞香乃花之小人。何也？《谱》载此花“一名麝囊，能损花，宜另植”。予初不信，取而嗅之，果带麝味，麝则未有不损群花者也。同列众芳之中，即有朋侪之义，不能相资相益，而反祟之，非小人而何？幸造物处之得宜，予以不能为患之势。其开也，必于冬春之交，是时群花摇落，诸卉未荣，及见此花者，仅有梅花、水仙二种，又在成功将退之候，当其锋也未久，故罹其毒也亦不深，此造物之善用小人也。使易冬春之交而为春夏之交，则花王亦几被篡，矧下此者乎？唐宋诸名流，无不怜香嗜色，赞以诗词者，皆以蚤春无花，得此可搔目痒，又但见其佳，而未逢其虐耳。予僭为香国平章[①]，焉得不秉公持正？宁使一小人怒而欲杀，不敢不为众君子密提防也。

① 平章：官名，唐宋金元均设，品位各有不同，然均为位高权重之职。此喻花卉最有权威的品评者。

茉　莉

茉莉一花，单为助妆而设，其天生以媚妇人者乎？是花皆晓开，此独暮开。暮开者，使人不得把玩，秘之以待晓妆也。是花蒂上皆无孔，此独有孔。有孔者，非此不能受簪，天生以为立脚之地也。若是，则妇人之妆，乃天造地设之事耳。植他树皆为男子，种此花独为妇人。既为妇人，则当眷属视之矣。妻梅者止一林逋，妻茉莉者当遍天下而是也。

欲艺此花，必求木本。藤本一样着花，但苦经年即死，视其死而莫之救，亦仁人君子所不乐为也。木本最难过冬，予尝历验收藏之法。此花痿于寒者什一，毙于干者什九，人皆畏冻而滴水不浇，是以枯死。此见噎废食之法①，有避呕逆而经时绝粒，其人尚存者乎？稍暖微浇，大寒即止，此不易之法。但收藏必于暖处，篾罩必不可无。浇不用水而用冷茶，如斯而已。予艺此花三十年，皆为燥误，如今识此，以告世人，亦其否极泰来之会也②。

① 见噎废食：典出《吕氏春秋·荡兵》："有以饐(同噎)死者，欲禁天下之食，悖。"后因以"因噎废食"喻因小废大，或怕出错而干脆不做事。

② 否极泰来：否、泰为《周易》中的卦名。泰谓天地交而万物通，否义与之反。意谓事物发展到一定程度，就会发生变化，转到它的对立面，常形容情况由坏转好。

藤本第二

藤本之花,必须扶植。扶植之具,莫妙于从前成法之用竹屏。或方其眼,或斜其槅,因作葳蕤柱石,遂成锦绣墙垣,使内外之人,隔花阻叶,碍紫间红,可望而不可亲,此善制也。无奈近日茶坊酒肆,无一不然,有花即以植花,无花则以代壁。此习始于维扬,今日渐及他处矣。市井若此,高人韵士之居,断断不应若此。避市井者,非避市井,避其劳劳攘攘之情,锱铢必较之陋习也。见市井所有之物,如在市井之中,居处习见,能移性情,此其所以当避也。即如前人之取别号,每用川、泉、湖、宇等字,其初未尝不新,未尝不雅,迨后商贾者流,家效而户则之,以致市肆标榜之上,所书姓名非川即泉,非湖即宇,是以避俗之人,不得不去之若浼。迩来缙绅先生悉用斋、庵二字,极宜;但恐用者过多,则而效之者又入从前标榜,是今日之斋、庵,未必不是前日之川、泉、湖、宇。虽曰名以人重,人不以名重,然亦实之宾也。已噪寰中者仍之继起,诸公似应稍变。

人问植花既不用屏,岂遂听其滋蔓于地乎?曰:不然。屏仍其故,制略新之。虽不能保后日之市廛,不又变为今日之园圃,然新得一日是一日,异得一时是一时,但愿贸易之人,并性情风俗而变之。变亦不求尽变,市井之念不可无,垄断之心不可有。觅应得之利，谋有道之生，即是人间大隐。若是，则高人韵士，皆乐得与之游矣，复何劳扰锱铢之足避哉？花屏之制有三，列于《藤本》之末①。

① “花屏”二句：按今见各本均未列花屏之制。

蔷　　薇

结屏之花，蔷薇居首。其可爱者，则在富于种而不一其色。大约屏间之花，贵在五彩缤纷，若上下四旁皆一其色，则是佳人忌作之绣，庸工不绘之图，列于亭斋，有何意致？他种屏花，若木香、酴醾、月月红诸本，族类有限，为色不多，欲其相间，势必旁求他种。蔷薇之苗裔极繁，其色有赤，有红，有黄，有紫，甚至有黑；即红之一色，又判数等，有大红、深红、浅红、肉红、粉红之异。屏之宽者，尽其种类所有而植之，使条梗蔓延相错，花时斗丽，可傲步障于石崇。然征名考实，则皆蔷薇也。是屏花之富者，莫过于蔷薇。他种衣色虽妍，终不免于捉襟露肘。

木　　香

木香花密而香浓，此其稍胜蔷薇者也。然结屏单靠此种，未免冷落，势必依傍蔷薇。蔷薇宜架，木香宜棚者，以蔷薇条干之所及，不及木香之远也。木香作屋，蔷薇作垣，二者各尽其长，主人亦均收其利矣。

酴　　醾

酴醾之品①，亚于蔷薇、木香，然亦屏间必须之物，以其花候稍迟，可续二种之不继也。“开到酴醾花事了”，每忆此句，情兴为之索然。

① 酴醾之品：《古今诗话》引《墨庄漫录》云：“酴醾，或作荼醾，一名木香。有二品：一品花大而棘，长条而又紫心者为酴醾；一品花小而繁，小枝而檀心者为木香。”

月　月　红

俗云：“人无千日好，花难四季红。”四季能红者，现有此花，是欲矫俗言之失也。花能矫俗言之失，何人情反听其验乎？缀屏之花，此为第一。所苦者树不能高，故此花一名“瘦客”。然予复有用短之法，乃为市井之人强迫而成者也。法在屏制之第三幅。此花有红、白及淡红三本，结屏必须同植。

此花又名“长春”，又名“斗雪”，又名“胜春”，又名“月季”。

予于种种之外，复增一名，曰“断续花”。花之断而能续，续而复能断者，只有此种。因其所开不繁，留为可继，故能绵邈若此。其余一切之不能续者，非不能续，正以其不能断耳。

姊 妹 花

花之命名，莫善于此。一蓓七花者曰“七姊妹”，一蓓十花者曰“十姊妹”。观其浅深红白，确有兄长娣幼之分，殆杨家姊妹现身乎？余极喜此花，二种并植，汇其名为“十七姊妹”。但怪其蔓延太甚，溢出屏外，虽日刈月除，其势犹不可遏。岂党与过多，酿成不戢之势欤？此无他，皆同心不妒之过也，妒则必无是患矣。故善御女戎者[1]，妙在使之能妒。

① 女戎：女祸。《国语·晋语》：“史苏告大夫曰，有男戎必有女戎。”注：戎，兵也。女兵，言其祸犹兵也。

玫 瑰

花之有利于人，而无一不为我用者，芰荷是也。花之有利于人，而我无一不为所奉者，玫瑰是也。芰荷利人之说，见于本传[1]，玫瑰之利，同于芰荷，而令人可亲可溺，不忍暂离，则又过之。群花止能娱目，此则口眼鼻舌，以至肌体毛发，无一不在所奉之中。可囊可食,可嗅可观,可插可戴,是能忠臣其身,而又能媚子其术者也。花之能事,毕于此矣。

① 见于本传:指见于本书中有关荷花的阐述。本卷《草本》一章中有“芙蕖”条即此。

素　馨

素馨一种,花之最弱者也,无一枝一茎不需扶植,予尝谓之“可怜花”。

凌　霄

藤花之可敬者,莫若凌霄。然望之如天际真人,卒急不能招致,是可敬亦可恨也。欲得此花,必先蓄奇石古木以待,不则无所依附而不生,生亦不大。予年有几,能为奇石古木之先辈而蓄之乎?欲有此花,非入深山不可。行当即之,以舒此恨。

真 珠 兰

此花与叶,并不似兰;而以兰名者,肖其香也。即香味亦稍别,独有一节似之:兰花之香,与之习处者不觉,骤遇始闻之,疏而复亲始闻之,是花亦然。此其所以名兰也。闽、粤有木兰,树大如桂,花亦似之,名不附桂而附兰者,亦以其香隐而不露,耐久闻而不耐急嗅故耳。凡人骤见而即觉其可亲者,乃人中之玫瑰,非友中之芝兰也。

草 本 第 三

草本之花,经霜必死;其能死而不死,交春复发者,根在故也。常闻有花不待时,先期使开之法,或用沸水浇根,或以硫磺代土,开则开矣,花一败而树随之,根亡故也。然则人之荣枯显晦,成败利钝,皆不足据,但询其根之无恙否耳。根在,则虽处厄运,犹如霜后之花,其复发也,可坐而待也;如其根之或亡,则虽处荣肬显耀之境,犹之奇葩烂目,总非自开之花,其复发也,恐不能坐而待矣。予谈草木,辄以人喻,岂好为是哓哓者哉？世间万物，皆为人设，观感一理。备人观者，即备人感。天之生此，岂仅供耳目之玩、情性之适而已哉？

芍　　药

芍药与牡丹媲美，前人署牡丹以“花王”，署芍药以“花相”，冤哉！予以公道论之。天无二日，民无二王[①]，牡丹正位于香国，芍药自难并驱。虽别尊卑，亦当在五等诸侯之列，岂王之下，相之上，遂无一位一座，可备酬功之用者哉？历翻种植之书，非云“花似牡丹而狭”，则曰“子似牡丹而小”。由是观之，前人评品之法，或由皮相而得之。噫，人之贵贱美恶，可以长短肥瘦论乎？每于花时奠酒，必作温言慰之曰：“汝非相材也，前人无识，谬署此名，花神有灵，付之勿较，呼牛呼马，听之而已。”予于秦之巩昌，携牡丹、芍药各数十种而归，牡丹活者颇少，幸此花无恙，不虚负戴之劳。岂人为知己死者，花反为知己生乎？

① “天无”二句：言地位独尊。《礼记·曾子问》：“孔子曰：‘天无二日，土无二王’。”

兰

“兰生幽谷，无人自芳”[①]，是已。然使幽谷无人，兰之芳也,谁得而知之?谁得而传之?其为兰也,亦与萧艾同腐而已矣[②]。"如入芝兰之室,久而不闻其香"[③],是已。然既不闻其香,与无兰之室何异?虽有若无,非兰之所以自处,亦非人之所以处兰也。吾谓芝兰之性,毕竟喜人相俱,毕竟以人闻香气为乐。文人之言,只顾赞扬其美,而不顾其性之所安,强半皆若是也。然相俱贵乎有情,有情务在得法;有情而得法,则坐芝兰之室,久而愈闻其香。兰生幽谷与处曲房[④],其幸不幸相去远矣。兰之初着花时,自应易其坐位,外者内之,远者近之,卑者尊之;非前倨而后恭[⑤],人之重兰非重兰也,重其花也。叶则花之舆从而已矣。居处一定,则当美其供设,书画炉瓶,种种器玩,皆宜森列其旁。但勿焚香,香薰即谢。匪妒也,此花性类神仙,怕亲烟火,非忌香也,忌烟火耳。若是,则位置提防之道得矣。然皆情也,非法也,法则专为闻香。"如入芝兰之室,久而不闻其香"者,以其知入而不知出也。出而再入,则后来之香,倍乎前矣。故有兰之室不应久坐,另设无兰者一间,以作退步,时退时进,进多退少,则刻刻有香,虽坐无兰之室,若依倩女之魂[⑥]。是法也,而情在其中矣。如止有此室,则以门外作退步,或往行他事,事毕而入,以无意得之者,其香更甚。此予消受兰香之诀,秘之终身,而泄于一旦,殊可惜也。

此法不止消受兰香,凡属有花房舍,皆应若是。即焚香之室亦然,久坐其间,与未尝焚香者等也。门上布帘,必不可少,护持香气,全赖乎此。若止靠门扇开闭,则门开尽泄,无复一线之留矣。

① "兰生"二句:《淮南子·说山》:"兰生幽谷,不为莫服而不芳。"服,佩戴。

② 萧艾：蒿类植物名，即“艾蒿”。亦单作“萧”或“艾”。野生，可入药。

③ “如入”二句：语出《孔子家语·六本》：“与善人居，如入芝兰之室，久而不闻其香，即与之化。”

④ 曲房：内室；隐秘之室。枚乘《七发》：“往来游宴，纵恣于曲房隐间之中。”

⑤ 前倨而后恭：先傲慢后谦恭。《战国策·秦策一》：“苏秦曰：‘嫂何前倨而后恭也？’”

⑥ 倩女之魂：典出唐陈玄祐小说《离魂记》，叙张镒有女倩娘，自幼许婚王宙，后镒以女另配他人，倩娘抑郁成病，其魂灵追随王宙而去，五年复归，与肉身合为一体。

蕙

蕙之与兰，犹芍药之与牡丹，相去皆止一间耳。而世之贵兰者必贱蕙，皆执成见、泥成心也。人谓蕙之花不如兰，其香亦逊。吾谓蕙诚逊兰，但其所以逊兰者，不在花与香而在叶，犹芍药之逊牡丹者，亦不在花与香而在梗。牡丹系木本之花，其开也，高悬枝梗之上，得其势，则能壮其威仪。是花王之尊，尊于势也。芍药出于草本，仅有叶而无枝，不得一物相扶，则委而仆于地矣，官无舆从，能自壮其威乎？蕙兰之不相敌也反是。芍药之叶苦其短，蕙之叶偏苦其长；芍药之叶病其太瘦，蕙之叶翻病其太肥。当强者弱，而当弱者强，此其所以不相称，而大逊于兰也。兰蕙之开，时分先后。兰终蕙继，犹芍药之嗣牡丹，皆所谓兄终弟及，欲废不能者也。善用蕙者，全在留花去叶，痛加剪除，择其稍狭而近弱者，十存二三；又皆截之使短，去两角而尖之，使与兰叶相若，则是变蕙成兰，而与“强干弱枝”之道合矣[①]。

① 强干弱枝：原指削弱地方势力，加强中央集权。《史记·汉兴以来诸侯年表序》：“而汉郡人九十，形错诸侯间，犬牙相临，秉其阸塞地利，强本干弱枝叶之势也。”这里借喻留花去叶。

水仙

水仙一花，予之命也。予有四命，各司一时：春以水仙、兰花为命，夏以莲为命，秋以秋海棠为命，冬以蜡梅为命。无此四花，是无命也；一季缺予一花，是夺予一季之命也。水仙以秣陵为最[①]，予之家于秣陵，非家秣陵，家于水仙之乡也。记丙午之春，先以度岁无资，衣囊质尽，迨水仙开时，则为强弩之末，索一钱不得矣。欲购无资，家人曰：“请已之。一年不看此花，亦非怪事。”予曰：“汝欲夺吾命乎？宁短一岁之寿，勿减一岁之花。且予自他乡冒雪而归，就水仙也，不看水仙，是何异于不返金陵，仍在他乡卒岁乎？”家人不能止，听予质簪珥购之。予之钟爱此花，非痂癖也。其色其香，其茎其叶，无一不异群葩，而予更取其善媚。妇人中之面似桃，腰似柳，丰如牡丹、芍药，而瘦比秋菊、海棠者，在在有之；若如水仙之淡而多姿，不动不摇，而能作态者，吾实未之见也。以“水仙”二字呼之，可谓摹写殆尽。使吾得见命名者，必颓然下拜。

不特金陵水仙为天下第一,其植此花而售于人者,亦能司造物之权:欲其早则早,命之迟则迟,购者欲于某日开,则某日必开,未尝先后一日。及此花将谢,又以迟者继之,盖以下种之先后为先后也。至买就之时,给盆与石而使之种,又能随手布置,即成画图,皆风雅文人所不及也。岂此等末技,亦由天授,非人力邪?

① 秣陵:即今南京市。

芙　　蕖[①]

芙蕖与草本诸花,似觉稍异;然有根无树,一岁一生,其性同也。《谱》云[②]:"产于水者曰草芙蓉,产于陆者曰旱莲。"则谓非草本不得矣。予夏季倚此为命者,非故效颦于茂叔,而袭成说于前人也。以芙蕖之可人,其事不一而足,请备述之。群葩当令时,只在花开之数日,前此后此,皆属过而不问之秋矣。芙蕖则不然,自荷钱出水之日,便为点缀绿波。及其劲叶既生,则又日高一日,日上日妍,有风既作飘飖之态,无风亦呈袅娜之姿,是我于花之未开,先享无穷逸致矣。迨至菡萏成花[③],娇姿欲滴,后先相继。自夏徂秋,此时在花为分内之事,在人为应得之资者也。及花之既谢,亦可告无罪于主人矣,乃复蒂下生蓬,蓬中结实,亭亭独立,犹似未开之花,与翠叶并擎,不至白露为霜,而能事不已。此皆言其可目者也。

可鼻则有荷叶之清香。荷花之异馥,避暑而暑为之退,纳凉而凉逐之生。至其可人之口者，则莲实与藕，皆并列盘餐，而互芬齿颊者也。只有霜中败叶，零落难堪，似成弃物矣，乃摘而藏之，又备经年裹物之用。是芙蕖也者，无一时一刻，不适耳目之观；无一物一丝，不备家常之用者也。有五谷之实，而不有其名；兼百花之长，而各去其短。种植之利，有大于此者乎？予四命之中，此命为最。无如酷好一生，竟不得半亩方塘，为安身立命之地；仅凿斗大一池，植数茎以塞责，又时病其漏，望天乞水以救之。殆所谓不善养生，而草菅其命者哉。

① 芙蕖：荷花的别名。

② 《谱》：疑即明人所编《群芳谱》。

③ 菡萏：没有开放的荷花。也泛指荷花。

罂粟

花之善变者，莫如罂粟，次则数葵，余皆守故不迁者矣。艺此花如蓄豹，观其变也。牡丹谢而芍药继之，芍药谢而罂粟继之，皆繁之极、盛之至者也。欲续三葩，难乎其为继矣。

葵

花之易栽易盛，而又能变化不穷者，止有一葵。是事半于罂粟,而数倍其功者也。但叶之肥大可憎,更甚于蕙。俗云:“牡丹虽好,绿叶扶持。”人谓树之难好者在花,而不知难者反易。古今来不乏明君,所不可必得者,忠良之佐耳。

萱

萱花一无可取,植此同于种菜,为口腹计则可耳。至云对此可以忘忧,佩此可以宜男[①],则千万人试之,无一验者。书之不可尽信,类如此矣。

① “佩此”句:古人传说孕妇佩萱草花可生男。明李时珍《本草纲目·草五·萱草》引周处《风土记》:“怀妊妇人佩其花则生男,故名宜男。”

鸡　冠

予有《收鸡冠花子》一绝云:“指甲搔花碎紫雯,虽非异卉也芳芬。时防撒却还珍惜[①],一粒明年一朵云[②]。”此非溢美之词,道其实也。花之肖形者尽多,如绣球、玉簪、金钱、蝴蝶、剪春罗之属,皆能酷似,然皆尘世中物也;能肖天上之形者,独有鸡冠花一种。氤氲其象而叆叇其文[③],就上观之,俨然庆云一朵。乃当日命名者,舍天上极美之物,而搜索人间。鸡冠虽肖，然而贱视花容矣。请易其字，曰“一朵云”。此花有红、紫、黄、白四色，红者为“红云”，紫者为“紫云”，黄者为“黄云”，白者为“白云”。又有一种五色者，即名为“五色云”。以上数者，较之“鸡冠”，谁荣谁辱？花如有知，必将德我。

① 撒：原作“撮”，据《笠翁诗集》改。

② 朵：原作“孕”，据《笠翁诗集》改。

③ 叆叇：云盛貌。晋潘尼《逸民吟》：“朝云叆叇，行露未晞。”

玉　簪

花之极贱而可贵者，玉簪是也。插入妇人髻中，孰真孰假，几不能辨，乃闺阁中必需之物。然留之弗摘，点缀篱间，亦似美人之遗。呼作“江皋玉佩”[1]，谁曰不可？

① 江皋玉佩：汉刘向《列仙传》载江妃二女游于江汉之滨，遇郑交甫，赠所携佩。交甫行数十步，佩与仙女皆不见。

凤　仙

凤仙极贱之花，止宜点缀篱落，若云备染指甲之用，则大谬矣。纤纤玉指，妙在无瑕，一染猩红，便称俗物。况所染之红,又不能尽在指甲,势必连肌带肉而丹之。迨肌肉褪清之后,指甲又不能全红,渐长渐退,而成欲谢之花矣。始作俑者,其俗物乎?

金　　钱

金钱、金盏、剪春罗、剪秋罗诸种,皆化工所作之小巧文字。因牡丹、芍药一开,造物之精华已竭,欲续不能,欲断不可,故作轻描淡写之文,以延其脉。吾观于此,而识造物纵横之才力亦有穷时,不能似源泉混混,愈涌而愈出也。合一岁所开之花,可作天工一部全稿。梅花、水仙,试笔之文也,其气虽雄,其机尚涩,故花不甚大,而色亦不甚浓。开至桃、李、棠、杏等花,则文心怒发,兴致淋漓,似有不可阻遏之势矣;然其花之大犹未甚,浓犹未至者,以其思路纷驰而不聚,笔机过纵而难收,其势之不可阻遏者,横肆也,非纯熟也。迨牡丹、芍药一开,则文心笔致俱臻化境,收横肆而归纯熟,舒蓄积而罄光华,造物于此,可谓使才务尽,不留丝发之余矣。然自识者观之,不待终篇而知其难继,何也?世岂有开至树不能载、叶不能覆之花,而尚有一物焉高出其上、大出其外者乎?有开至众彩俱齐、一色不漏之花,而尚有一物焉红过于朱、白过于雪者乎?斯时也,使我为造物,则必善刀而藏矣[①]。乃天则未肯告乏也,夏欲试其技,则从而荷之;秋欲试其技,则从而菊之;冬则计穷力竭,尽可不花,而犹作蜡梅一种以塞责之。数卉者,可不谓之芳妍尽致,足殿群芳者乎?然较之春末夏初,则皆强弩之末矣。至于金钱、金盏、剪春罗、剪秋罗、滴滴金、石竹诸花，则明知精力不继，篇帙寥寥，作此以塞纸尾，犹人诗文既尽，附以零星杂著者是也。

由是观之，造物者极欲骋才，不肯自惜其力之人也；造物之才，不可竭而可竭，可竭而终不可竟竭者也。穷竟一部全文，终病其后来稍弱，其不能弱始劲终者，气使之然，作者欲留余地而不得也。吾谓才人著书，不应取法于造物，当秋冬其始，而春夏其终，则是能以蔗境行文②，而免于江淹才尽之诮矣③。

① 善刀而藏：喻适可而止，自敛其才。《庄子·养生主》："善刀而藏之。"陆德明《释文》："善刀，善，犹拭也。"

② 蔗境：喻老来幸福或处境渐好。典出《世说新语·排调》："顾长康啖甘蔗，先食尾。人问之，云：'渐至佳境。'"

③ 江淹才尽：南朝江淹少有文名，晚年诗文无佳句，时人谓之才尽。后以此喻才思减退。

蝴　蝶　花

此花巧甚。蝴蝶，花间物也，此即以蝴蝶为花。是一是二，不知周之梦为蝴蝶欤？蝴蝶之梦为周欤？非蝶非花，恰合庄周梦境①。

① "不知"四句：语本《庄子·齐物论》："昔者庄周梦为蝴蝶，栩栩

然蝴蝶也。自喻适志与,不知周也。俄然觉,则蘧蘧然周也。不知周之梦为蝴蝶与,蝴蝶之梦为周与?”

菊

菊花者,秋季之牡丹、芍药也。种类之繁衍同,花色之全备同,而性能持久复过之。从来种植之书,是花皆略,而叙牡丹、芍药与菊者独详。人皆谓三种奇葩,可以齐观等视,而予独判为两截,谓有天工人力之分。何也?牡丹、芍药之美,全仗天工,非由人力。植此二花者,不过冬溉以肥,夏浇以湿,如是焉止矣。其开也,烂漫芬芳,未尝以人力不勤,略减其姿而稍俭其色。菊花之美,则全仗人力,微假天工。艺菊之家,当其未入土也,则有治地酿土之劳,既入土也,则有插标记种之事。是萌芽未发之先,已费人力几许矣。迨分秧植定之后,劳瘁万端,复从此始。防燥也,虑湿也,摘头也,掐叶也,芟蕊也,接枝也,捕虫掘蚓以防害也,此皆花事未成之日,竭尽人力以俟天工者也。即花之既开,亦有防雨避霜之患,缚枝系蕊之勤,置盏引水之烦,染色变容之苦,又皆以人力之有余,补天工之不足者也。为此一花,自春徂秋,自朝迄暮,总无一刻之暇。必如是,其为花也,始能丰丽而美观,否则同于婆娑野菊,仅堪点缀疏篱而已,若是,则菊花之美,非天美之,人美之也。人美之而归功于天,使与不费辛勤之牡丹、芍药齐观等视,不几恩怨不分,而公私少辨乎?吾知敛翠凝红而为沙中偶语者①,必花神也。

自有菊以来,高人逸士无不尽吻揄扬,而予独反其说者,非与渊明作敌国。艺菊之人终岁勤动,而不以胜天之力予之,是但知花好,而昧所从来。饮水忘源,并置汲者于不问,其心安乎?从前题咏诸公,皆若是也。予创是说,为秋花报本,乃深于爱菊,非薄之也。

予尝观老圃之种菊,而慨然于修士之立身与儒者之治业②。使能以种菊之无逸者砺其身心,则焉往而不为圣贤?使能以种菊之有恒者攻吾举业,则何虑其不掇青紫③?乃士人爱身爱名之心,终不能如老圃之爱菊,奈何!

① 沙中偶语:典出《史记·留侯世家》:"上(汉高祖)已封大功臣二十余人,其余日夜争功不决,未得行封。上在洛阳南宫,从复道望见诸将往往相与坐沙中语。上曰:'此何语?'留侯(张良)曰:'陛下不知乎?此谋反耳。'"此借指花神暗中评判花之好坏。偶语,相对私语。

② 修士之立身:《荀子·君道》:"使修士行之,则与污邪之人疑之。"修士,品行高尚之人。立身,犹言修身,指调养身心以提高品德。

③ 青紫:本为古时公卿服饰,因借指高官显爵。扬雄《解嘲》:"纡青拖紫。"刘良注:"青紫,并贵者服饰也。"此指若以种菊之恒心攻读举业,则功名可成。

菜

菜为至贱之物,又非众花之等伦,乃《草本》、《藤本》中反有缺遗,而独取此花殿后,无乃贱群芳而轻花事乎?曰:不然。菜果至贱之物,花亦卑卑不数之花,无如积至贱至卑者而至盈千累万，则贱者贵而卑者尊矣。"民为贵，社稷次之，君为轻"者①，非民之果贵，民之至多至盛为可贵也。园圃种植之花，自数朵以至数十百朵而止矣，有至盈阡溢亩，令人一望无际者哉？曰：无之。无则当推菜花为盛矣。一气初盈，万花齐发，青畴白壤，悉变黄金，不诚洋洋乎大观也哉！当是时也，呼朋拉友，散步芳塍，香风导酒客寻帘，锦蝶与游人争路，郊畦之乐，什佰园亭，惟菜花之开，是其候也。

① "民为贵"三句：语出《孟子·尽心下》。社，土神。稷，谷神。社稷代指国家。

众卉第四

草木之类，各有所长，有以花胜者，有以叶胜者。花胜则叶无足取，且若赘疣，如葵花、蕙草之属是也。叶胜则可以无花，非无花也，叶即花也，天以花之丰神色泽归并于叶而生之者也。不然，绿者叶之本色，如其叶之，则亦绿之而已矣，胡以为红，为紫，为黄，为碧，如老少年、美人蕉、天竹、翠云草诸种，备五色之陆离，以娱观者之目乎？即其青之绿之，亦不同于有花之叶，另具一种芳姿。是知树木之美，不定在花，犹之丈夫之美者，不专主于有才，而妇人之丑者，亦不尽在无色也。观群花令人修容,观诸卉则所饰者不仅在貌。

芭　　蕉

幽斋但有隙地,即宜种蕉。蕉能韵人而免于俗,与竹同功。王子猷偏厚此君,未免挂一漏一。蕉之易栽,十倍于竹,一二月即可成荫。坐其下者,男女皆入画图,且能使台榭轩窗尽染碧色,"绿天"之号[①],洵不诬也。竹可镌诗,蕉可作字,皆文士近身之简牍。乃竹上止可一书,不能削去再刻;蕉叶则随书随换,可以日变数题。尚有时不烦自洗,雨师代拭者,此天授名笺,不当供怀素一人之用。予有题蕉绝句云:"万花题遍示无私,费尽春来笔墨资。独喜芭蕉容我俭,自舒晴叶待题诗。"此芭蕉实录也。

① "绿天"之号:唐僧人怀素种芭蕉万余株,日以蕉叶代纸写字,并将自己的住处命名为"绿天庵"。

翠　　云

草色之最蒨者,至翠云而止。非特草木为然,尽世间苍翠之色,总无一物可以喻之,惟天上彩云,偶一幻此。是知善着色者,惟有化工[①]。即与倾国佳人眉上之色并较浅深,觉彼犹是画工之笔，非化工之笔也。

① 化工：天工，指大自然创造或生长万物的功能，亦借指大自然。语本贾谊《鹏鸟赋》："天地为炉兮，造化为工。"

虞美人

虞美人花叶并娇，且动而善舞，故又名"舞草"。《谱》云："人或抵掌歌《虞美人》曲，即叶动如舞。"予曰：舞则有之，必歌《虞美人》曲，恐未必尽然。盖歌舞并行之事，一姬试舞，众姬必歌以助之，闻歌即舞，势使然也。若谓必歌《虞美人》曲，则此曲能歌者几？歌稀则和寡，此草亦得借口藏其拙矣。

书带草

书带草其名极佳，苦不得见。《谱》载出淄川城北郑康成读书处①，名"康成书带草"②。噫，康成雅人，岂作王戎钻核故事③，不使种传别地耶？康成婢子知书④，使天下婢子皆不知书，则此草不可移，否则处处堪栽也。

① 淄川：今山东淄博。 郑康成：即郑玄，东汉大经学家。博学多才，遍注五经，今所存惟《毛诗传笺》。

② 康成书带草：《历代诗话》引《三齐记略》："不夜城东有文登山，郑玄删注《诗》、《书》，栖于此山。上有古井，石碣旁生细草。叶如薤之叶，其长尺余，坚韧异常。士人谓之'康成书带草'。"

③ 王戎钻核：事见《晋书·王戎列传》："家有好李，常出货之，恐人得种，恒钻其核。以此护讥于世。"

④ "康成"句：晋刘义庆《世说新语·文学》："郑玄家奴婢皆读书。尝使一婢，不称旨，将挞之。方自陈说，玄怒，使人曳著泥中。须臾，复有一婢来，问曰：'胡为乎泥中？（《诗经·邶风·式微》句）'答曰：'薄言往诉，逢彼之怒（《诗经·邶风·柏舟》句）'"后遂以此作一门风雅、婢仆知书的典故。

老 少 年

此草一名"雁来红"，一名"秋色"，一名"老少年"，皆欠妥切。雁来红者，尚有蓼花一种，经秋弄色者又不一而足，皆属泛称；惟"老少年"三字相宜，而又病其俗。予尝易其名曰"还童草"，似觉差胜。此草中仙品也，秋阶得此，群花可废。此草植之者繁，观之者众，然但知其一，未知其二。予尝细玩而得之。盖此草不特于一岁之中，经秋更媚，即一日之中，亦到晚更媚。总之后胜于前，是其性也。此意向矜独得，及阅徐竹隐诗[①]，有"叶从秋后变，色向晚来红"一联，不知确有所见如予，知其晚来更媚乎？抑下句仍同上句，其晚亦指秋乎？难起九原而问之，即谓先予一着可也。

① 徐竹隐：即徐似道，字渊子，号竹隐，宋代文学家。黄岩（今属

浙江)人。曾受知于范成大。有《竹隐集》,今不传。

天　竹

竹无花而以夹竹桃代之,竹不实而以天竹补之,皆是可以不必然而强为蛇足之事。然蛇足之形自天生之,人亦不尽任咎也。

虎　刺

“长盆栽虎刺,宜石作峰峦。”布置得宜,是一幅案头山水。此虎丘卖花人长技也,不可谓非化工手笔。然购者于此,必熟视其为原盆与否。是卉皆可新移,独虎刺必须久植,新移旋踵者百无一活,不可不知。

苔

苔者,至贱易生之物,然亦有时作难:遇阶砌新筑,冀其速生者,彼必故意迟之,以示难得。予有《养苔》诗云:“汲水培苔浅却池,邻翁尽日笑人痴。未成斑藓浑难待,绕砌频呼绿拗儿。”然一生之后,又令人无可奈何矣。

萍

杨入水为萍[①],是花中第一怪事。花已谢而辞树,其命绝矣,乃又变为一物,其生方始,殆一物而两现其身者乎?人以杨花喻命薄之人,不知其命之厚也,较天下万物为独甚。吾安能身作杨花,而居水陆二地之胜乎?

水上生萍,极多雅趣;但怪其弥漫太甚,充塞池沼,使水居有如陆地,亦恨事也。有功者不能无过,天下事其尽然哉?

① 杨入水为萍:典出苏轼《水龙吟·次韵章质夫杨花词》,其中咏杨花有“晓来雨过,遗踪何在?一池萍碎”的句子,即以为杨花入水为萍。

竹木第五[①]

竹木者何?树之不花者也。非尽不花,其见用于世者,在此不在彼,虽花而犹之弗花也。花者,媚人之物,媚人者损己,故善花之树多不永年，不若椅桐梓漆之朴而能久[②]。然则树即树耳，焉如花为？善花者曰："彼能无求于世则可耳，我则不然。雨露所同也，灌溉所独也；土壤所同也，肥泽所独也。子不见尧之水[③]、汤之旱乎[④]？如其雨露或竭，而土不能滋，则奈何？盍舍汝所行而就我？"不花者曰："是则不能，甘为竹木而已矣。"

① 作者原注："未经种植者不载。"

② 椅：原作"倚"，珍本作"柏"，此从翼本。按《诗经·鄘风·定之方中》有"树之榛栗，椅桐梓漆，爰伐琴瑟"之句，故知当作"椅"。椅，即山桐子。

③ 尧之水：古籍中关于尧时洪水泛滥的记载很多，如《孟子·滕文公上》："当尧之时，天下犹未平，洪水横流，泛滥于天下。"

④ 汤之旱：晋皇甫谧《帝王世纪》："汤自伐桀后，大旱七年，洛川竭。"

竹

俗云："早间种树，晚上乘凉。"喻词也。予于树木中求一物以实之，其惟竹乎！种树欲其成荫，非十年不可，最易活者莫如杨柳，求其荫可蔽日，亦须数年[①]。惟竹不然，移入庭中，即成高树，能令俗人之舍，不转盼而成高士之庐。神哉此君，真医国手也！

种竹之方，旧传有诀云："种竹无时，雨过便移，多留宿土，记取南枝。”予悉试之,乃不可尽信之书也。三者之内,惟一可遵,“多留宿土”是也。移树最忌伤根,土多则根之盘曲如故,是移地而未尝移土,犹迁人者并其卧榻而迁之,其人醒后尚不自知其迁也。若俟雨过方移,则沾泥带水,有几许未便。泥湿则松,水沾则濡,我欲留土,其如土湿而苏,随锄随散之,不可留何？且雨过必晴,新移之竹,晒则叶卷,一卷即非活兆矣。予易其词曰:“未雨先移。”天甫阴而雨犹未下,乘此急移,则宿土未湿,又复带潮,有如胶似漆之势,我欲多留,而土能随我,先据一筹之胜矣。且栽移甫定而雨至,是雨为我下,坐而受之,枝叶根本,无一不沾滋润之利。最忌者日,而日不至;最喜者雨,而雨即来;去所忌而投以喜,未有不欣欣向荣者。此法不止种竹,是花是木皆然。至于“记取南枝”一语,尤难遵奉。移竹移花,不易其向,向南者仍使向南,自是草木之幸。然移草木就人,当随人便,不能尽随草木之便。无论是花是竹,皆有正面,有反面。正面向人,反面向空隙,理也。使记南枝而与人相左,犹娶新妇进门,而听其终年背立,有是理乎？故此语只当不说,切勿泥之。总之,移花种竹,只有四字当记:“宜阴忌日”是也。琐琐繁言,徒滋疑扰。

① 数年:原作“数日”,从翼本、珍本改。

松　　柏

“苍松古柏”,美其老也。一切花竹,皆贵少年,独松、柏与梅三物,则贵老而贱幼。欲受三老之益者,必买旧宅而居。若俟手栽,为儿孙计则可,身则不能观其成也。求其可移而能就我者,纵使极大,亦是五更,非三老矣[①]。予尝戏谓诸后生曰:“欲作画图中人,非老不可。三五少年,皆贱物也。”后生询其故。予曰:“不见画山水者,每及人物,必作扶筇曳杖之形,即坐而观山临水,亦是老人矍铄之状。从来未有俊美少年厕于其间者。少年亦有,非携琴捧画之流,即挈盒持樽之辈,皆奴隶于画中者也。”后生辈欲反证予言,卒无其据。引此以喻松柏,可谓合伦。如一座园亭,所有者皆时花弱卉,无十数本老成树木主宰其间,是终日与儿女子习处,无从师会友时矣。名流作画,肯若是乎?噫,予持此说一生,终不得与老成为伍,乃今年已入画,犹日坐儿女丛中 。殆以花木为我,而我为松柏者乎?

① 五更、三老:古代设三老、五更,以尊养老人。《礼记·文王世子》:遂设三老五更,群老之席位焉。”郑玄注:“三老五更各一人也,皆年老更事致仕者也。”

梧　　桐

梧桐一树,是草木中一部编年史也,举世习焉不察,予特表而出之。花木种自何年?为寿几何岁?询之主人,主人不知;询之花木,花木不答。谓之“忘年交”则可,予以“知时达务”,则不可也。梧桐不然,有节可纪,生一年,纪一年。树有树之年，人即纪人之年。树小而人与之小，树大而人随之大，观树即所以观身。《易》曰："观我生进退[①]。"欲观我生，此其资也。予垂髫种此，即于树上刻诗以纪年，每岁一节，即刻一诗，惜为兵燹所坏，不克有终。犹记十五岁刻桐诗云："小时种梧桐，桐叶小于艾。簪头刻小诗，字瘦皮不坏。刹那三五年，桐大字亦大。桐字已如许，人大复何怪。还将感叹词，刻向前诗外。新字日相催，旧字不相待。顾此新旧痕，而为悠忽戒。"此予婴年著作，因说梧桐，偶尔记及，不则竟忘之矣。即此一事，便受梧桐之益。然则编年之说，岂欺人语乎？

① 观我生进退：出《易·观》："六三观我生进退。"疏："我生我身，所动出三，居下体之极，是有可进之时；又居上体之下，复是可退之地……时可则进，时不可则退。"

槐　榆

树之能为荫者，非槐即榆。《诗》云："於我乎，夏屋渠渠"[①]。此二树者，可以呼为"夏屋"，植于宅旁，与肯堂肯构无别。人谓夏者，大也，非时之所谓夏也。予曰：古人以厦为大者，非无取义。夏日之屋，非大不凉，与三时有别，故名厦为屋。训夏以大，予特未之详耳。

① "於我乎"二句：出《诗经·秦风·权舆》。笺：夏，大也。屋，具也。渠渠，犹勤勤也。

柳

柳贵乎垂，不垂则可无柳。柳条贵长，不长则无袅娜之致，徒垂无益也。此树为纳蝉之所，诸鸟亦集。长夏不寂寞，得时闻鼓吹者，是树皆有功，而高柳为最。总之，种树非止娱目，兼为悦耳。目有时而不娱，以在卧榻之上也；耳则无时不悦。鸟声之最可爱者，不在人之坐时，而偏在睡时。鸟音宜晓听，人皆知之；而其独宜于晓之故，人则未之察也。鸟之防弋，无时不然。卯辰以后[①]，是人皆起，人起而鸟不自安矣。虑患之念一生，虽欲鸣而不得，鸣亦必无好音，此其不宜于昼也。晓则是人未起，即有起者，数亦寥寥，鸟无防患之心，自能毕其能事，且扪舌一夜，技痒于心，至此皆思调弄，所谓“不鸣则已，一鸣惊人”者是也[②]，此其独宜于晓也。庄子非鱼，能知鱼之乐[③]；笠翁非鸟，能识鸟之情。凡属鸣禽，皆当呼予为知己。种树之乐多端，而其不便于雅人者亦有一节：枝叶繁冗，不漏月光。隔婵娟而不使见者[④]，此其无心之过，不足责也。然匪树木无心，人无心耳。使于种植之初，预防及此，留一线之余天，以待月轮出没，则昼夜均受其利矣。

① 卯辰：十二时辰之一。清晨五时到七时。

② “不鸣”二句：喻一下子做出惊人之事，语出《史记·滑稽列传》。

③ “庄子”二句：《庄子·秋水篇》载庄子与惠施游于濠梁之上，庄

子说:“儵鱼出游从容,是鱼之乐也。”惠施说:“子非鱼,安知鱼之乐?”庄子反驳道:“子非我,安知我不知鱼之乐?”

④ 婵娟:美好的样子。此指月亮。

黄　　杨

黄杨每岁长一寸,不溢分毫,至闰年反缩一寸,是天限之木也。植此宜生怜悯之心。予新授一名曰“知命树”。天不使高,强争无益,故守困厄为当然。冬不改柯,夏不易叶,其素行原如是也。使以他木处此,即不能高,亦将横生而至大矣;再不然,则以才不得展而至瘁,弗复自永其年矣。困于天而能自全其天,非知命君子能若是哉?最可悯者,岁长一寸是已;至闰年反缩一寸,其义何居?岁闰而我不闰,人闰而己不闰,已见天地之私;乃非止不闰,又复从而刻之,是天地之待黄杨,可谓不仁之至、不义之甚者矣。乃黄杨不憾天地,枝叶较他木加荣,反似德之者,是知命之中又知命焉。莲为花之君子,此树当为木之君子。莲为花之君子,茂叔知之;黄杨为木之君子,非稍能格物之笠翁,孰知之哉?

棕　　榈

树直上而无枝者,棕榈是也。予不奇其无枝,奇其无枝而能有叶。植于众芳之中，而下不侵其地、上不蔽其天者，此木是也。较之芭蕉，大有克己妨人之别。

枫　　柏

草之以叶为花者，翠云、老少年是也；木之以叶为花者，枫与柏是也。枫之丹，柏之赤，皆为秋色之最浓。而其所以得此者，则非雨露之功，霜之力也。霜于草木，亦有有功之时，其不肯数数见者，虑人之狎之也。枯众木独荣二木，欲示德威之一斑耳。

冬　　青

冬青一树，有松柏之实而不居其名，有梅竹之风而不矜其节，殆“身隐焉文”之流亚欤[1]？然谈傲霜砺雪之姿者，从未闻一人齿及。是之推不言禄，而禄亦不及。予窃忿之，当易其名为“不求人知树”。

① 身隐焉文：春秋时晋人介之推曾从公子重耳逃亡，后重耳登位遍赏群臣，介之推不言禄，禄亦弗及。别人劝其将自己的功劳说出来，他回答道：“言，身之文也，身将隐，焉用文之？”遂偕母归隐。事见《左传·僖公二十四年》。

颐养部

行 乐 第 一

伤哉！造物生人一场，为时不满百岁。彼夭折之辈无论矣，姑就永年者道之，即使三万六千日尽是追欢取乐时，亦非无限光阴，终有报罢之日。况此百年以内，有无数忧愁困苦、疾病颠连、名缰利锁、惊风骇浪，阻人燕游，使徒有百岁之虚名，并无一岁二岁享生人应有之福之实际乎！又况此百年以内，日日死亡相告，谓先我而生者死矣，后我而生者亦死矣，与我同庚比算、互称弟兄者又死矣。噫，死是何物，而可知凶不讳，日令不能无死者惊见于目，而怛闻于耳乎！是千古不仁，未有甚于造物者矣。虽然，殆有说焉。不仁者，仁之至也。知我不能无死，而日以死亡相告，是恐我也。恐我者，欲使及时为乐，当视此辈为前车也。康对山构一园亭[①]，其地在北邙山麓[②]，所见无非丘陇。客讯之曰："日对此景，令人何以为乐？"对山曰："日对此景，乃令人不敢不乐。"达哉斯言！予尝以铭座右。兹论养生之法，而以行乐先之；劝人行乐，而以死亡怵之，即祖是意。欲体天地至仁之心，不能不蹈造物不仁之迹。

养生家授受之方，外借药石，内凭导引，其借口颐生而流为放辟邪侈者，则曰“比家”。三者无论邪正，皆术士之言也。予系儒生，并非术士。术士所言者术，儒家所凭者理。《鲁论·乡党》一篇，半属养生之法。予虽不敏，窃附于圣人之徒，不敢为诞妄不经之言以误世。有怪此卷以“颐养”命名，而觅一丹方不得者，予以空疏谢之。又有怪予著《饮馔》一篇，而未及烹饪之法，不知酱用几何，醋用几何，醝椒香辣用几何者。予曰：果若是，是一庖人而已矣，乌足重哉！人曰：若是，则《食物志》、《尊生笺》、《卫生录》等书，何以备列此等？予曰：是诚庖人之书也。士各明志，人有弗为。

① 康对山(1475—1540)：康海，字海涵，号对山，陕西武功人。明代文学家，戏曲家。前七子之一。为人放浪自恣，常狎妓酣饮，谱曲作歌。

② 北邙山：又称芒山、北山，在今河南洛阳市东北。汉魏以来，王侯公卿贵族的墓地多建于此。

贵人行乐之法

人间至乐之境，惟帝王得以有之；下此则公卿将相，以及群辅百僚，皆可以行乐之人也。然有万几在念，百务萦心，一日之内，除视朝听政、放衙理事、治人事神、反躬修己之外，其为行乐之时有几？曰：不然。乐不在外而在心。心以为乐，则是境皆乐；心以为苦，则无境不苦。身为帝王，则当以帝王之境为乐境；身为公卿，则当以公卿之境为乐境。凡我分所当行,推诿不去者,即当摈弃一切悉视为苦,而专以此事为乐。谓我为帝王,日有万几之冗,其心则诚劳矣,然世之艳慕帝王者,求为片刻而不能。我之至劳,人之所谓至逸也。为公卿将相、群辅百僚者,居心亦复如是,则不必于视朝听政、放衙理事、治人事神、反躬修己之外,别寻乐境,即此得为之地,便是行乐之场。一举笔而安天下,一矢口而遂群生,以天下群生之乐为乐,何快如之?若于此外稍得清闲,再享一切应有之福,则人皇可比玉皇,俗吏竟成仙吏,何蓬莱三岛之足羡哉[①]?此术非他,盖用吾家老子"退一步"法[②]。以不如己者视己,则日见可乐;以胜于己者视己,则时觉可忧。从来人君之善行乐者,莫过于汉之文、景[③];其不善行乐者,莫过于武帝[④]。以文、景于帝王应行之外,不多一事,故觉其逸;武帝则好大喜功,且薄帝王而慕神仙,是以徒见其劳。人臣之善行乐者,莫过于唐之郭子仪[⑤];而不善行乐者,则莫如李广[⑥]。子仪既拜汾阳王,志愿已足,不复他求,故能极欲穷奢,备享人臣之福;李广则耻不如人,必欲封侯而后已,是以独当单于,卒致失道后期而自刭。故善行乐者,必先知足。二疏云[⑦]:"知足不辱,知止不殆。"不辱不殆,至乐在其中矣。

① 蓬莱三岛:古代传说中东海的神山。《史记·秦始皇本纪》:"齐人徐市等上书言:海中有三神山,名曰蓬莱、方丈、瀛洲。"

② 老子"退一步"法:老子主张抱雌守一,以退为进,如《老子》谓:"功遂身退天之道。"

③ 汉之文、景:指西汉文帝刘恒(前102—前157)、景帝刘启(前188—前191)。两人在位期间采取"与民休息"、"轻徭薄赋"等政策,出现了多年未有的富裕景象,史称"文景之治"。

④ 武帝：指西汉武帝刘彻（前156—前187）。在位期间接受董仲舒建议，“罢黜百家，独尊儒术”，国力空前膨胀。后因好大喜功、穷兵黩武；且祀神求仙，挥霍无度，致使农民大量破产流亡。

⑤ 郭子仪（697—781）：唐大将。华州郑县（今陕西华县）人。安史之乱中屡立战功，平乱后因功升中书令，封汾阳郡王，以一身而系天下安危者二十年。后常以其作为“人臣”所追求的最高境界。

⑥ 李广（？—前119）：西汉名将。陇西成纪（今属甘肃）人。善骑射，历仕文、景、武帝三朝，与匈奴先后作战七十余次，人称“飞将军”，然终未得封侯。前119年随大将军卫青击匈奴，以失道被责，因耻于面对刀笔吏而自杀。《史记》、《汉书》有传。

⑦ 二疏：指西汉疏广、疏受叔侄二人，官至太傅、少傅，年老辞官，日与宾客为乐，不为子孙置田产。引文语见《汉书·疏广传》。

富人行乐之法

劝贵人行乐易，劝富人行乐难。何也？财为行乐之资，然势不宜多，多则反为累人之具。华封人祝帝尧富寿多男，尧曰：“富则多事。”华封人曰：“富而使人分之，何事之有[①]？”由是观之，财多不分，即以唐尧之圣、帝王之尊，犹不能免多事之累，况德非圣人而位非帝王者乎？陶朱公屡致千金，屡散千金[②]，其致而必散，散而复致者，亦学帝尧之防多事也。兹欲劝富人行乐，必先劝之分财；劝富人分财，其势同于拔山超海[③]，此必不得之数也。财多则思运，不运则生息不繁。然不运则已，一运则经营惨淡，坐起不宁，其累有不可胜言者。财多必善防，不防则为盗贼所有，而且以身殉之。然不防则已，一防则惊魂四绕，风鹤皆兵[④]，其恐惧觳觫之状[⑤]，有不堪目睹者。且财多必招忌。语云："温饱之家，众怨所归。"以一身而为众射之的，方且忧伤虑死之不暇，尚可与言行乐乎哉？甚矣，财不可多，多之为累，亦至此也。

然则富人行乐，其终不可冀乎？曰：不然。多分则难，少敛则易。处比户可封之世，难于售恩；当民穷财尽之秋，易于见德。少课锱铢之利，穷民即起颂扬；略蠲升斗之租，贫佃即生歌舞。本偿而子息未偿，因其贫也而贳之，一券才焚，即噪冯骓之令誉[⑥]，赋足而国用不足，因其匮也而助之，急公偶试，即来卜式之美名[⑦]。果如是，则大异于今日之富民，而又无损于本来之故我。觊觎者息而仇怨者稀，是则可言行乐矣。其为乐也，亦同贵人，可不必于持筹握算之外，别寻乐境，即此宽租减息、仗义急公之日，听贫民之欢欣赞颂，即当两部鼓吹[⑧]；受官司之奖励称扬，便是百年华衮。荣莫荣于此，乐亦莫乐于此矣。至于悦色娱声、眠花藉柳、构堂建厦、啸月嘲风诸乐事，他人欲得，所患无资，业有其资，何求弗遂？是同一富也，昔为最难行乐之人，今为最易行乐之人。即使帝尧不死，陶朱现在，彼丈夫也，我丈夫也，吾何畏彼哉？去其一念之刻而已矣。

① "华封人"三句：事见《庄子·天地》。华封人：成玄英疏："华，地名也，今华州也。封人者，谓华地守封疆之人也。"

② "陶朱公"二句：相传春秋时楚人范蠡曾协助越王勾践灭吴，后赴吴，改名鸱夷子皮。至陶称朱公，经商致富，十九年中，三次置下千金产业，又三次将其分给兄弟朋友。

③ 拔山超海：语出《孟子·梁惠王》："挟泰山以超北海，语人曰：'我不能。'是诚不能也。"

④ 风鹤皆兵:《晋书·谢玄传》载东晋时前秦国主苻坚率军百万进犯,谢玄率精兵八千取得“淝水之战”的胜利。秦军大败,听到风声鹤唳,都以为是东晋的追兵已至。

⑤ 觳觫:恐惧颤抖貌。《孟子·梁惠王上》:“吾不忍其觳觫若无罪而就死地。”

⑥ 冯驩:战国时齐国孟尝君的门客。他到薛地收债,矫命尽焚债券,为主人收买人心。

⑦ 卜式:汉武帝时的畜牧业主,多次捐款助军,并以此封官。

⑧ 两部鼓吹:仪仗队所奏音乐。《南齐书·孔稚珪传》载其房四周野草丛生,蛙声噪闹。孔对人说“此以当两部鼓吹”。

贫贱行乐之法

穷人行乐之方,无他秘巧,亦止有“退一步”法。我以为贫,更有贫于我者;我以为贱,更有贱于我者;我以妻子为累,尚有鳏寡孤独之民,求为妻子之累而不能者;我以胼胝为劳,尚有身系狱廷,荒芜田地,求安耕凿之生而不可得者。以此居心,则苦海尽成乐地。如或向前一算,以胜己者相衡,则片刻难安,种种桎梏幽囚之境出矣。一显者旅宿邮亭,时方溽暑,帐内多蚊,驱之不出,因忆家居时堂宽似宇,簟冷如冰,又有群姬握扇而挥,不复知其为夏,何遽困厄至此!因怀至乐,愈觉心烦,遂致终夕不寐。一亭长露宿阶下①,为众蚊所啮,几至露筋,不得已而奔走庭中,俾四体动而弗停,则啮人者无由厕足;乃形则往来仆仆,口则赞叹嚣嚣,一似苦中有乐者。显者不解,呼而讯之,谓:“汝之受困,什佰于我,我以为苦,而汝以为乐,其故维何?”亭长曰:“偶忆某年为仇家所陷,身系狱中。维时亦当暑月,狱卒防予私逸,每夜拘挛手足,使不得动摇,时蚊蚋之繁,倍于今夕,听其自嘬,欲稍稍规避而不能,以视今夕之奔走不息,四体得以自如者,奚啻仙凡人鬼之别乎!以昔较今,是以但见其乐,不知其苦。”显者听之,不觉爽然自失。此即穷人行乐之秘诀也。

不独居心为然,即铸体炼形,亦当如是。譬如夏月苦炎,明知为室庐卑小所致,偏向骄阳之下来往片时,然后步入室中,则觉暑气渐消,不似从前酷烈;若畏其湫隘而投宽处纳凉[2],及至归来,炎蒸又加十倍矣。冬月苦冷,明知为墙垣单薄所致,故向风雪之中行走一次,然后归庐返舍,则觉寒威顿减,不复凛冽如初;若避此荒凉而向深居就燠,及其再入,战栗又作何状矣。由此类推,则所谓退步者,无地不有,无人不有。想至退步,乐境自生。予为两间第一困人,其能免死于忧,不枯槁于迍邅蹭蹬者[3],皆用此法。又得管城一物[4],相伴终身,以扫千军则不足,以除万虑则有余。然非善作退步,即楮墨亦能困人。想虞卿著书[5],亦用此法,我能公世,彼特秘而未传耳。

由亭长之说推之,则凡行乐者,不必远引他人为退步,即此一身,谁无过来之逆境?大则灾凶祸患,小则疾病忧伤。“执柯伐柯,其则不远。”取而较之,更为亲切。凡人一生,奇祸大难非特不可遗忘,还宜大书特书,高悬座右。其裨益于身者有三:孽由己作,则可知非痛改,视作前车;祸自天来,则可止怨释尤,以弭后患;至于忆苦追烦,引出无穷乐境,则又警心惕目之余事矣。如曰省躬罪己,原属隐情,难使他人共睹,若是则有包含韫藉之法:或止书罹患之年月,而不及其事;或别书隐射之数语,而不露其详;或撰作一联一诗,悬挂起居亲密之处,微寓己意,不使人知，亦淑慎其身之妙法也[⑥]。此皆湖上笠翁瞒人独做之事，笔机所到，欲讳不能，俗语所谓“不打自招”者，非乎？

① 亭长：秦汉时十里一亭，设亭长掌治安、诉讼事。

② 湫隘：低下狭小。《左传·昭公三年》：“子之宅近市，湫隘嚣尘，不可以居。”

③ 迍邅：难行貌。也指处境困难。

④ 管城：即管城子，笔的别称。因韩愈曾作《毛颖传》，以笔拟人，谓其封于管城而名。

⑤ 虞卿：战国时人，为赵国上卿，力主合纵抗秦。后困于梁，穷愁著书。《汉书·艺文志》有《虞氏春秋》十五篇，今已失传。

⑥ 淑慎其身：语出《诗经·邶风·燕燕》。淑慎，婉善恭慎。

家庭行乐之法

世间第一乐地，无过家庭。“父母俱存，兄弟无故，一乐也[①]。”是圣贤行乐之方，不过如此。而后世人情之好向，往往与圣贤相左。圣贤所乐者，彼则苦之；圣贤所苦者，彼反视为至乐而沉溺其中。如弃现在之天亲而拜他人为父，撇同胞之手足而与陌路结盟，避女色而就娈童，舍家鸡而寻野鹜，是皆情理之至悖，而举世习而安之。其故无他，总由一念之恶旧喜新，厌常趋异所致。若是，则生而所有之形骸，亦觉陈腐可厌，胡不并易而新之，使今日魂附一体，明日又附一体，觉愈变愈新之可爱乎？其不能变而新之者，以生定故也。然欲变而新之，亦自有法。时易冠裳，迭更帏座，而照之以镜，则似换一规模矣。即以此法而施之父母兄弟、骨肉妻孥，以结交滥费之资，而鲜其衣饰，美其供奉，则“居移气，养移体”[②]，一岁而数变其形，岂不犹之谓他人父，谓他人母，而与同学少年互称兄弟，各家美丽共缔姻盟者哉？

有好游狭斜者，荡尽家资而不顾，其妻迫于饥寒而求去。临去之日，别换新衣而佐以美饰，居然绝世佳人。其夫抱而泣曰：“吾走尽章台，未尝遇此娇丽。由是观之，匪人之美，衣饰美之也。倘能复留，当为勤俭克家，而置汝金屋。”妻善其言而止。后改荡从善，卒如所云。又有人子不孝而为亲所逐者，鞠于他人，越数年而复返，定省承欢，大异畴昔。其父讯之，则曰：“非予不爱其亲，习久而生厌也。兹复厌所习见，而以久不睹者为可亲矣。”众人笑之，而有识者怜之。何也？习久而厌其亲者，天下皆然，而不能自明其故。此人知之，又能直言无讳，盖可以为善之人也。此等罕譬曲喻，皆为劝导愚蒙。谁无至性，谁乏良知，而俟予为木铎？但观孺子离家，即生哭泣，岂无至乐之境十倍其家者哉？性在此而不在彼也。人能以孩提之乐境为乐境，则去圣人不远矣。

① “父母”三句：语出《孟子·尽心上》。

② 居移气养移体：语出《孟子·尽心上》。

道途行乐之法

“逆旅”二字，足概远行，旅境皆逆境也。然不受行路之苦，不知居家之乐。此等况味，正须一一尝之。予游绝塞而归，乡人讯曰："边陲之游乐乎？"予曰："乐。"有经其地而惮焉者曰："地则不毛，人皆异类，睹沙场而气索，闻钲鼓而魂摇[①]，何乐之有？"予曰："向未离家，谬谓四方一致，其饮馔服饰皆同于我，及历四方，知有大谬不然者。然止游通邑大都，未至穷边极塞，又谓远近一理，不过稍变其制而已矣。及抵边陲，始知地狱即在人间，罗刹原非异物[②]，而今而后，方知人之异于禽兽者几希，而近地之民，其去绝塞之民者，反有霄壤幽明之大异也。不入其地，不睹其情，乌知生于东南，游于都会，衣轻席暖，饭稻羹鱼之足乐哉！"此言出路之人，视居家之乐为乐也；然未至还家，则终觉其苦。

又有视家为苦，借道途行乐之法，可以暂娱目前，不为风霜车马所困者，又一方便法门也。向平欲俟婚嫁既毕[③]，遨游五岳；李固与弟书[④]，谓周观天下，独未见益州[⑤]，似有遗憾；太史公因游名山大川[⑥]，得以史笔妙千古。是游也者，男子生而欲得，不得即以为恨者也。有道之士，尚欲挟资裹粮，专行其志，而我以糊口资生之便，为益闻广见之资，过一地，即览一地之人情，经一方，则睹一方之胜概，而且食所未食，尝所欲尝，蓄所余者而归遗细君[⑦]，似得五侯之鲭[⑧]，以果一家之腹，是人生最乐之事也，奚事哭泣阮途[⑨]，而为乘槎驭骏者所窃笑哉[⑩]？

① 钲鼓：古代行军时用的两种乐器。钲形如钟，有长柄可握，击之而鸣。

② 罗刹：梵文 Rākṣasa 的略译，指印度神话中的恶魔。后在佛教中仍为恶鬼。

③ 向平：向子平，名长。相传其在儿女婚嫁后就不理家事，与朋

友禽庆同游五岳名山,后不知所终。事见《后汉书·逸民列传》。

④ 李固(94—147):东汉人,字子坚,博学敢言,为大将军梁冀所忌,后遭诬陷致死。 与弟书:即李固所作《致弟书》。

⑤ 益州:州名。治所在今四川成都一带,东汉后辖区逐渐缩小。

⑥ 太史公:即司马迁(前145? —前90?),西汉大史学家。字子长,陕西夏阳人,早年遍游南北,考察风俗,采集传说。后著成我国第一部纪传体通史《史记》。

⑦ 细君:妻子的代称。典出《汉书·东方朔传》:"归遗细君,又何仁也!"颜师古注:"细君,朔妻之名。一说:细,小也。朔辄自比于诸侯,谓其妻曰小君。"

⑧ 五侯之鲭:西汉成帝时,娄护曾将王氏五侯馈赠的珍膳合而为鲭,世称"五侯鲭"。鲭,肉和鱼同烧的杂脍。

⑨ 阮途:三国时魏人阮籍,蔑视礼教,不拘礼法,时常纵酒谈玄,每至穷途,辄恸哭而返。

⑩ 乘槎驭骏者:指行程万里之士。乘槎,相传张骞出使大夏,乘槎(竹木筏)到天河牵牛星畔,事见张华《博物志》卷三。驭骏,《穆天子传》载周穆王驾八骏之乘,长驱万里,绝流沙,征昆仑,与西王母相会。

春季行乐之法

人有喜怒哀乐,天有春夏秋冬。春之为令,即天地交欢之候,阴阳肆乐之时也。人心至此,不求畅而自畅,犹父母相亲相爱,则儿女嬉笑自如。睹满堂之欢欣,即欲向隅而泣,泣不出也。然当春行乐,每易过情,必留一线之余春,以度将来之酷夏。盖一岁难过之关,惟有三伏,精神之耗,疾病之生,死亡之至，皆由于此。故俗话云："过得七月半，便是铁罗汉"，非虚语也。思患预防，当在三春行乐之时，不得纵欲过度，而先埋伏病根。花可熟观，鸟可倾听，山川云物之胜可以纵游，而独于房欲之事略存余地。盖人当此际，满体皆春。春者，泄尽无遗之谓也。草木之春，泄尽无遗而不坏者，以三时皆蓄，而止候泄于一春，过此一春，又皆蓄精养神之候矣。人之一身，能保一时尽泄而三时皆不泄乎？尽泄于春，而又不能不泄于夏，虽草木不能不枯，况人身之浮脆者乎？欲留枕席之余欢，当使游观之尽致。何也？分心花鸟，便觉体有余闲；并力闺帏，易致身无宁刻。然予所言，皆防已甚之词也。若使杜情而绝欲，是天地皆春而我独秋，焉用此不情之物，而作人中灾异乎？

夏季行乐之法

酷夏之可畏，前幅虽露其端，然未尽暑毒之什一也。使天只有三时而无夏，则人之死也必稀，巫医僧道之流皆苦饥寒而莫救矣。止因多此一时，遂觉人身叵测，常有朝人而夕鬼者。《戴记》云[①]："是月也，阴阳争，死生分。"危哉斯言！令人不寒而栗矣。凡人身处此候，皆当时时防病，日日忧死。防病忧死，则当刻刻偷闲以行乐。从来行乐之事，人皆选暇于三春，予独息机于九夏[②]。以三春神旺，即使不乐，无损于身；九夏则神耗气索，力难支体，如其不乐，则劳神役形，如火益热，是与性命为仇矣。

《月令》以仲冬为闭藏[③]；予谓天地之气闭藏于冬，人身之气当令闭藏于夏。试观隆冬之月,人之精神愈寒愈健,较之暑气铄人,有不可同年而语者。凡人苟非民社系身,饥寒迫体,稍堪自逸者,则当以三时行事,一夏养生。过此危关,然后出而应酬世故,未为晚也。追忆明朝失政以后,大清革命之先,予绝意浮名,不干寸禄,山居避乱,反以无事为荣。夏不谒客,亦无客至,匪止头巾不设,并衫履而废之。或裸处乱荷之中,妻孥觅之不得;或偃卧长松之下,猿鹤过而不知。洗砚石于飞泉,试茗奴以积雪;欲食瓜而瓜生户外,思啖果而果落树头,可谓极人世之奇闻,擅有生之至乐者矣。后此则徙居城市,酬应日纷,虽无利欲熏人,亦觉浮名致累。计我一生,得享列仙之福者,仅有三年。今欲续之,求为闰余而不可得矣。伤哉!人非铁石,奚堪磨杵作针[4]?寿岂泥沙,不禁委尘入土。予以劝人行乐,而深悔自役其形。噫,天何惜于一闲,以补富贵荣朊之不足哉!

① 《戴记》:此指《小戴记》,亦即通常所言《礼记》,相传为西汉戴圣所编。引文原文为:“是月也,日长至,阴阳争,死生分。”见《礼记·月令·仲夏之月》。

② 九夏:夏季的九十天。陶潜《荣木》诗序:“日月推迁,已复九夏。”

③ “《月令》”句:《礼记·月令·仲冬之月》:“涂阙庭门闾,筑囹圄,此以助天地之闭藏也。”闭藏,收藏,闭塞。

④ 磨杵作针:《潜确类书》卷六十:“李白少读书,未成,弃去。道逢老妪磨针,白问其故。曰:‘欲作针。’白感其言,遂卒业。”

秋季行乐之法

过夏徂秋,此身无恙,是当与妻孥庆贺重生,交相为寿者矣。又值炎蒸初退,秋爽媚人,四体得以自如,衣衫不为桎梏,此时不乐,将待何时?况有阻人行乐之二物,非久即至。二物维何?霜也,雪也。霜雪一至,则诸物变形。非特无花,亦且少叶;亦时有月,难保无风。若谓"春宵一刻值千金",则秋价之昂,宜增十倍。有山水之胜者,乘此时蜡屐而游[①],不则当面错过。何也?前此欲登而不可,后此欲眺而不能,则是又有一年之别矣。有金石之交者[②],及此时朝夕过从,不则交臂而失。何也?褦襶阻人于前[③],咫尺有同千里;风雪欺人于后,访戴何异登天?则是又负一年之约矣。至于姬妾之在家,一到此时,有如久别乍逢,为欢特异。何也?暑月汗流,求为盛妆而不得,十分娇艳,惟四五之仅存;此则全副精神,皆可用于青鬟翠黛之上。久不睹而今忽睹,有不与远归新娶同其燕好者哉?为欢即欲,视其精力短长,总留一线之余地。能行百里者,至九十而思休;善登浮屠者,至六级而即下。此房中秘术,请为少年场授之。

① 蜡屐:涂蜡木屐。

② 金石之交:喻友情深厚坚固。

③ 褦襶:遮日笠帽,常喻暑天衣冠束身,多所不便。三国魏程晓《嘲热客》诗:"只今褦襶子,能热到人家。"

冬季行乐之法

冬天行乐，必须设身处地，幻为路上行人，备受风雪之苦，然后回想在家，则无论寒燠晦明，皆有胜人百倍之乐矣。尝有画雪景山水，人持破伞，或策蹇驴，独行古道之中，经过悬崖之下，石作狰狞之状，人有颠蹶之形者。此等险画，隆冬之月，正宜悬挂中堂。主人对之，即是御风障雪之屏，暖胃和衷之药。若杨国忠之肉阵[①]，党太尉之羊羔美酒[②]，初试或温，稍停则奇寒至矣。善行乐者，必先作如是观，而后继之以乐，则一分乐境，可抵二三分；五七分乐境，便可抵十分十二分矣。然一到乐极忘忧之际，其乐自能渐减，十分乐境，只作得五七分；二三分乐境，又只作得一分矣。须将一切苦境，又复从头想起，其乐之渐增不减，又复如初。此善讨便宜之第一法也。譬之行路之人，计程共有百里，行过七八十里，所剩无多，然无奈望到心坚，急切难待，种种畏难怨苦之心出矣。但一回头，计其行过之路数，则七八十里之远者可到，况其少而近者乎？譬如此际止行二三十里，尚余七八十里，则苦多乐少，其境又当何如？此种想念，非但可为行乐之方，凡居官者之理繁治剧，学道者之读书穷理，农工商贾之任劳即勤，无一不可倚之为法。噫，人之行乐，何与于我？而我为之嗓敝舌焦，手腕几脱。是殆有媚人之癖，而以楮墨代脂韦者乎[③]？

① “若杨国忠”句：唐玄宗权臣杨国忠（杨玉环族兄），冬天挑选婢

妾列于身前遮风取暖,称之“肉屏”。见五代王仁裕《开元天宝遗事》。

② “党太尉”句:党太尉,名进,宋人,官侍中,有姬妾名辟寒,后为陶谷妾。一日大雪,谷命取雪水烹茶,问辟寒:“党家有此景否?”妾答:“彼粗人,安识此景?但能于销金帐下,浅斟低唱,饮羊羔美酒耳。”

③ 脂韦:喻处事圆滑,阿谀奉承。脂,油脂;韦,软皮。

随时即景就事行乐之法

行乐之事多端,未可执一而论。如睡有睡之乐,坐有坐之乐,行有行之乐,立有立之乐,饮食有饮食之乐,盥栉有盥栉之乐,即袒裼裸裎、如厕便溺,种种秽亵之事,处之得宜,亦各有其乐。苟能见景生情,逢场作戏,即可悲可涕之事,亦变欢娱。如其应事寡才,养生无术,即征歌选舞之场,亦生悲戚。兹以家常受用,起居安乐之事,因便制宜,各存其说于左。

睡

有专言法术之人,遍授养生之诀,欲予北面事之。予讯益寿之功,何物称最?颐生之地,谁处居多?如其不谋而合,则奉为师,不则友之可耳。其人曰:“益寿之方,全凭导引[①];安生之计,惟赖坐功。”予曰:“若是,则汝法最苦,惟修苦行者能之。予懒而好动,且事事求乐,未可以语此也。”其人曰:“然则汝意云何?试言之,不妨互为印政。”予曰:“天地生人以时,动之者半,息之者半。动则旦,而息则暮也。苟劳之以日,而不息之以夜,则旦旦而伐之,其死也,可立而待矣。吾人养生亦以时,扰之以半,静之以半。扰则行起坐立,而静则睡也。如其劳我以经营,而不逸我以寝处,则岌岌乎殆哉！其年也,不堪指屈矣。若是,则养生之诀,当以善睡居先。睡能还精,睡能养气,睡能健脾益胃,睡能坚骨壮筋。如其不信,试以无疾之人与有疾之人,合而验之。人本无疾,而劳之以夜,使累夕不得安眠,则眼眶渐落而精气日颓,虽未即病,而病之情形出矣。患疾之人,久而不寐,则病势日增;偶一沉酣,则其醒也,必有油然勃然之势。是睡,非睡也,药也;非疗一疾之药,乃治百病,救万民,无试不验之神药也。兹欲从事导引,并力坐功,势必先遣睡魔,使无倦态而后可。予忍弃生平最效之药,而试未必果验之方哉?”其人艴然而去,以予不足教也。

予诚不足教哉,但自陈所得,实为有见而然,与强辩饰非者稍别。前人睡诗云:“花竹幽窗午梦长,此中与世暂相忘。华山处士如容见[②],不觅仙方觅睡方。”近人睡诀云:“先睡心,后睡眼。”此皆书本唾余,请置弗道,道其未经发明者而已。

睡有睡之时,睡有睡之地,睡又有可睡可不睡之人,请条晰言之。由戌至卯,睡之时也。未戌而睡,谓之先时,先时者不祥,谓与疾作思卧者无异也;过卯而睡,谓之后时,后时者犯忌,谓与长夜不醒者无异也。且人生百年,夜居其半,穷日行乐,犹苦不多,况以睡梦之有余,而损宴游之不足乎?有一名士善睡,起必过午,先时而访,未有能晤之者。予每过其居,必俟良久而后见。一日闷坐无聊,笔墨具在,乃取旧诗一首,更易数字而嘲之曰:“吾在此静睡,起来常过午;便活七十年,止当三十五。”同人见之,无不绝倒。此虽谑浪,颇关至理。是当睡之时,止有黑夜,舍此皆非其候矣。然而午睡之乐,倍于黄昏,三时皆所不宜,而独宜于长夏。非私之也,长夏之一日,可抵残冬之二日；长夏之一夜，不敌残冬之半夜，使止息于夜，而不息于昼，是以一分之逸，敌四分之劳，精力几何，其能堪此？况暑气铄金，当之未有不倦者。倦极而眠，犹饥之得食，渴之得饮，养生之计，未有善于此者。午餐之后，略逾寸晷，俟所食既消，而后徘徊近榻。又勿有心觅睡，觅睡得睡，其为睡也不甜。必先处于有事，事未毕而忽倦，睡乡之民，自来招我。桃源、天台诸妙境[③]，原非有意造之，皆莫知其然而然者。予最爱旧诗中有“手倦抛书午梦长”一句[④]，手书而眠，意不在睡；抛书而寝，则又意不在书，所谓莫知其然而然也。睡中三昧，惟此得之。此论睡之时也。

睡又必先择地。地之善者有二：曰静，曰凉。不静之地，止能睡目，不能睡耳。耳目两岐，岂安身之善策乎？不凉之地，止能睡魂，不能睡身。身魂不附，乃养生之至忌也。至于可睡可不睡之人，则分别于“忙闲”二字。就常理而论之，则忙人宜睡，闲人可以不必睡。然使忙人假寐，止能睡眼，不能睡心，心不睡而眼睡，犹之未尝睡也。其最不受用者，在将觉未觉之一时，忽然想起某事未行，某人未见，皆万万不可已者，睡此一觉，未免失事妨时。想到此处，便觉魂趋梦绕，胆怯心惊，较之未睡之前，更加烦躁。此忙人之不宜睡也。闲则眼未阖而心先阖，心已开而眼未开；已睡较未睡为乐，已醒较未醒更乐。此闲人之宜睡也。然天地之间，能有几个闲人？必欲闲而始睡，是无可睡之时矣。有暂逸其心以妥梦魂之法：凡一日之中，急切当行之事，俱当于上半日告竣，有未竣者，则分遣家人代之，使事事皆有着落，然后寻床觅枕以赴黑甜[⑤]，则与闲人无别矣。此言可睡之人也。而尤有吃紧一关未经道破者，则在莫行歹事。“半夜敲门不吃惊”，始可于日间睡觉，不则一闻剥啄，即是逻倅到门矣[⑥]。

① 导引：中国古代的一种养生术，通过呼吸俯仰、屈伸手足等使气血流通。

② 华山处士：即陈抟，字图南，宋代道士，先后隐居武当山、华山，著有《指玄篇》，讲养生还丹之事。相传后得道成仙。

③ 天台：《幽明录》载，汉明帝永平五年，刘晨、阮肇共入天台山(今属浙江)采药，路遇仙女，居留半年方去。

④ 手倦抛书午梦长：北宋蔡确绝句《夏日登车盖亭》中的一句。全诗为："纸屏石枕竹方床，手倦抛书午梦长。睡起莞然成独笑，数声渔笛在沧浪。"

⑤ 黑甜：宋苏轼《发广州》诗"三杯软饱后，一枕黑甜余"自注："俗谓睡为黑甜。"后以此称梦乡。

⑥ 逻倅：巡逻士兵。

坐

从来善养生者，莫过于孔子。何以知之？知之于"寝不尸，居不容"二语[①]。使其好饰观瞻，务修边幅，时时求肖君子，处处欲为圣人，则其寝也，居也，不求尸而自尸，不求容而自容；则五官四体，不复有舒展之刻。岂有泥塑木雕其形，而能久长于世者哉？"不尸不容"四字，绘出一幅时哉圣人，宜乎祟祀千秋，而为风雅斯文之鼻祖也。吾人燕居坐法，当以孔子为师，勿务端庄而必正襟危坐，勿同束缚而为胶柱难移。抱膝长吟，虽坐也，而不妨同于箕踞；支颐丧我，行乐也，而何必名为坐忘[②]？但见面与身齐，久而不动者，其人必死。此图画真容之先兆也。

① “寝不尸”二句:语出《论语·乡党》。尸,像尸体一样躺得僵直。容,庄严的仪容。

② 坐忘:指端坐而浑忘万物,进入物我合一、无是无非的状态。语出《庄子·大宗师》:“堕肢体,黜聪明,离形去知,同于大通,此谓坐忘。”

行

贵人之出,必乘车马。逸则逸矣,然于造物赋形之义,略欠周全。有足而不用,与无足等耳,反不若安步当车之人,五官四体皆能适用。此贫士骄人语。乘车策马,曳履搴裳,一般同是行人,止有动静之别。使乘车策马之人,能以步趋为乐,或经山水之胜,或逢花柳之妍,或遇戴笠之贫交,或见负薪之高士,欣然止驭,徒步为欢,有时安车而待步,有时安步以当车,其能用足也,又胜贫士一筹矣。至于贫士骄人,不在有足能行,而在缓急出门之可恃。事属可缓,则以安步当车[①];如其急也,则以疾行当马。有人亦出,无人亦出;结伴可行,无伴亦可行。不似富贵者假足于人,人或不来,则我不能即出,此则有足若无,大悖谬于造物赋形之义耳。兴言及此,行殊可乐!

① 安步当车:形容不慌不忙,神态安详。《战国策·齐策四》载齐宣王欲拜颜斶为师,颜斶辞曰:“愿得归,晚食以当肉,安步以当车。”

立

立分久暂,暂可无依,久当思傍。亭亭独立之事,但可偶一为之,旦旦如是,则筋骨皆悬,而脚跟如砥,有血脉胶凝之患矣。或倚长松,或凭怪石,或靠危栏作轼,或扶瘦竹为筇;既作羲皇上人,又作画图中物,何乐如之!但不可以美人作柱,虑其础石太纤,而致栋梁皆仆也。

饮

宴集之事,其可贵者有五:饮量无论宽窄,贵在能好;饮伴无论多寡,贵在善谈;饮具无论丰啬,贵在可继;饮政无论宽猛,贵在可行;饮候无论短长,贵在能止。备此五贵,始可与言饮酒之乐;不则曲蘖宾朋,皆凿性斧身之具也。予生平有五好,又有五不好,事则相反,乃其势又可并行而不悖。五好、五不好维何?不好酒而好客;不好食而好谈;不好长夜之欢,而好与明月相随而不忍别;不好为苛刻之令,而好受罚者欲辩无辞;不好使酒骂坐之人,而好其于酒后尽露肝膈。坐此五好、五不好,是以饮量不胜蕉叶,而日与酒人为徒。近日又增一种癖好、癖恶:癖好音乐,每听必至忘归;而又癖恶座客多言,与竹肉之音相乱。饮酒之乐,备于五贵、五好之中,此皆为宴集宾朋而设。若夫家庭小饮与燕闲独酌,其为乐也,全在天机逗露之中,形迹消忘之内。有饮宴之实事,无酬酢之虚文。睹儿女笑啼,认作班斓之舞①;听妻孥劝诫,若闻《金缕》之歌②。苟能作如是观,则虽谓朝朝岁旦,夜夜元宵可也。又何必座客常满,樽酒不空③,日借豪举以为乐哉?

① 班斓之舞:即老莱子著彩衣娱亲事,已见前注。

② 《金缕》:即《金缕曲》,词牌名。

③ “座客”二句:典出《后汉书·孔融传》:“(融)性宽容少忌,好士,喜诱益后进。……及退闲职,宾客日盈其门。常叹曰:‘坐上客常

满，尊中酒不空，吾无忧矣！'"

谈

读书，最乐之事，而懒人常以为苦；清闲，最乐之事，而有人病其寂寞。就乐去苦，避寂寞而享安闲，莫若与高士盘桓，文人讲论。何也？“与君一夕话，胜读十年书。”既受一夕之乐，又省十年之苦，便宜不亦多乎？“因过竹院逢僧话，又得浮生半日闲[①]。”既得半日之闲，又免多时之寂，快乐可胜道乎？善养生者，不可不交有道之士；而有道之士，多有不善谈者。有道而善谈者，人生希觏，是当时就日招，以备开聋启聩之用者也。即云我能挥麈，无假于人，亦须借朋侪起发，岂能若西域之钟簴，不叩自鸣者哉[②]？

① “因过”二句：引唐李涉绝句《登山》末二句，前二句作：“终日昏昏醉梦间，忽闻春尽强登山。”

② “岂能”二句：据《隋唐嘉话》、《刘宾客嘉话录》等书载：洛阳有僧，房中磬子夜辄自鸣。僧以为怪，后曹绍夔出怀中错鑢磬数处，其声遂绝。僧苦问其故，绍夔曰：此磬与钟律合，故击彼应此。按钟磬声音相合为共鸣现象。簴，亦作“虡”，指悬挂钟磬的木架，其两侧的柱称虡。

沐　浴

盛暑之月，求乐事于黑甜之外，其惟沐浴乎！潮垢非此不除，浊污非此不净，炎蒸暑毒之气亦非此不解。此事非独宜于盛夏，自严冬避冷，不宜频浴外，凡遇春温秋爽，皆可借此为乐。而养生之家则往往忌之，谓其损耗元神也。吾谓沐浴既能损身，则雨露亦当损物，岂人与草木有二性乎？然沐浴损身之说,亦非无据而云然。予尝试之。试于初下浴盆时,以未经浇灌之身,忽遇澎湃奔腾之势,以热投冷,以湿犯燥,几类水攻。此一激也,实足以冲散元神,耗除精气。而我有法以处之:虑其太激,则势在尚缓;避其太热,则利于用温。解衣磅礴之秋,先调水性,使之略带温和,由腹及胸,由胸及背。惟其温而缓也,则有水似乎无水,已浴同于未浴。俟与水性相习之后,始以热者投之,频浴频投,频投频搅,使水乳交融而不觉,渐入佳境而莫知。然后纵横其势,反侧其身,逆灌顺浇,必至痛快其身而后已。此盆中取乐之法也。至于富室大家,扩盆为屋,注水于池者,冷则加薪,热则去火,自有以逸待劳之法,想无俟贫人置喙也。

听琴观棋

弈棋尽可消闲,似难借以行乐;弹琴实堪养性,未易执此求欢。以琴必正襟危坐而弹,棋必整槊横戈以待。百骸尽放之时,何必再期整肃?万念俱忘之际,岂宜复较输赢?常有贵禄荣名付之一掷,而与人围棋赌胜,不肯以一着相饶者,是与让千乘之国[①],而争箪食豆羹者何异哉?故喜弹不若喜听,善弈不如善观。人胜而我为之喜,人败而我不必为之忧,则是常居胜地也;人弹和缓之音而我为之吉,人弹噍杀之音而我不必为之凶,则是长为吉人也。或观听之余,不无技痒,何妨偶一为之,但不寝食其中而莫之或出,则为善弹善弈者耳。

① 千乘之国:古时一车四马为一乘,诸侯小国地方百里,出车千乘,号千乘之国。

看花听鸟

花鸟二物,造物生之以媚人者也。既产娇花嫩蕊以代美人,又病其不能解语,复生群鸟以佐之。此段心机,竟与购觅红妆,习成歌舞,饮之食之,教之诲之以媚人者,同一周旋之至也。而世人不知,目为蠢然一物,常有奇花过目而莫之睹,鸣禽悦耳而莫之闻者。至其捐资所购之姬妾,色不及花之万一,声仅窃鸟之绪余,然而睹貌即惊,闻歌辄喜,为其貌似花而声似鸟也。噫,贵似贱真,与叶公之好龙何异?予则不然。每值花柳争妍之日,飞鸣斗巧之时,必致谢洪钧①,归功造物,无饮不奠,有食必陈,若善士信妪之佞佛者。夜则后花而眠,朝则先鸟而起,惟恐一声一色之偶遗也。及至莺老花残,辄怏怏如有所失。是我之一生,可谓不负花鸟;而花鸟得予,亦所称"一人知己,死可无恨"者乎!

① 洪钧:上天。《文选》张华《答何劭》诗之二"洪钧陶万类"唐李善注:"洪钧,大钧,谓天也。"

蓄养禽鱼

鸟之悦人以声者,画眉、鹦鹉二种。而鹦鹉之声价,高出画眉上,人多癖之,以其能作人言耳。予则大违是论,谓鹦鹉所长,止在羽毛,其声则一无可取。鸟声之可听者,以其异于人声也。鸟声异于人声之可听者,以出于人者为人籁,出于鸟者为天籁也。使我欲听人言,则盈耳皆是,何必假口笼中?况最善说话之鹦鹉,其舌本之强,犹甚于不善说话之人,而所言者,又不过口头数语。是鹦鹉之见重于人,与人之所以重鹦鹉者，皆不可诠解之事。至于画眉之巧，以一口而代众舌，每效一种，无不酷似，而复纤婉过之，诚鸟中慧物也。予好与此物作缘，而独怪其易死。既善病而复招尤，非殁于己，即伤于物，总无三年不坏者。殆亦多技多能所致欤？

鹤、鹿二种之当蓄，以其有仙风道骨也。然所耗不赀，而所居必广，无其资与地者，皆不能蓄。且种鱼养鹤，二事不可兼行，利此则害彼也。然鹤之善唳善舞，与鹿之难扰易驯，皆品之极高贵者。麟凤龟龙而外，不得不推二物居先矣。乃世人好此二物，又分轻重于其间，二者不可得兼，必将舍鹿而求鹤矣。显贵之家，匪特深藏苑囿，近置衙斋，即倩人写真绘像，必以此物相随。予尝推原其故，皆自一人始之，赵清献公是也[①]。琴之与鹤，声价倍增，讵非贤相提携之力欤？

家常所蓄之物，鸡犬而外，又复有猫。鸡司晨，犬守夜，猫捕鼠，皆有功于人而自食其力者也。乃猫为主人所亲昵，每食与俱，尚有听其搴帷入室，伴寝随眠者。鸡栖于埘，犬宿于外，居处饮食皆不及焉。而从来叙禽兽之功，谈治平之象者，则止言鸡犬而并不及猫。亲之者是，则略之者非；亲之者非，则略之者是。不能不惑于二者之间矣。曰：有说焉。昵猫而贱鸡犬者，犹癖谐臣媚子[②]，以其不呼能来，闻叱不去。因其亲而亲之，非有可亲之道也。鸡犬二物，则以职业为心，一到司晨守夜之时，则各司其事，虽豢以美食，处以曲房，使不即彼而就此，二物亦守死弗至；人之处此，亦因其远而远之，非有可远之道也。即其司晨守夜之功，与捕鼠之功，亦有间焉。鸡之司晨，犬之守夜，忍饥寒而尽瘁，无所利而为之，纯公无私者也。猫之捕鼠，因去害而得食，有所利而为之，公私相半者也。清勤自处，不屑媚人者，远身之道；假公自为，密迩其君者，固宠之方。是三物之亲疏,皆自取之也。然以我司职业于人间,亦必效鸡犬之行,而以猫之举动为戒。噫,亲疏可言也,祸福不可言也。猫得自终其天年,而鸡犬之死,皆不免于刀锯鼎镬之罚。观于三者之得失,而悟居官守职之难。其不冠进贤③,而脱然于宦海浮沉之累者,幸也。

① 赵清献公:北宋大臣赵抃(1008—1084),字阅道,号知非子,北宋衢州西安(今浙江衢州市)人。累官殿中侍御史,弹劾不避权贵,有"铁面御史"之称。知成都府,蜀风为之一变。相传其曾匹马入蜀,以一琴一鹤自随。死后谥文献。有《赵清献集》。

② 谐臣:俳优,古代宫中以舞乐作谐戏的艺人。

③ 进贤:进贤冠,古代文儒戴的黑布帽,以梁数多少分等级贵贱。

浇灌竹木

"筑成小圃近方塘,果易生成菜易长。抱瓮太痴机太巧,从中酌取灌园方。"此予山居行乐之诗也。能以草木之生死为生死,始可与言灌园之乐;不则一灌再灌之后,无不畏途视之矣。殊不知草木欣欣向荣,非止耳目堪娱,亦可为艺草植木之家,助祥光而生瑞气。不见生财之地,万物皆荣;退运之家,群生不遂?气之旺与不旺,皆于动植验之。若是,则汲水浇花,与听信堪舆、修门改向者无异也。不视为苦,则乐在其中。督率家人灌溉,而以身任微勤,节其劳逸,亦颐养性情之一助也。

止忧第二

忧可忘乎?不可忘乎?曰:可忘者非忧,忧实不可忘也。然则忧之未忘,其何能乐?曰:忧不可忘而可止,止即所以忘之也。如人忧贫而劝之使忘,彼非不欲忘也,啼饥号寒者迫于内,课赋索逋者攻于外,忧能忘乎?欲使贫者忘忧,必先使饥者忘啼,寒者忘号,征且索者忘其逋赋而后可,此必不得之数也。若是,则"忘忧"二字,徒虚语耳。犹慰下第者以来科必发,慰老而无嗣者以日后必生,迨其不发不生,亦止听之而已,能归咎慰我者而责之使偿乎?语云:"临渊羡鱼,不如退而结网①。"慰人忧贫者,必当授以生财之法;慰人下第者,必先予以必售之方;慰人老而无嗣者,当令蓄姬买妾,止妒息争,以为多男从出之地。若是,则为有裨之言,不负一番劝谕。止忧之法,亦若是也。忧之途径虽繁,总不出可备、难防之二种,姑为汗竹②,以代树萱③。

① "临渊"二句:语出《汉书·董仲舒传》:"古人有言曰:'临渊羡鱼,不如退而结网。'"比喻虽有欲望而无实际行动,终难达成所愿。

② 汗竹:亦称"汗青"、"汗简"。《后汉书·吴祐传》:"(吴)恢欲杀青简以写经书。"李贤注:"杀青者,以火炙简令汗,取其青易书,复不蠹,谓之杀青,亦谓汗简。"后引申为著述之称。

③ 树萱：种植萱草。

止眼前可备之忧

拂意之境，无人不有，但问其易处不易处，可防不可防。如易处而可防，则于未至之先，筹一计以待之。此计一得，即委其事于度外，不必再筹，再筹则惑我者至矣。贼攻于外而民扰于中，其可防乎？俟其既至，则以前画之策，取而予之，切勿自动声色。声色动于外，则气馁于中。此以静待动之法，易知亦易行也。

止身外不测之忧

不测之忧，其未发也，必先有兆。现乎蓍龟[1]，动乎四体者，犹未必果验。其必验之兆，不在凶信之频来，而反在吉祥之事之太过。乐极悲生，否伏于泰，此一定不移之数也。命薄之人，有奇福，便有奇祸；即厚德载福之人，极祥之内，亦必酿出小灾。盖天道好还[2]，不敢尽私其人，微示公道于一线耳。达者处此，无不思患预防，谓此非善境，乃造化必忌之数，而鬼神必瞷之秋也。萧墙之变[3]，其在是乎？止忧之法有五：一曰谦以省过，二曰勤以砺身，三曰俭以储费，四曰恕以息争，五曰宽以弥谤。率此而行，则忧之大者可小，小者可无；非循环之数,可以窃逃而幸免也。只因造物予夺之权,不肯为人所测识,料其如此,彼反未必如此,亦造物者颠倒英雄之惯技耳。

① 蓍龟:蓍草和龟甲。古代占卜用具。《易·系辞上》:“探颐索隐,钩深致远,以定天下之吉凶,成天下之亹亹者,莫大乎蓍龟。”

② 天道好还:谓恶有恶报。《老子》:“以道佐人主者,不以兵强天下,其事好还。”

③ 萧墙之变:形容忧患来自内部。语出《论语·季氏》:“子曰:……‘吾恐季孙之忧,不在颛臾,而在萧墙之内也。”

调饮啜第三

《食物本草》一书,养生家必需之物。然翻阅一过,即当置之。若留匕箸之旁,日备考核,宜食之物则食之,否则相戒勿用,吾恐所好非所食,所食非所好。曾皙睹羊枣而不得咽[①],曹刿鄙肉食而偏与谋[②],则饮食之事亦太苦矣。尝有性不宜食而口偏嗜之,因惑《本草》之言,遂以疑虑致疾者。弓蛇之为祟[③],岂仅在形似之间哉!食色,性也,欲借饮食养生,则以不离乎性者近是。

① 曾皙:孔子弟子,嗜食羊枣。《孟子·尽心》:“曾皙嗜羊枣,而

曾子不忍食羊枣。”羊枣，果名，初生色黄，熟则黑，似羊矢，故名。

② “曹刿”句：春秋时鲁国人曹刿以布衣协助鲁国取得长勺之战的胜利。他曾说：“肉食者鄙，未能远谋。”事见《左传·庄公十二年》。

③ 弓蛇：《晋书·乐广传》载有人因见杯中有蛇，既饮而疾，后方知杯中蛇乃壁上所挂之弓影。后遂以“杯弓蛇影”喻惊慌多疑。

爱食者多食

生平爱食之物，即可养身，不必再查《本草》。春秋之时，并无《本草》，孔子性嗜姜，即不撤姜食，性嗜酱，即不得其酱不食，皆随性之所好，非有考据而然。孔子于姜、酱二物，每食不离，未闻以多致疾。可见性好之物，多食不为祟也。但亦有调剂君臣之法，不可不知。“肉虽多，不使胜食气[①]。”此即调剂君臣之法。肉与食较，则食为君而肉为臣；姜、酱与肉较，则又肉为君而姜、酱为臣矣。虽有好不好之分，然君臣之位不可乱也。他物类是。

① “肉虽多”二句：语出《论语·乡党》。朱熹注：“食以谷为主，故不使胜食气。”

怕食者少食

凡食一物而凝滞胸膛，不能克化者，即是病根，急宜消导。

世间只有瞑眩之药[1],岂有瞑眩之食乎?喜食之物,必无是患,强半皆所恶也。故性恶之物,即当少食,不食更宜。

① 瞑眩之药:《孟子·滕文公上》:“《书》曰:‘若药不瞑眩,厥疾不瘳。’”赵岐注:“瞑眩,药攻人疾,先使瞑眩愦乱,乃得瘳逾也。”

太饥勿饱

欲调饮食,先匀饥饱。大约饥至七分而得食,斯为酌中之度,先时则早,过时则迟。然七分之饥,亦当予以七分之饱,如田畴之水,务与禾苗相称,所需几何,则灌注几何,太多反能伤稼,此平时养生之火候也。有时迫于繁冗,饥过七分而不得食,遂至九分十分者,是谓太饥。其为食也,宁失之少,勿犯于多。多则饥饱相搏而脾气受伤,数月之调和,不敌一朝之紊乱矣。

太饱勿饥

饥饱之度,不得过于七分是已。然又岂无饕餮太甚,其腹果然之时?是则失之太饱。其调饥之法,亦复如前,宁丰勿啬。若谓逾时不久,积食难消,以养鹰之法处之,故使饥肠欲绝,则似大熟之后,忽遇奇荒。贫民之饥可耐也,富民之饥不可耐也，疾病之生，多由于此。从来善养生者，必不以身为戏。

怒时哀时勿食

喜怒哀乐之始发，均非进食之时。然在喜乐犹可，在哀怒则必不可。怒时食物易下而难消，哀时食物难消亦难下，俱宜暂过一时，候其势之稍杀。饮食无论迟早，总以入肠消化之时为度。早食而不消，不若迟食而即消。不消即为患，消则可免一餐之忧矣。

倦时闷时勿食

倦时勿食，防瞌睡也。瞌睡则食停于中，而不得下。烦闷时勿食，避恶心也。恶心则非特不下，而呕逆随之。食一物，务得一物之用。得其用则受益，不得其用，岂止不受益而已哉！

节色欲第四

行乐之地，首数房中。而世人不善处之，往往启妒酿争，翻为祸人之具。即有善御者，又未免溺之过度，因以伤身，精耗血枯，命随之绝。是善处不善处，其为无益于人者一也。至于养生之家，又有近姹远色之二种，各持一见，水火其词。噫，天既生男，何复生女，使人远之不得，近之不得，功罪难予，竟作千古不决之疑案哉！予请为息争止谤，立一公评，则谓阴阳之不可相无，犹天地之不可使半也。天苟去地，非止无地，亦并无天。江河湖海之不存，则日月奚自而藏？雨露凭何而泄？人但知藏日月者地也，不知生日月者亦地也；人但知泄雨露者地也，不知生雨露者亦地也。地能藏天之精，泄天之液，而不为天之害，反为天之助者，其故何居？则以天能用地，而不为地所用耳。天使地晦，则地不敢不晦；迨欲其明，则又不敢不明。水藏于地，而不假天之风，则波涛无据而起；土附于地，而不逢天之候，则草木何自而生？是天也者，用地之物也；犹男为一家之主，司出纳吐茹之权者也。地也者，听天之物也；犹女备一人之用，执饮食寝处之劳者也。果若是，则房中之乐，何可一日无之？但顾其人之能用与否。我能用彼，则利莫大焉。参苓芪术皆死药也，以死药疗生人，犹以枯木接活树，求其气脉之贯,未易得也。黄婆姹女皆活药也,以活药治活人,犹以雌鸡抱雄卵,冀其血脉之通,不更易乎?凡借女色养身而反受其害者,皆是男为女用,反地为天者耳。倒持干戈,授人以柄,是被戮之人之过,与杀人者何尤?

人问:执子之见,则老氏“不见可欲,使心不乱”之说[①],不几谬乎?予曰:正从此说参来,但为下一转语:不见可欲,使心不乱;常见可欲,亦能使心不乱。何也?人能摒绝嗜欲,使声色货利不至于前,则诱我者不至,我自不为人诱。苟非入山逃俗,能若是乎?使终日不见可欲而遇之一旦,其心之乱也,十倍于常见可欲之人。不如日在可欲之中,与若辈习处,则是“司空见惯浑闲事”矣[②]。心之不乱,不大异于不见可欲而忽见可欲之人哉?老子之学,避世无为之学也;笠翁之学,家居有事之学也。二说并存,则游于方之内外,无适不可。

① “不见”二句:语出《老子》三章:“不见可欲,使民心不乱。”可欲,指各种诱惑。

② 司空见惯浑闲事:唐孟棨《本事诗·情感》载,李司空(李绅)与刘禹锡饮酒,命歌女劝酒。刘乘兴吟《赠李司空妓》一首,曰:‘鬟髻梳头宫样妆,春风一曲杜韦娘。司空见惯浑闲事,断尽江南刺史肠。’”后因以“司空见惯”形容习以为常,不足为怪。

节快乐过情之欲

乐中行乐,乐莫大焉。使男子至乐,而为妇人者尚有他事萦心，则其为乐也，可无过情之虑。使男妇并处极乐之境，其为地也，又无一人一物搅挫其欢，此危道也。决尽提防之患，当刻刻虑之。然而但能行乐之人，即非能虑患之人；但能虑患之人，即是可以不必行乐之人。此论徒虚设耳。必须此等忧虑历过一遭，亲尝其苦，然后能行此乐。噫，求为三折肱之良医，则囊中妙药存者鲜矣，不若早留余地之为善。

节忧患伤情之欲

忧愁困苦之际，无事娱情，即念房中之乐。此非自好，时势迫之使然也。然忧中行乐，较之平时，其耗精损神也加倍。何也？体虽交而心不交，精未泄而气已泄。试强愁人以欢笑，其欢笑之苦更甚于愁，则知忧中行乐之可已。虽然，我能言之，不能行之，但较平时稍节则可耳。

节饥饱方殷之欲

饥、寒、醉、饱四时，皆非取乐之候。然使情不能禁，必欲遂之，则寒可为也，饥不可为也；醉可为也，饱不可为也。以寒之为苦在外，饥之为苦在中。醉有酒力之可凭，饱无轻身之足据。总之，交媾者，战也，枵腹者不可使战；并处者，眠也，果腹者不可与眠。饥不在肠而饱不在腹，是为行乐之时矣。

节劳苦初停之欲

劳极思逸，人之情也，而非所论于耽酒嗜色之人。世有喘息未定，即赴温柔乡者，是欲使五官百骸、精神气血，以及骨中之髓、肾内之精，无一不劳而后已。此杀身之道也。疾发之迟缓，虽不可知，总无不胎病于内者。节之之法有缓急二种：能缓者，必过一夕二夕；不能缓者，则酣眠一觉以代一夕，酣眠二觉以代二夕。惟睡可以息劳，饮食居处，皆不若也。

节新婚乍御之欲

新婚燕尔[①]，不必定在初娶，凡妇人未经御而乍御者，即是新婚。无论是妻是妾，是婢是妓，其为燕尔之情则一也。乐莫乐于新相知，但观此一夕之为欢，可抵寻常之数夕，即知此一夕之所耗，亦可抵寻常之数夕。能保此夕不受燕尔之伤，始可以道新婚之乐。不则开荒辟昧，既以身任奇劳，献媚要功，又复躬承异瘁。终身不二色者，何难作背城一战；后宫多嬖侍者，岂能为不败孤军？危哉！危哉！当筹所以善此矣。善此当用何法？曰：静之以心。虽曰燕尔新婚，只当行其故事。“说大人，则藐之”[②]，御新人，则旧之。仍以寻常女子相视，而不致大动其心。过此一夕二夕之后，反以新人视之，则可谓驾驭有方，而张弛合道者矣。

① 新婚燕尔：语出《诗・邶风・谷风》："宴尔新昏，如兄如弟。"燕，通"宴"，安乐。

② "说大人"二句：语出《孟子・尽心》。藐，藐视。

节隆冬盛暑之欲

最宜节欲者隆冬，而最难节欲者亦是隆冬；最忌行乐者盛暑，而最便行乐者又是盛暑。何也？冬夜非人不暖，贴身惟恐不密。倚翠偎红之际，欲念所由生也。三时苦于褦襶，九夏独喜轻便，袒裼裸裎之时，春心所由荡也。当此二时，劝人节欲，似乎不情，然反此即非保身之道。节之为言，明有度也；有度则寒暑不为灾，无度则温和亦致戾。节之为言，示能守也；能守则日与周旋而神旺，无守则略经点缀而魂摇。由有度而驯至能守，由能守而驯至自然，则无时不堪昵玉，有暇即可怜香。将鄙是集为可焚，而怪湖上笠翁之多事矣。

却病第五

病之起也有因，病之伏也有在。绝其因而破其在，只在一字之和。俗云："家不和，被邻欺。"病有病魔，魔非善物，犹之穿窬之盗，起讼构难之人也。我之家室有备，怨谤不生，则彼无所施其狡猾。一有可乘之隙，则环肆奸欺而祟我矣①。然物必先朽而后虫生之，苟能固其根本，荣其枝叶，虫虽多，其奈树何？人身所当和者，有气血、脏腑、脾胃、筋骨之种种，使必逐节调和，则头绪纷然，顾此失彼，穷终日之力，不能防一隙之疏。防病而病生，反为病魔窃笑耳。有务本之法，止在善和其心，心和则百体皆和。即有不和，心能居重驭轻，运筹帷幄②，而治之以法矣。否则内之不宁，外将奚视？然而和心之法，则难言之。哀不至伤，乐不至淫，怒不至于欲触，忧不至于欲绝。"略带三分拙，兼存一线痴；微聋与暂哑，均是寿身资。"此和心诀也。三复斯言，病其可却。

① 环肆：指四面围攻。环，周围。肆，放纵，不受拘束。

② 运筹帷幄：语出《史记·高祖本纪》"夫运筹帷幄之中，决胜于千里之外"。筹，筹划。帷幄，军中帐幕。

病未至而防之

病未至而防之者,病虽未作,而有可病之机与必病之势,先以药物投之,使其欲发不得,犹敌欲攻我,而我兵先之,预发制人者也。如偶以衣薄而致寒,略为食多而伤饱,寒起畏风之渐,饱生悔食之心,此即病之机与势也。急饮散风之物而使之汗,随投化积之剂而速之消。在病之自视如人事,机才动而势未成,原在可行可止之界,人或止之,则竟止矣。较之戈矛已发,而兵行在途者,其势不大相径庭哉?

病将至而止之

病将至而止之者,病形将见而未见,病态欲支而难支,与久疾乍愈之人,同一意况。此时所患者,切忌猜疑。猜疑者,问其是病与否也。一作两歧之念,则治之不力,转盼而疾成矣。即使非疾,我以是疾处之,寝食戒严,务作深沟高垒之计;刀圭毕备[①],时为出奇制胜之谋。以全副精神,料理奸谋未遂之贼,使不得揭竿而起者,岂难行不得之数哉?

① 刀圭:古时取药的用具,后借指药物。章炳麟谓刀圭即调羹。

病已至而退之

病已至而退之，其法维何？曰：止在一字之静。敌已至矣，恐怖何益？“剪灭此而后朝食”[①]，谁不欲为？无如不可猝得。宽则或可渐除，急则疾上又生疾矣。此际主持之力，不在卢医、扁鹊，而全在病人。何也？召疾使来者，我也，非医也。我由寒得，则当使之并力去寒；我自欲来，则当使之一心治欲。最不解者，病人延医，不肯自述病源，而只使医人按脉。药性易识，脉理难精，善用药者时有，能悉脉理而所言必中者，今世能有几人哉？徒使按脉定方，是以性命试医，而观其中用否也。所谓主持之力不在卢医、扁鹊，而全在病人者，病人之心专一，则医人之心亦专一，病者二三其词，则医人什佰其径。径愈宽则药愈杂，药愈杂则病愈繁矣。昔许胤宗谓人曰[②]：“古之上医，病与脉值，惟用一物攻之。今人不谙脉理，以情度病，多其药物以幸有功，譬之猎人，不知兔之所在，广络原野以冀其获，术亦昧矣。”此言多药无功，而未及其害。以予论之，药味多者不能愈疾，而反能害之。如一方十药，治风者有之，治食者有之，治痨伤虚损者亦有之。此合则彼离，彼顺则此逆。合者顺者即使相投，而离者逆者又复于中为祟矣。利害相攻，利卒不能胜害，况其多离少合，有逆无顺者哉？故延医服药，危道也。不自为政，而听命于人，又危道中之危道也。慎而又慎，其庶几乎！

① “剪灭”句:《左传·成公二年》载,春秋时齐顷公攻晋,一次作战前,齐军尚未用早饭,顷公说:“余姑剪灭此而朝食!”朝食,吃早饭。

② 许胤宗:唐代义兴人,精通医术,武德间官至散骑侍郎。

疗病第六

“病不服药,如得中医。”此八字金丹,救出世间几许危命!进此说于初得病时,未有不怪其迂者;必俟刀圭药石无所不投,人力既穷,而沉疴如故,不得已而从事斯语,是可谓天人交迫,而使就“中医”者也。乃不攻不疗,反致霍然,始信八字金丹,信乎非谬。以予论之,天地之间,只有贪生怕死之人,并无起死回生之药。“药医不死病,佛度有缘人。”旨哉斯言!不得以谚语目之矣。然病之不能废医,犹旱之不能废祷。明知雨泽在天,匪求能致,然岂有晏然坐视,听禾苗稼穑之焦枯者乎?自尽其心而已矣。予善病一生,老而勿药。百草尽经尝试,几作神农后身[①],然于大黄解结之外,未见有呼应极灵,若此物之随试随验者也。

生平著书立言,无一不由杜撰,其于疗病之法亦然。每患一症,辄自考其致此之由,得其所由,然后治之以方,疗之以药。所谓方者,非方书所载之方,乃触景生情,就事论事之方也;所谓药者,非《本草》必载之药,乃随心所喜,信手拈来之药也。明知无本之言不可训世，然不妨姑妄言之，以备世人之妄听。凡阅是编者，理有可信则存之，事有可疑则阙之。不以文害辞，不以辞害志，是所望于读笠翁之书者。

药笼应有之物，备载方书；凡天地间一切所有，如草木金石，昆虫鱼鸟，以及人身之便溺，牛马之溲渤，无一或遗。是可谓两者至备之书，百代不刊之典。今试以《本草》一书高悬国门，谓有能增一疗病之物，及正一药性之讹者，予以千金。吾知轩、岐复出②，卢、扁再生，亦惟有屏息而退，莫能觊觎者矣。然使不幸而遇笠翁，则千金必为所攫。何也？药不执方，医无定格。同一病也，同一药也，尽有治彼不效，治此忽效者；彼是则此非，彼非则此是，必居一于此矣。又有病是此病，药非此药，万无可用之理，或被庸医误投，或为臧获谬取，食之不死，反以回生者。迹是而观，则《本草》所载诸药性，不几大谬不然乎？

更有奇于此者，常见有人病入膏肓，危在旦夕，药饵攻之不效，刀圭试之不灵，忽于无心中瞥遇一事，猛见一物，其物并非药饵，其事绝异刀圭，或为喜乐而病消，或为惊慌而疾退。"救得命活，即是良医；医得病痊，便称良药。"由是观之，则此一物与此一事者，即为《本草》所遗，岂得谓之全备乎？虽然，彼所载者，物性之常；我所言者，事理之变。彼之所师者人，人言如是，彼言亦如是，求其不谬则幸矣；我之所师者心，心觉其然，口亦信其然，依傍于世何为乎？究竟予言似创，实非创也，原本于方书之一言："医者，意也③。"以意为医，十验八九，但非其人不行。吾愿以拆字射覆者改卜为医，庶几此法可行，而不为一定不移之方书所误耳。

① 神农:即神农氏,传说中农业和医药的发明者。传说他曾尝百草,教人治病。《神农本草经》即托其所作。

② 轩:轩辕氏,指黄帝。 歧:黄帝时大臣。相传两人曾一起讨论医术,今所传《内经》即托为两人论医之语。

③ 医者,意也:语见《后汉书·郭玉传》。原文作:"医者,为言意也。"

本性酷好之药

一曰本性酷好之物,可以当药。凡人一生,必有偏嗜偏好之一物,如文王之嗜菖蒲菹①,曾皙之嗜羊枣②,刘伶之嗜酒③,卢仝之嗜茶④,权长孺之嗜爪⑤,皆癖嗜也。癖之所在,性命与通,剧病得此,皆称良药。医士不明此理,必按《本草》而稽查药性,稍与症左,即鸩毒视之,此异疾之不能遽瘳也。予尝以身试之,庚午之岁,疫疠盛行,一门之内,无不呻吟,而惟予独甚。时当夏五,应荐杨梅,而予之嗜此,较前人之癖菖蒲、羊枣诸物,殆有甚焉,每食必过一斗。因讯妻孥曰:"此果曾入市否?"妻孥知其既有而未敢遽进,使人密讯于医。医者曰:"其性极热,适与症反。无论多食,即一二枚亦可丧命。"家人识其不可,而恐予固索,遂诡词以应,谓此时未得,越数日或可致之。讵料予宅邻街,卖花售果之声时时达于户内。忽有大声疾呼而过予门者,知其为杨家果也⑥。予始穷诘家人,彼以医士之言对。予曰:"碌碌巫咸⑦,彼乌知此?急为购之!"及其既得,才一沁齿而满胸之郁结俱开。咽入腹中,则五脏皆和，四体尽适，不知前病为何物矣。家人睹此，知医言不验，亦听其食而不禁，病遂以此得痊。由是观之，无病不可自医，无物不可当药。但须以渐尝试，由少而多，视其可进而进之，始不以身为孤注。又有因嗜此物，食之过多因而成疾者，又当别论。不得尽执以酒解酲之说⑧，遂其势而益之。然食之既厌而成疾者，一见此物，即避之如仇。不相忌而相能，即为对症之药可知已。

① “如文王”句：《说苑》：“文公好食昌本葅（菹），本草即菖蒲。”菹，酢菜，即腌酸菜。

② 曾皙之嗜羊枣：已见前注。

③ 刘伶之嗜酒：刘伶，西晋沛国人，“竹林七贤”之一。他纵酒放达，曾乘鹿车，携酒一壶，使人荷锸相随，曰：“死便埋我。”尝作《酒德颂》，自称“惟酒是务，焉知其余”。

④ 卢仝之嗜茶：卢仝（约771—835），唐代范阳人，号玉川子，家贫喜读书，初隐好室山，后为宦官所杀。曾作《走笔谢孟谏议寄新茶》咏茶之妙用：“一碗喉吻润，两碗破孤闷。三碗搜枯肠，唯有文字五千卷。四碗发轻汗，平生不平事，尽向毛孔散。五碗肌骨清，六碗通仙灵。七碗吃不得也，唯觉两腋羽清风生。”

⑤ 权长孺之嗜爪：唐长庆时权长孺嗜食人爪，后因借以指怪僻的嗜好。事见宋顾文荐《负暄杂录·性嗜》（《说郛》引）。嗜爪，原本作“嗜瓜”，误。

⑥ 杨家果：杨梅。《世说新语·言语》：梁国杨氏子，九岁，甚聪惠。孔君平诣其父，父不在，乃呼儿出，为设果。果有杨梅，孔指以示儿曰：“此是君家果。”

⑦ 巫咸：唐尧时人。《艺文类聚》七引晋郭璞《巫咸山赋》：“盖巫咸者，实以鸿求为帝尧医。”此代指医师。

⑧ 以酒解酲:《世说新语·任诞》:"天生刘伶,以酒为命,一饮一斛,五斗解酲。"酲,醉酒。

其人急需之药

二曰其人急需之物,可以当药。人无贵贱穷通,皆有激切所需之物。如穷人所需者财,富人所需者官,贵人所需者升擢,老人所需者寿,皆卒急欲致之物也。惟其需之甚急,故一投辄喜,喜即病痊。如人病入膏肓,匪医可救,则当疗之以此。力能致者致之,力不能致,不妨给之以术。家贫不能致财者,或向富人称贷,伪称亲友馈遗,安置床头,予以可喜,此救贫病之第一着也。未得官者,或急为纳粟,或谬称荐举;已得官者,或真谋铨补,或假报量移。至于老人欲得之遐年,则出在星相巫医之口,予千予百,何足吝哉!是皆"即以其人之道,反治其人之身"者也[①]。虽然,疗诸病易,疗贫病难。世人忧贫而致疾,疾而不可救药者,几与恒河沙比数。焉能假太仓之粟[②],贷郭况之金[③],是人皆予以可喜,而使之霍然尽愈哉?

① "即以"二句:语出宋朱熹《四书集注》中对《中庸》"道不远人"论的注解。原文为:"为人之道,各在当人之身,初无彼此之别,故君子之论也,即以其人之道,还治其人之身。"

② 太仓:朝廷的粮仓。

③ 郭况:东汉藁城人,光武郭皇后弟。屡受赏赐,人称其家为"金穴"。

一心钟爱之药

三曰一心钟爱之人，可以当药。人心私爱，必有所钟。常有君不得之于臣，父不得之于子，而极疏极远极不足爱之人，反为精神所注，性命以之者，即是钟情之物也。或是娇妻美妾，或为狎客娈童，或系至亲密友，思之弗得，与得而弗亲，皆可以致疾。即使致疾之由，非关于此，一到疾痛无聊之际，势必念及私爱之人。忽使相亲，如鱼得水，未有不耳清目明，精神陡健，若病魔之辞去者。

此数类之中，惟色为甚，少年之疾，强半犯此。父母不知，谬听医士之言，以色为戒，不知色能害人，言其常也，情堪愈疾，处其变也。人为情死，而不以情药之，岂人为饥死，而仍戒令勿食，以成首阳之志乎[①]？凡有少年子女，情窦已开，未经婚嫁而至疾，疾而不能遽瘳者，惟此一物可以药之。即使病躯羸弱，难使相亲，但令往来其前，使知业为我有，亦可慰情思之大半。犹之得药弗食，但嗅其味，亦可内通腠理[②]，外壮筋骨，同一例也。至若闺门以外之人，致之不难，处之更易。使近卧榻，相昵相亲，非招人与共，乃赎药使尝也。仁人孝子之养亲，严父慈母之爱子，俱不可不预蓄是方，以防其疾。

① 首阳之志：首阳山，在今山西永济县南。相传商末孤竹君子伯夷、叔齐为让位之事奔周，后武王伐纣，二人逃至首阳，不食周粟而死。

② 腠理：中医学名词。人体肌肤间的空隙纹理，为气血津液灌通

之处。《金匮·藏府金脉先后病脉证》:"腠者,是三焦通会元真之处,为血气所注;理者,是皮肤藏府之文理也。"

一生未见之药

四曰一生未见之物,可以当药。欲得未得之物,是人皆有,如文士之于异书,武人之于宝剑,醉翁之于名酒,佳人之于美饰,是皆一往情深,不辞困顿,而欲与相俱者也。多方觅得而使之一见,又复艰难其势而后出之,此驾驭病人之术也。然必既得而后留难之,许而不能卒与,是益其疾矣。所谓异书者,不必微言秘籍,搜藏破壁而后得之;凡属新编,未经目睹者,即是异书,如陈琳之檄①,枚乘之文②,皆前人已试之药也。须知奇文通神,鬼魅遇之,无有不辟者。而予所谓文人,亦不必定指才士,凡系识字之人,即可以书当药。传奇野史,最祛病魔,倩人读之,与诵咒辟邪无异也。他可类推,勿拘一辙。富人以珍宝为异物,贫家以罗绮为异物,猎山之民见海错而称奇,穴处之家入巢居而赞异。物无美恶,希觏为珍;妇少妍媸,乍亲必美。昔未睹而今始睹,一钱所购,足抵千金。如必俟希世之珍,是索此辈于枯鱼之肆矣③。

① 陈琳(?—277):汉末文学家,字孔璋,广陵(今江苏扬州)人。"建安七子"之一。长于书札檄文。《典略》曰:"琳作诗书及檄,草成呈太祖(曹操),太祖先苦头风,是日疾发,卧读琳所作,翕然而起曰:此愈我病。"

② 枚乘(? —前140):西汉辞赋家。字叔,淮阴(今属江苏)人。有赋九篇,《七发》叙楚太子生病,吴客以七事讽之使愈,成为汉代大赋的先驱。

③ "是索"句:语出《庄子·外物》载枯辙之鱼言:"我得斗升之水然活耳。君乃言此,曾不如早索我于枯鱼之肆!"肆,店铺。

平时契慕之药

五曰平时契慕之人,可以当药。凡人有生平向往,未经谋面者,如其惠然肯来,以此当药,其为效也更捷。昔人传韩非书至秦,秦王见之曰:"寡人得见此人与之游,死不恨矣①!"汉武帝读相如《子虚赋》而善之,曰:"朕独不得与此人同时哉②!"晋时宋纤有远操,沉静不与世交,隐居酒泉,不应辟命。太守杨宣慕之,画其像于阁上,出入视之③。是秦王之于韩非,武帝之于相如,杨宣之于宋纤,可谓心神毕射,寤寐相求者矣。使当秦王、汉帝、杨宣卧疾之日,忽致三人于榻前,则其霍然起舞,执手为欢,不知疾之所从去者,有不待事毕而知之矣。凡此皆言秉彝至好出自中心④,故能愉快若此。其因人赞美而随声附和者不与焉。

① "昔人"四句:事见《史记·老子韩非列传》。

② "汉武帝"二句:事见《史记·司马相如列传》。

③ "晋时"七句:宋纤,晋人,字令艾,一作令文。少有远操,隐居酒泉南山,慕而从之受业者达三千余人。杨宣画其像事见《晋书·隐逸传》。

④ 秉彝至好：一般人所非常喜好的东西。语本《诗经·大雅·烝民》："民之秉彝，好是懿德。"秉，遵守。彝，常德，常情。

素常乐为之药

六曰素常乐为之事，可以当药。病人忌劳，理之常也。然有"乐此不疲"一说作转语，则劳之适以逸之，亦非拘士所能知耳。予一生疗病，全用是方，无疾不试，无试不验。徙痈浣肠之奇，不是过也。予生无他癖，惟好著书，忧藉以消，怒藉以释，牢骚不平之气藉以铲除。因思诸疾之萌蘖，无不始于七情，我有治情理性之药，彼乌能祟我哉！故于伏枕呻吟之初，即作开卷第一义；能起能坐，则落毫端，不则但存腹稿。迨沉疴将起之日，即新编告竣之时。一生剞劂，孰使为之？强半出造化小儿之手。此我辈文人之药，"止堪自怡悦，不堪持赠君"者[①]。而天下之人，莫不有乐为之一事，或耽诗癖酒，或慕乐嗜棋，听其欲为，莫加禁止，亦是调理病人之一法。总之，御疾之道，贵在能忘；切切在心，则我为疾用，而死生听之矣。知其力乏，而故授以事，非扰之使困，乃迫之使忘也。

① "止堪"二句：南朝梁陶弘景《诏问山中何所有赋诗以答》中的两句。全诗作："山中何所有？岭上多白云。止堪自怡悦，不堪持赠君。"

生平痛恶之药

七曰生平痛恶之物与切齿之人，忽而去之，亦可当药。人有偏好，即有偏恶。偏好者致之，既可已疾，岂偏恶者辟之使去，逐之使远，独不可当沉疴之《七发》乎？无病之人，目中不能容屑，去一可憎之物，如拔眼内之钉。病中睹此，其为累也更甚。故凡遇病人在床，必先计其所仇者何人，憎而欲去者何物，人之来也屏之，物之存也去之。或诈言所仇之人灾伤病故，暂快一时之心，以缓须臾之死。须臾不死，或竟不死也，亦未可知。刲股救亲[①]，未必能活；割仇家之肉以食亲，痼疾未有不起者。仇家之肉，岂有异味可尝，而怪色奇形之可辨乎？暂欺以方，亦未尝不可。此则充类至义之尽也。愈疾之法，岂必尽然，得其意而已矣。

以上诸药，创自笠翁，当呼为《笠翁本草》。其余疗病之药及攻疾之方，效而可用者尽多。但医士能言，方书可考，载之将不胜载。悉留本等之事，以归分内之人，俎不越庖，非言其可废也。总之，此一书者，事所应有，不得不有；言所当无，不敢不无。“绝无仅有”之号，则不敢居；“虽有若无”之名，亦不任受。殆亦可存而不必尽废者也。

① 刲股救亲：古代二十四孝中有“割股疗亲”事。刲，割杀；股，大腿。